湛庐 CHEERS

与最聪明的人共同进化

HERE COMES EVERYBODY

THE CLUB

英超联盟

[英]乔纳森·克莱格(Jonathan Clegg)
乔舒亚·罗宾逊(Joshua Robinson) 著
粟志敏 范兆明 译

中国纺织出版社有限公司

谨将此书献给

—

丹妮拉（Daniella）、凯蒂（Katie）和
埃薇（Evie，她与本书同时诞生）

英超这个泡沫，永远不会破灭

英超，体育世界里最疯狂的淘金故事

这是一个普通的早晨，滑铁卢车站这个伦敦最繁忙的交通枢纽一如既往的人声鼎沸。上班族重复着他们在地铁上的一整套“仪式”，展示着支撑自己在这座城市生活的重要技能。他们会一只手拿着手机和热茶，另一只手打着伞，虽然行色匆匆，但并不会撞到路人，也不会把热茶洒出来，而且绝对不会与任何人有眼神交流。

走到自动扶梯旁的书摊时，很多人会停下脚步，拿一份日报。这时，他们会再次开始演示在英国生活必备的日常技能——如何阅读八卦小报。

与这个国家的其他事物一样，读报的方式也有对错之分。人们读报时基本不管报纸上的页码。正确的读报方式是，先瞄一眼头版一语双关的头条新闻标题，然后“例行公事”般地为人类叹口气，因为与往常一样，一切都不怎么样。伦敦人不会读到这里就完事儿了，他们清楚自己要干什么。他们淡定地喝口茶，把整份报纸翻过来，寻找自己真正感兴趣的新闻。

从报纸的后面翻起，在几十页，有时候几乎是整份报纸 1/3 的版面里，他们读到的都是刻不容缓、钩心斗角、令人震怒以及拿钱不当钱的新闻故事。在一群超级天才和超级自负者的驱动下，一场场令人窒息的、价值数十亿英镑的追逐大戏在全球上演，读者确信，其情节之重要完全不亚于自己城市、地区和国家的命运。

英超联赛的最新消息才是伦敦人开启新的一天真正需要的东西。伦敦西部，一名俄罗斯寡头对自己的俱乐部实施着永无休止的改革。伦敦北部，对阵各方轮流坐庄，陷入无限循环的混战。在曼彻斯特这个英国古老的工业重镇里，两家老牌俱乐部的实力对比突然之间发生了戏剧性的逆转，它们的关系随之改变。而在这些霸主之外，一些集镇和矿业郡县里的小球队在夹缝中求存。对于那些集镇和郡县，足球是它们依然能出现在地图上的唯一原因。俄罗斯寡头、阿拉伯酋长、美国大亨、亚洲富豪和一群中学辍学者让足球世界始终勃勃生机。那些中学辍学者靠着脚上功夫，十几岁时就已经成为百万富翁。所有这些内容足够让人好好看上一天，英超联赛令人热血沸腾，足以让人忘记头版上那些议会危机的报道。

关心英超联赛的远不止滑铁卢车站早晨喧闹的人群。八卦小报上的种种猜测和含糊不清的事实也是全球谣言的源头，每天吸引着全世界的球迷，其影响力可以飞越大西洋，可以横扫亚洲和非洲，甚至身处南极洲的研究人员可能也在留心这些内容。

英超联盟的崛起是体育世界里最疯狂的淘金故事。在 25 年的时间里，联盟 20 家俱乐部的总价值已经增长了几百倍，从 1992 年的约 5 000 万英镑飙涨到 2017 年的 100 亿英镑。在此期间，英超联赛的周边产品也已经遍布世界各个角落。

这究竟是如何实现的？这个将足球发扬光大的国家是如何彻底改造这项全球最受欢迎的体育运动的？1992 年的一系列秘密会议是如何开启这疯狂的 25 年的，又是怎样用金钱、野心和异常精彩的剧情把一个历史悠久的联盟变成了人人趋之若鹜的体育产品的？

英格兰足球席卷全球的故事是全球化时代商业和娱乐领域内的一段传奇。这种传奇似曾相识：一切开始于一个聪明的点子，接着是一段超速增长的时期，人们的野心不断膨胀，创造了令人震撼的成就和超出想象的财富。如果你对互联网泡沫或次贷危机有所了解，就应该知道接下来会发生什么。

问题开始显现。暴涨的价值引来了远方的投资者，人人都要分一杯羹。竞争对手纷至沓来，急功近利取代了理性的判断。很快，整个行业变得庸俗，其中混杂着孔雀式的自负、病态的贪婪以及触目惊心的挥霍。英超联盟是关于繁荣与衰败的永恒故事，与商学院课本里告诫人们要小心警惕的其他泡沫并无二致，只在一个方面存在着巨大的不同，那就是在足球领域，泡沫永不破灭。

在纸质报刊走向迟暮之年时，任何一个车站报摊都能证明，有一条规则足以让报刊业内至少 9 家日报社继续生存。这条规则就是，足球版面怎样都不嫌多。在任何一个早晨，这 9 家报社总共提供近 100 个版面来报道英超联赛，这还只是纸媒的情况。英超联赛是英国人气最旺的产品，在英国对其疯狂报道的还有体育频道，一年 365 天、每天 24 小时，它们全天不停歇地播出英超联赛的相关节目，休赛期也不例外。

这些还只是英国的情况。英超联盟自诞生以来，每天的细枝末节都被这样神经质地记录下来，所以撰写英超历史的企图既可笑又不可能完成。这就像是记录 25 年里股市涨跌的来龙去脉，里面有大量的数字，有很多西装革履的疯子，读起来会味同嚼蜡。

然而，英格兰足球现代史的另一面尚未完全展露在众人面前，那就是英超联盟成为英超联盟公司（Premier League Inc.）的内幕。**为什么英超联盟不仅提供足球产品，而且是全球体育、商业和娱乐巨头？这就是我们想讲述的故事。**英格兰足球的历史不是从 1992 年开始的，但那一年标志着英超联盟的成立。那一年成为英格兰足球历史上的里程碑，一个无法回避的决定性时刻。

那么，要如何来讲述这段疯狂的故事，来阐述自那之后发生的一切呢？

英超帝国是如何打造的

我们俩在英国长大，成长期正好是 20 世纪八九十年代和 21 世纪头 10 年，因此已经在生活中不知不觉习惯了英格兰足球的存在。也正是在这段时间里，英格兰足球从完全地方性的社区活动发展成为全球性娱乐活动之一。我们对足球如痴如醉，因此走上了体育专栏作家的道路。因为长期从事足球报道工作，所以我们能为大家记录英超联赛发展过程中重要的转折点，并描绘那段难忘的历史。虽然我们面对的只是英超联赛的第一个 25 年，但它是一段非常难以阐述的历史。

例如，在介绍英超联赛于 1992 年创立时，不可能跳过鲁伯特·默多克（Rupert Murdoch）、英国天空广播公司和英格兰足球俱乐部老板们策划的一些独立行动。这些老板希望能利用足球赚钱，这在当时是相当激进的想法。如果要跟踪了解英超联赛井喷式增长的商业收入，就不可能不去挖掘那些俱乐部老板私底下对美国职业橄榄球大联盟（NFL）的痴迷。如果要谈论英格兰足球如何巧妙地通过商业化实现财源广进，就不得不追溯到曼彻斯特联足球俱乐部（简称曼联）的营销革命。此外，球场悲剧、粉丝行为、经济环境等因素共同作用，彻底颠覆了观赛体验，促成了阿森纳足球俱乐部（简称阿森纳）酋长球场的建成，这座球场是英超联赛取得成功的第一个现代化“纪念碑”。所有这些都为外资的涌入奠定了基础，有两个球队老板更是彻底改变了英超联赛的版图。一位是来自俄罗斯的罗曼·阿布拉莫维奇（Roman Abramovich），他在 2003 年买下了切尔西足球俱乐部（简称切尔西）。5 年后，阿布扎比财团收购了曼彻斯特城足球俱乐部（简称曼城）。在那 5 年间，美国老板也杀进了英格兰足坛，并从惨痛的经历中懂得了在英超联盟中做生意的残酷，这与在美国管理对冲基金完全不同。

英超联赛的每个历史转折点都可以独立成书，但将它们放在一起后，英超联赛从地区性文化发展到全球性产品的整个脉络就出现了。

本书不会详细阐述英格兰足球的历史，不会介绍谁在何时赢得了英超冠军，也不会去记录绿茵场上最重要的时刻。这里将呈现的是一个“足球帝国”的传奇故事。

我们的文字记录了众多转折点，这些转折点引发了英超联赛征服全球的一系列行动。本书围绕着那些行动时刻展开，带领大家走进每个转折点，了解背后的策划者，探索那些推动英超联赛发展和偶尔不顾一切抵制其发展的历史、文化和商业的力量。

过去 100 多年来，在英格兰和威尔士的城镇里，足球拥趸只拥护自己本地的球队。这些球队不是美国体育概念下“联盟”中的“俱乐部”，而是领地和区域的标志，深嵌于英国文化之中。英格兰足球俱乐部几乎不会换地方，它们都深深地扎根于自己所在的社区。如果某家俱乐部消失了，那基本都是因为它们太“老”了或者因财务问题而破产了。

然而，在英格兰的顶级球队组建成英超联盟后，随着交易额的水涨船高和资本的不断涌入，越来越多的球员开始追着金钱来到英格兰，越来越多的外国教练跨越英吉利海峡，他们的举止不再那么粗鲁，变得更加文雅。随后，大型体育场也冒了出来，票价也开始飙升，就连最忠诚的球迷都觉得囊中羞涩和情感受伤。

在这本书里，你将看到英超联盟如何成为这个时代最伟大的全球性娱乐帝国、如何保持惊人的增长，以及联盟会为了继续前行而放弃什么。

这本书不仅源于我们对英超联赛的热爱，而且来自我们 10 年来一直为《华尔街日报》报道的英超新闻。2009 年，克莱格成为《华尔街日报》首位报道欧洲体育的记者。2012 年，在美国生活了 9 年后，罗宾逊返回英国接任这一职位。克莱格前往纽约，负责《华尔街日报》足球相关内容的编辑工作，罗宾逊常驻伦敦，在英国各地进行足球新闻报道。

为了讲清楚如此规模的一个故事，为了在讲述过程中更合理地使用新闻报道，而不是简单地梳理报刊档案资料，我们做出了唯一合理的选择——从故事的最开始讲起，即从创造英超联盟的秘密会议和会议室里的人员入手。当时的关键人物有阿森纳时任副主席戴维·戴恩（David Dein）、曼联时任主席马丁·爱德华兹（Martin Edwards）和托特纳姆热刺足球俱乐部（简称热刺）时任老板欧文·斯科勒（Irving Scholar）。在同这 3 位重要人物进行交流之后，我们又采访了近 100 名英超历史上的其他关键人物，获得了前所未有的资料。我们成为首个成功采访曼城、曼联、切尔西、热刺、阿森纳和利物浦足球俱乐部（简称利物浦）这 6 大俱乐部的决策者和高管的记者，这是相当罕见的。采访对象中既有阿尔塞纳·温格（Arsène Wenger）这种有着 22 年英超管理经验的资深人士，也有利物浦老板、亿万富翁约翰·亨利（John W. Henry）、阿森纳老板斯坦·克伦克（Stan Kroenke）和深居简出的热刺老板丹尼尔·利维（Daniel Levy）。

我们还找到了数十位相较而言不那么赫赫有名的人物，但不管怎样，从曼联签下克里斯蒂亚诺·罗纳尔多（Cristiano Ronaldo，简称 C 罗）到阿布拉莫维奇买下切尔西，再到阿布扎比财团掌权曼城，这些人无论是在英超历史上还是在现在都是重大转折点的关键人物。

本书所有场景都基于那些见证者的直接叙述和他们与我们的对话。我们之所以能将一些时刻再次展现在大家面前，是因为在英格兰足球经历其百年来最彻底的巨变时，我们也是其中的参与者。

目录

> 那么紧迫，那么混乱，你要么表现出某种真实，要么就变成其中之一。
>
> 兰迪·勒纳
> 阿斯顿维拉前老板

他们有石油和愿景。

阿尔塞纳·温格
阿森纳前主教练

测一测　　你知道英超是如何成为全球体育商业巨头的吗

1. 成立英超联盟的契机是什么？（　　）（多选）

A. 英格兰足坛老板们想靠英格兰足球赚钱

B. 顶级俱乐部决心要“独立”

C. 英格兰足球联盟的体系已经陈旧

2. 足坛改革派有 3 个关键人物：阿森纳时任副主席戴维·戴恩、曼联时任主席马丁·爱德华兹和热刺时任老板欧文·斯科勒。他们对新联盟的愿景是（　　）

A. 将足球运动发扬光大

B. 建立新式俱乐部

C. 能有一个现代化、市场化、与媒体和谐共处的联盟，它拥有安全漂亮的球场，提供商务接待服务，并能借助媒体的力量，将自己的俱乐部变为价值超过 10 亿美元的企业

3. 英超联赛这个买卖的支柱是什么？（　　）

A. 电视转播权

B. 球赛门票的收入

C. 企业赞助和场边广告

4. 新组建的英超联盟成员能获得哪些收益？（　　）（多选）

A. 电视转播收益

B. 广告和企业赞助收益

C. 商业活动收益

5. 俱乐部老板通过成立控股公司，成功让这家公司成为第一家上市的体育机构，并且开启了董事们领取薪水的先河。这第一家上市的体育机构是（　　）

A. 曼城公开股份有限公司

B. 曼彻斯特联公开股份有限公司

C. 托特纳姆热刺公开股份有限公司

6. 21 世纪，要颠覆英超联赛的既有秩序，就要靠（　　）

A. 砸钱

B. 争夺冠军

C. 拉拢更多资本

扫码获取测试题答案和解析。

为了钱，20 个彼此厌恶的富翁坐在了一起

黑色的出租车、配有司机的私人汽车，其中包括一辆银色的劳斯莱斯，一辆辆车停下来，从中下来的人们走入伦敦梅菲尔区的丘吉尔酒店。他们大步流星地走进铺着大理石的大厅，避开大量拖着行李箱的游客，迅速左拐来到一间私密的会议室。按计划，他们应该在上午 10 点之前到达。他们一边在心里盘算着有哪些同伴和敌人已经抵达，一边希望自己看上去轻松随意。这种聚会绝对不像表面看来那样简单，上一次会议最终就演变成一场争论。他们争论的问题是，在这个小小联盟里，究竟谁做出的贡献最多，谁有资格分得最多。不，应该是谁理所应当分得最多。他们希望，这一次大家说话时能稍微客气一点儿。不管怎样，这可是一个高档场所。

这些人来自五湖四海，有百万富翁、亿万富翁，也有首席执行官。其中，有人是华尔街精英，有人是职业扑克牌玩家，有人从事的是贺卡行业。这群人中，多数人在进入英超联盟前彼此从

未有过交集。他们也没有想过要偶遇对方，更不会选择与在场的其他人交往，他们彼此不信任。但不管怎样，在 2017 年 11 月的一个周四上午，他们来到了这里，成为全球最火爆的“现场演出行业”的坚定合伙人。

他们是英超联盟 20 家足球俱乐部的老板、高管和财团代理人。他们之所以在这里碰面，是为了确保共同的摇钱树能像过去 25 年那样，继续以火箭般的速度长高长大。这棵摇钱树每个赛季为他们创造的收入超过 56 亿美元。自 1992 年以来，英超联盟的总营收增长率达到了可怕的 2 500%。对这群彼此厌恶的人来说，这个收益还算不错。

英超联赛已经成为英国最成功的出口商品，仅次于英语。但在这场商讨英超联赛事宜的峰会开始之前，这些西装革履的人还要忍受另一项古老的英国仪式，那就是笨拙地四处乱转，进行社交。

在酒店大门口，利物浦老板、戴眼镜的对冲基金亿万富翁约翰・亨利正在同英超首席执行官理查德・斯丘达莫尔（Richard Scudamore，2018 年末离任）闲聊。一头白发的斯丘达莫尔曾经是销售代表，他主导着这场闲聊。亨利刚从波士顿来到伦敦，打算考察利物浦在主教练尤尔根・克洛普（Jürgen Klopp）带领下的复苏情况。克洛普戴着一副老式框架眼镜，满脸胡须，总是穿一条灰色的宽松运动裤，让人感觉他随时可以假扮一位奶爸。利物浦唯一的问题是，虽然这位老板在如何赢得比赛方面懂得很多，但他的经验完全来自别的运动项目。亨利的另一大爱好是经营美国棒球队——波士顿红袜队。

来自加泰罗尼亚的英式橄榄球退役运动员费兰・索里亚诺（Ferran Soriano）从亨利和斯丘达莫尔身边走过，连声招呼都没打。他好像被另一个趾高气扬的男人附了体，不过他的俱乐部此时在英超联赛中遥遥领先。那个俱乐部就是曼城，实际上，曼城正在碾压其他对手。当然从严格意义上来说，曼城并非索里亚诺的球队，他只是代表自己的老板前来参会的。他的老板是阿布扎比酋长国（简称阿布扎比）的一位王室成员，此前花了近 2 亿英镑买下曼城，又花了 10 亿英镑引进人才，但只在 2010 年到曼彻斯特看了一场比赛，此后再未现过身。不过，有了佩普·瓜迪奥拉（Pep Guardiola）这位来自巴塞罗那的足球哲人和个性天才，曼城被打理得井井有条。

那天早晨，索里亚诺并不是唯一一个代表老板前来参会的人。在他身旁一起快走的是伊万·加齐迪斯（Ivan Gazidis），一位毕业于牛津大学的律师。加齐迪斯代表的是缺席的阿森纳老板克伦克。克伦克是房地产大亨，娶了沃尔玛的继承人为妻，为人非常低调，很少露面。他还投资了 NFL 的洛杉矶公羊和 NBA 的丹佛掘金。不过，相较于拥有球队而言，他似乎更喜欢拥有球队比赛的球场。

索里亚诺和加齐迪斯在一起实在有点令人尴尬，因为曼城在此前 10 年的大部分时间里都想取代阿森纳，曼城抢走了阿森纳最出色的球员，并且将阿森纳踢球的方法稍加调整后就直接使用。事实上，曼城的确赢了。

保守的阿森纳一度有点儿惊慌失措。“枪手”（阿森纳的绰号）的主教练温格迫切地想在退休前再一次粉碎针对他的“政变”。这位当时 68 岁的法国人是位哲学博士，看上去就像一位学者。不过阿森纳的球迷不想给他这个机会，他们组织抗议，在球场上挥舞横幅，让温格赶紧走人，顺带把克伦克也带走。这种玩笑持续了很长时间。当时，任何超过 12 个人的集会都会有“温格下课”的标语。就在同一周，在津巴布韦一场反对罗伯特·穆加贝（Robert Mugabe）的抗议活动中就出现了类似的标语。

索里亚诺和加齐迪斯没有浪费任何时间，直接就进入了会议室。扑克牌玩家、职业赌徒托尼·布卢姆（Tony Bloom）比他们花的时间要长一点儿。布卢姆是布莱顿足球俱乐部（简称布莱顿）的老板，那是一家位于海边的足球俱乐部，名字听起来很像莎士比亚风格的标语。布卢姆绕到了酒店的餐厅，仔细查看了一番会议所选的蛋糕，为此耽误了一点儿时间。

布卢姆准备进入会议室时遇到了身着定制西装的史蒂夫·帕里什（Steve Parish），帕里什是一位语速很快的广告业百万富翁。帕里什的头发精心打理过，显得他精力充沛。当帕里什不在自己的水晶宫足球俱乐部（简称水晶宫）“灭火”时，他喜欢开着自己的保时捷去赛车。此时，他们推开厚重的白色双开门，走进会议室。帕里什直接坐到了切尔西主席布鲁斯·巴克（Bruce Buck）的旁边。这不是因为两人关系亲密，而是因为英超联盟仍然按照俱乐部名字的字母顺序来安排这些球队老板、亿万富翁、商业大亨和各界名流的座位，这估计是为了避免他们拉帮结派。

水晶宫必须仔细留意当天对营收预计的讨论，虽然每个俱乐部每年可以分到 1.5 亿英镑，但帕里什当时手中的现金比较紧张。他在纽约有两个商业伙伴，他们是私募股权巨头，他打算让他们拿出数百万英镑购买新球员。他的球队要增强实力，以便迎接下半赛季的恶战。如果水晶宫持续低迷，球队将会降级，那么来年坐在切尔西旁边的就是其他人了。

切尔西有时候会因老板是俄罗斯人而被戏称为“切尔斯基”（Chelski），其老板是出手阔绰的俄罗斯寡头阿布拉莫维奇，身家超过 40 亿英镑。对切尔西来说，那点儿分红没那么重要。但如果你惯于冲动地开除主教练，并为此支付大笔遣散费，那么身家多点儿还是有必要的。就算不来开会，阿布拉莫维奇也正在掂量球队主教练、意大利人安东尼奥·孔蒂（Antonio Conte）的去留。这位教练行事中带着一种歌剧风格，后来成为阿布拉莫维奇在 14 年里开除的第 12 位主教练。阿布拉莫维奇身处远方，但他对会议记录有着强烈的兴趣。他是一个极其小心谨慎的人，球队内部和英超联盟周边发生的几乎所有事情逃不过他的眼睛。

在接下来的两小时里，会议室里的各个足球俱乐部代表经过讨论，终于为英超联盟最宝贵的收入来源拟订出最新条款。**这个收入来源就是英超联赛的电视转播权，它将在 3 个月内进行拍卖。**

过去 25 年，电视转播权已经成为英超联赛这个买卖的支柱。英超联赛目前在 185 个国家和地区播出，而联合国的成员国也只有 193 个。每个周末，收看英超联赛电视转播的观众数达到了 47 亿。这次会议不是 20 个足球俱乐部的聚会，而是介于股东大会和真人秀节目制作会议之间。这个真人秀节目每集有 22 人表演，观众就在实况演播室现场观看。

会议室里，大家聚精会神，会开到一半时，埃德·伍德沃德（Ed Woodward）抱歉地打断大家，称他要接一个紧急电话，其他人连眼都没眨一下。电话来自纽约。曼联已经在纽约证券交易所上市，身为该俱乐部的高管，伍德沃德必须主持与投资人和金融分析师一起召开的第一季度财报电话会议。伍德沃德曾是摩根大通的投资银行家，开财报会议对他来说驾轻就熟，但管理一家成功的足球俱乐部就不那么轻松了。伍德沃德非常害怕触怒曼联那位容易冲动的大统帅，虽然称其为统帅，但这个人并不是曼联老板，曼联老板另有其人，那是美国佛罗里达州的一位亿万富翁，伍德沃德害怕的这个人是他亲自出马聘请的球队主教练。这位主教练脾气暴躁，名叫若泽·穆里尼奥（José Mourinho），他不仅以能赢得奖杯而闻名，而且以善于将球场对手和己方俱乐部主席逼疯而出名。

当然，穆里尼奥从不参加这些会议，他仍然在曼彻斯特。在此前的一年半里，他一直住在一家豪华酒店，并没有将家从伦敦搬到曼彻斯特。在那天的会议上，俱乐部主席中也有一个最让人头痛的人，他身材矮小，戴着一副眼镜，不爱说话。他就是热刺老板利维，他最拼命的时刻就是讨价还价的时候。事实证明，他天生善于以最高价将球员卖给自己的对手，尽可能地压榨出每一分钱。因此，热刺才有钱拆除他们自 1899 年以来一直使用的老主场，并搬入投资 8.5 亿英镑修建的新型综合体育场。两个球场相距仅 18 米，而新主场的容量是老主场的两倍，草皮还是可移动的。利维希望在任意一个周日都能举办 NFL 级别的比赛，并且能为哈里·凯恩（Harry Kane）提供一个合适的舞台。这个 24 岁的热刺奇迹男孩有着丝绸般的球感和茫然的表情，被吹捧为英格兰代表队最新的救世主。

会议室里，最能理解利维困难之处的，当属西汉姆联足球俱乐部（简称西汉姆联）的老板之一戴维·戈尔德（David Gold）。他和利维之间隔了几个位置，不过在一排身着深色西服的人中，他还是很显眼的。戈尔德已经 82 岁，一头白发，搭乘一辆银色的劳斯莱斯幻影来到会场，他身着一身绿色格子呢西服，看上去似乎刚刚从 P. G. 伍德豪斯（P. G. Wodehouse）的小说中走出来。但戈尔德和其他老板的不同之处还不只这一点，在这个房间里，他是唯一一个还经营另一种娱乐产业的俱乐部老板。

坐在戈尔德旁边的是房间里唯一的女性高管、绰号“足球第一夫人”的卡伦·布雷迪女男爵（Baroness Karren Brady of Knightsbridge）。身为西汉姆联副主席，她是与会人员中最让人敬畏的俱乐部高管之一。这不仅因为她的冷酷和专业精神，而且因为她每周在《太阳报》（*The Sun*）上撰写专栏，常常对竞争球队的高管进行苛刻批评。她曾经与手下的球员结婚，然后又将已成为她丈夫的这名球员卖给了竞争对手，而且这样干了两次。

不过这天上午，所有人似乎都彬彬有礼，展现出了自己最好的一面。他们之所以能容忍与其他人共处一室，是因为他们有一点共识。英超联赛不仅是世界上观看人数最多的体育联赛，而且将在全球独占鳌头，无人能及。

11 月的那个早晨，身处丘吉尔酒店的这些人并没有谁对英超联赛达到这个高度做出过突出贡献。但如果没有真正的经商天赋和敏锐性，他们就不可能在 1992 年成功缔造英超联赛这个体育领域的“iPhone”。英超联赛迅速发展，很快，世界各地的人都想加入其中。俱乐部老板们发现，在非常短的时间里，一切就如同被施了魔法一样，那些日渐老去的工业城市和名字晦涩的足球俱乐部成了全球的关注焦点。

如果说这段故事里所提到的所有成果都是通过事先计划得来的，或者说所有成就都归功于个人，那么似乎言过其实。但是，有了人潮涌动的球场，有了全世界数百万的观众，有了源源不断的电视转播收入，英超联盟现在的日子确实相当舒坦，远超人们想象。

或者至少可以说，坐在球场商务包厢里的人日子相当舒坦。其他行业出现的种种压力目前尚未影响到英超联盟，只是俱乐部老板们已经开始意识到，英超联赛这只触角伸到世界各地的大章鱼在英国国内同基层民众之间的关系变得有些紧张了。全球电视转播协议、周边商品，以及国际旅游带来了巨额的收入，而且英超联盟在合作中只选择出价最高方，所有这些导致球赛票价飙升，全球足球游客如潮水般涌入，商业利益不可避免地战胜了连接城市、球迷与球队之间那种不理性的情感。此前，球迷们相当具有地域性。从第一次世界大战前开始，在英格兰很多地方，那种不理性的情感是唯一始终存在的东西。

英超联盟一心想打造全球最大的娱乐产业，而英格兰足球的本土球迷（它最初的客户）是一群在英超联赛中寻找认同感和归属感的人，这两方之间的关系日趋紧张。**英超联赛最终将成为全球化的缩影。在其中，我们将会看到扩张和身份认同之间的撕扯，看到产品的普遍化和非普遍化客户之间的撕扯。**

在丘吉尔酒店的会议结束前，与会人员达成一致，将对会议讨论内容保密。他们返回世界各地前，手里拿着赠送的冷三明治，脸上都挂着笑容。因为他们都深信，等下次再聚到一起时，他们最爱的员工斯丘达莫尔肯定已经将下一轮电视转播权售出，给他们带来丰厚的利润。届时，这个精英群体里的百万富翁和亿万富翁账户里的钱就会更多了。

THE
CLUB

第一部分
英超帝国崛起

未来就在我们眼前。

欧文·斯科勒

热刺前老板

第 1 章

1990 年，英格兰足坛老板们终于想赚钱了

THE
CLUB

英超语录

这里没有什么规则，只要干掉对手，将对手挤出谈判桌，坚持到最后的就是赢家。

约翰·昆顿

英超联盟前主席

首届英超转播权之争，默多克遭遇“抢劫”

1992 年 5 月 18 日凌晨 4 点多，在高达 24 层、可以俯瞰纽约中央公园的罕布什尔大厦里，一间寓所的电话铃声响起，惊醒了赫赫有名的世界传媒巨头。睡得昏昏沉沉的默多克拿起话筒放到耳边。

电话那头，有个人在 5 000 多千米之外大喊：“我们还要追加 3 000 万英镑。”凌晨这个时候，那么大的声音实在让人耳朵有些受不了，但默多克一下子就明白了是怎么回事。

电话那头带着厚重鼻音的人是萨姆·奇泽姆（Sam Chisholm），他出生于新西兰，脾气乖戾。默多克安排他掌管英国天空广播公司，希望他能扭转乾坤。英国天空广播公司是英国的付费电视网络，当时刚刚起步。在谈判桌上发难的是英格兰顶级足球俱乐部的老板们，他们正在出售赛事的电视实况转播权。对默多克来说，追加 3 000 万英镑已经超出他的承受范围。

他闭上眼睛，在黑暗中深吸了一口气。过去几个月消耗了他太多精力，为了扭转位于洛杉矶的福克斯广播公司的颓势，他 2 月就开始亲自挂帅。就在几周前，他还急着进行两年期再融资，一心想让公司摆脱债务危机，避免自己的新闻集团（News Corporation）的报刊业务被清算。一直以来，他都想让英国天空广播公司在英国有所发展，可惜总是徒劳。他感觉所有这些严峻的考验让自己一下子老了 20 岁。

“可以吗？”奇泽姆问道。

默多克长出了一口气。他之所以那么想让英国天空广播公司取得成功，是因为他不仅早已在该公司砸了20亿英镑，而且想用英国天空广播公司来让伦敦晚宴上那帮讨厌的家伙闭嘴。在各种社交场合中，那帮家伙总在他耳边喋喋不休：英国的电视台是这个世界上最棒的。但其实这个国家的电视台只有可怜兮兮的4个频道，其中至少有两个频道似乎永远在播放斯诺克台球。默多克已经不想再与他们争论。他很清楚世界上最出色的电视台应该是什么样，他在美国的家中每晚都能收看这家电视台的节目——更多的频道、更强的吸引力，而且绝对不会播放该死的台球。

尽管默多克花了大钱，但英国观众还是不能完全接受他的卫星电视节目。推出付费电视网络5年之后，英国天空广播公司每周仍然亏损100万英镑，订购用户数距离保本还差50万户。现在，奇泽姆要默多克再拿出3 000万英镑来争夺一个体育赛事的转播权，而默多克本人对那项体育运动压根儿就不感兴趣。英格兰足球值这个价吗？默多克在心里盘算着，眉头紧皱。如果是几年之后，对默多克来说，多花几千万美元购买一流的体育节目压根儿就不是事儿。1997年，默多克花了约50亿美元购买体育赛事转播权，高调地同NFL、北美职业冰球联赛（NHL）、美国职业棒球大联盟（MLB）和美国大学生体育协会（NCAA）的大学生橄榄球联赛签订了巨额转播合同。但在1992年5月的那天凌晨4点，为了击败对手的抬价而多花一大笔钱去购买英格兰足球比赛的电视转播权？这似乎还是要多花些心思想一想才能做决定，这个主意实在让人感觉荒唐。事实上，他甚至都不喜欢英格兰足球这项运动。

然而，直觉告诉默多克，如果说英国天空广播公司能靠什么走上发展之路，那就是足球赛事的实况转播。与其他人相比，默多克尤其懂得体育运动对于举步维艰的企业意味着什么。

1969 年，默多克收购了摇摇欲坠的《太阳报》，并快速将它打造成走大众路线的八卦小报，每天传播着粗俗的八卦新闻。《太阳报》上经常有袒胸露背的模特，它的足球新闻至少占 12 个版面。3 年后，这份报纸已经成为英国最畅销的日报。那么，足球可以再次拯救默多克吗？关于能否利用足球这项运动的人气吸引更多中产阶级用户，默多克和奇泽姆已经商讨过多次，那么他们究竟愿意为这场赌局下注多少呢？

在接到凌晨那个电话的前几天，奇泽姆开始怀疑英国天空广播公司是否真的有财力购买转播权，他想或许是时候停止追问了。英国天空广播公司的顾问公司安达信会计师事务所已经针对这起自杀式报价发出警告，认为合同条款过于荒谬，不可能给公司带来经济效益。

“那怎么决定呢？”奇泽姆催促道。

默多克沉默了一会儿，在脑子里把各种方案又重新过了一遍。现在不用打电话给英国天空广播公司的主管或其他身处伦敦的董事会成员了，他们的意见以后再说吧，奇泽姆还在电话那头等着。默多克在心里权衡着。**这个决定将会颠覆英格兰足坛，重新定义全球的传媒版图。**在曼哈顿的黎明到来之前，一切都归结到一个简单的问题：他最多能出多少钱？

英国独立电视台会前改变规则

同样是 1992 年 5 月 18 日，里克・帕里（Rick Parry）也在心里思量着同一个问题。他站在伦敦西部一家高档酒店的大堂里，腋下夹着一摞文件，手里还拿着一个密封的信封，脸上满是疲倦和困惑。

帕里那天上午来到兰卡斯特盖特酒店，等待着自己职业生涯最重要的时刻，这大概也是自 1863 年以来英格兰足坛最重要的时刻。1863 年，牛津大学和剑桥大学的一群毕业生在科芬花园酒馆里碰头，商讨足球比赛规则。帕里这一天之所以来到酒店，是为了敲定新联盟的计划，该联盟脱离了原有的联赛体系，由英格兰著名的职业足球俱乐部组成，并且很快将成为全球体育界人气最旺的企业。整个计划还有最后一件事情要敲定，然后光辉万丈的新未来就能开启了。按照计划，帕里上午 10 点将在楼上的会议室里面对 22 位球队老板发言，就这家新公司应该将电视转播权出让给哪家广播公司阐述自己的意见。这群老板中有白手起家的百万富翁，有三流的商业大亨，也有花钱如流水的企业家。

在电视转播权这件事上，没有哪一点是不重要的。十几年来，英格兰足坛的管理者们一直在为球赛如何进行电视转播、何时转播，以及在哪个电视网进行转播等问题争论不休。最重要的问题是电视网应该出多少钱来购买转播的特权。这 22 位老板在任何事情上都难以形成一致意见，但为了一次性解决电视转播的问题，他们决定搁置分歧，联合起来。这次的共同努力将会颠覆英格兰足坛 100 多年来的架构，迫使易怒的英格兰足球管理机构提起法律诉讼，令对立媒体谴责新联盟贪得无厌，甚至掀起英国球迷的大规模反对。

现在，在为期两年的秘密会议、法庭舌战，以及帕里 20 年会计师生涯都没有经历过的熬夜加班之后，他们已经做好准备，即将完成收尾工作，迎接他们所创建的英超联赛。

他们现在要做的就是为英超联赛的第一个赛季选择一家广播公司。英国独立电视台（ITV）提交了方案，默多克的英国天空广播公司也提交了计划书。无论选择哪一家，球队的收入都将创造新的纪录。

作为新英超联盟的首席执行官，帕里的任务就是要就接受哪家广播公司的报价向老板们提出建议。英超联赛究竟会如何发展？在当时，要论谁对这个问题了解得最透彻，那么当属帕里。几个月来，他一直在同两家广播公司的核心人物进行商讨。在那几周里，他一直在计算各种数字。前一天晚上，他还在酒店房间里熬夜，花了几个小时起草第二天上午的发言材料。但现在，事关数亿美元，而且几十分钟后就要开始发言了，帕里突然觉得脑中一片空白，不知道自己要说什么了。

约翰·昆顿（John Quinton）透过眼镜镜片看到了大堂另一头的帕里，于是走了过去。昆顿曾经是巴克莱银行的掌舵人，刚刚出任英超联盟的主席，他看上去有点儿困惑不解。“怎么了？”昆顿问道。帕里耸耸肩，看了一眼自己的手表，他还有 20 分钟时间来整理思绪。

整件事情之所以有了变数，是因为有人破坏了游戏规则。昨天晚上，在两家广播公司最终的报价锁定之后，帕里完成了发言材料后才睡觉。当时他心里已经有了决定，英国天空广播公司将会是英超联赛的第一个电视合作伙伴，他们的报价是每年 4 450 万英镑，比英国独立电视台高出 1 250 万英镑。此外，英国天空广播公司承诺播出更多赛事，提供更好的时段，将足球赛事直播打造成真正的电视产品。英国天空广播公司与英国广播公司（BBC）有合作，这意味着在英国任何人只要有台电视机，就可以收看赛事集锦节目。[①] 帕里的这个决定相当明确。

或者更确切地说，在那天上午 9 点之前，他的决定非常明确。9 点刚过，曾经的足球记者、现在的英国独立电视台足球节目负责人特雷弗·伊斯特（Trevor East）来到兰卡斯特盖特酒店，手里拿着 24 个封好的信封，里面装着英国独立电视台的竞价方案，此时已经超过了最终的报价时间。只要那 22 位球队老板中有人来到酒店，他就把信封递上去。

帕里看着手里的信封，摇了摇头，这完全不合乎规则。此前，他亲自告知竞

① 英国广播公司是免费电视台，英国天空广播公司与英国广播公司的合作保证了观众可以免费观看赛事集锦节目。——译者注

标各方，他们要在 5 月 14 日，也就是 4 天前提交最终报价，并且向俱乐部主席们进行陈述。不过，昆顿早已提醒过他要警惕这类节外生枝的事情。“这里没有什么规则，”昆顿说，“只要干掉对手，将对手挤出谈判桌，坚持到最后的就是赢家。”帕里现在要怎么做？他不能毁掉谈判。合同标的有几千万美元，而且赛季在 3 个月后就要开始了。如果他试图否决英国独立电视台的新报价，可能等不到联赛开始就会丢掉工作，而他曾经为了联盟的成立那么卖力工作。而且，球队老板们现在已经都看到新报价了，他们已经知道，有更多的钱在等着他们。

所以在这种情况下，帕里理所当然做了一件事情。他打电话给奇泽姆，请他针对竞标对手的出价再次报价。“该死，”奇泽姆回答说，接着冒出了一连串更加难听的话，“我等会儿给你回话。”[①]

帕里只能站在酒店大堂中央等着奇泽姆回电话。尽管事情现在实在是一团糟，但他什么都干不了，只能等着。“今天的会议只能推迟了。”他对昆顿说。

整件事的发展完全不符合帕里以往的工作节奏。他是会计师出身，曾经就职于安永会计师事务所，一直以注重细节为豪。他工作兢兢业业，会熬夜阅读英格兰足球总会（Football Association，简称英足总）的比赛规则手册，让自己浸淫在足球运动百年以来错综复杂的管理规则中。那个手册堪称英格兰税法的足球版。他不喜欢任何“惊喜”，可是自格雷厄姆·凯利（Graham Kelly）说服他进入足坛以来，“惊喜”从来没有中断过。凯利是他在会计师领域的老熟人，现在掌管着英足总。

---

① 奇泽姆接着应该就给默多克打了本章开头的那个电话。此时伦敦是 9 点，按时差计算，伦敦比纽约快 5 小时，所以默多克接电话时正好是凌晨 4 点。——编者注

顶级俱乐部决心要“独立”

一切要从 1990 年的第一次谈话说起。当时凯利告诉帕里，部分顶级球队在密谋脱离原来的英格兰足球联盟（Football League），组建新的联盟。英格兰足球联盟是一个古董级联赛体系，英格兰足球在这一体系下已经运行了上百年。在这个体系中突围势必会与足球联盟在法律和组织架构上发生冲突，因为顶级足球俱乐部与英格兰其他职业足球俱乐部的关系十分紧密，由 92 个职业足球俱乐部组成的四级联赛体系将它们捆绑在一起，而这四级联赛还只是英格兰庞大的足球系统的顶层部分，在这之下还有 7 000 多支球队组成的数十个半职业联赛和业余联赛。由此可见英格兰足球联盟影响力之深远，在你家门口酒馆里喝酒的那 11 个人可能就组成了某个球队。至少从理论上来说，只要投入足够长的时间，赢得足够多的晋级机会，任何足球俱乐部都可能攀上金字塔的塔尖。这就是英格兰足球自 1899 年以来的生态系统，它是一座体现维多利亚时期英国秩序感的丰碑。

在 20 世纪 90 年代之前，没有人想过要去进行任何改变。然而，顶级俱乐部的野心日增，认为英格兰足球联盟的其他成员是个累赘。从在球衣背面印上名字到延长中场休息时间，每次不管顶级俱乐部想做什么，总有人出于自身利益寸步不让，他们感觉忍无可忍。为什么英格兰前景最光明的球队要把自己的未来与那些龟速前行的球队绑在一起？**于是，这些顶级俱乐部就想让金字塔的塔尖脱离塔身，让下面的部分自生自灭。**

单单这个想法就已经骇人听闻，为了保密，凯利约帕里见面时不得不尽量小心，他甚至没有让帕里来伦敦。凯利告诉帕里，他们可以在曼彻斯特的米德兰酒店碰头。那家酒店很不起眼，是秘密会谈的理想地点。这个地方的确是开会商讨足球问题的理想场所，只是有一个小问题，那就是其他人也会有类似的想法。所以当凯利和帕里同时出现在餐厅时，他们发现英格兰足球联盟的官员也选择了这个地方来举办自己的圣诞派对，这些人可是他们想要摆脱的人啊！

这类“惊喜”已经成为帕里在足坛工作时的常态。在另一次秘密会议上，热刺时任老板欧文·斯科勒为了躲开在前门等着的英国媒体，不得不从厨房窗户偷偷爬出去。站在兰卡斯特盖特酒店的大堂里时，帕里心想，他本不应该认为英国独立电视台会这样善罢甘休。帕里又看了一下手表。他有时也会像当时这样，不知道自己怎么就会加入这么荒谬的一家公司，更不知道自己还会成为首席执行官。

帕里在 1979 年加入阿瑟·扬会计师事务所[①]利物浦办事处，担任会计师，最终升至高级管理顾问。后来，曼彻斯特异想天开，想在英国这座降雨量最大的城市举办 1996 年的夏季奥运会。帕里这个土生土长的英国西北部人被借调到市申奥小组。曼彻斯特的奥运梦很快就破灭了，但帕里在申奥小组的出色表现让他进入了英国体育上层人物的圈子。在那个世界里，他遇到了一群雄心勃勃的年轻商人，一心想实现一个堂吉诃德式的目标。

他们想靠英格兰足球赚钱。

① 英文为 Arthur Young，1989 年与另一家会计师事务所合并为安永会计师事务所。——编者注

第 2 章

学习 NFL 模式，
英格兰足球脱离旧秩序

THE
CLUB

英超语录

那真是让人大开眼界，我明白那才是体育运动应该采取的经营方式。他们推广的橄榄球不仅是 90 分钟的比赛，而且是一场盛大的活动。橄榄球是一种家庭运动，球场里有漂亮的专卖店，可以享受到美食，就连厕所都很不错。

戴维·戴恩

阿森纳前老板

英超启示录

从美国职业体育运动中学来的经验：

1. 增设商务包厢；
2. 增设大屏幕；
3. 增设纪念品店；
4. 开办俱乐部博物馆；
5. 设计球队吉祥物；
6. 签订赞助合同。

英格兰足球基础设施腐朽

20 世纪 80 年代，对任何想要靠投资赚钱的人来说，足球这项英国国民消遣活动似乎都入不了他们的眼。事实上，足球基本上就不是一个可以盈利的生意。企业赞助和场边广告到 20 世纪 70 年代末期才出现，但在那个时候，这些收入也无法完全抵消草皮维护的成本。电视转播也是后来才出现的东西，而且在当时，电视被认为是邪恶的，电视转播被视为阴谋诡计，因为它会把球迷留在家中的沙发上，而不是坐在球场看台，头顶灰暗的天空，冒着连绵细雨看看自己的主队竭尽全力与对手踢一场 0 ： 0 的平局。

尽管自 20 世纪 60 年代以来，球赛门票的销量在持续下滑，但足球运动微薄的收入几乎完全来源于门票销售。原因很简单，因为看球赛的感觉并不比等公交车好。总的来说，球场都是破破烂烂的。很多球场修建于 19 世纪末，选址基本上都在英国的内城区和工业城镇，而且自从建成之后从未修缮过。球场的内部情况充其量也只能说是比较简陋，通常屋顶漏雨、栏杆锈蚀，连球迷的人身安全都得不到保障，食物和饮料就更加糟糕了。

既然没什么优点，我们自然也就能明白为什么在足坛找不到什么商界精英了。俱乐部主席通常是屠夫或建筑工人，他们不拿工资，而且在必要时乐意捐助几千块钱。他们更乐于享受的是在周六比赛日的下午作为董事会成员的美好人生，那里有社交网络、身份带来的光环和吞云吐雾的快感。他们不会花太多时间去担心球场上座率的下滑，不会操心长期投资不足的问题，因为他们不觉得自己有必要那样做。他们只是小池塘里的大鱼，认为自己只是负责看管根本不赚钱的地方事务，毕竟他们又不是在经营英国航空公司。

问题当然不会自动解决。到20世纪80年代，这些问题因为无人解决而失控了。在10年时间里，严重的经济衰退对英国造成了沉重的打击，英国经济几乎面目全非。失业率增长、城市暴乱、马尔维纳斯群岛（英国称福克兰群岛）战争，外加大规模放松的金融管制，这些都改变了英国的政治和经济环境。英格兰足球也突然从全民运动变成了让全民尴尬困窘的事情。

球迷斗殴和看台上的混乱局面在每周六下午都会出现，与边线裁判和角旗共同成为这一时段的标志物。[①] 自20世纪60年代开始，俱乐部就已经使用绳索或栅栏将客队球迷限制在某个区域，避免与主队球迷混在一起，这种做法现在依然在沿用。后来，闭路电视监控系统的使用减少了球场内的暴力事件，但冲突的场所转移到了大街上，球迷和警察之间的冲突在当时司空见惯。切尔西爆头族、克利索普斯沙滩巡逻队、西汉姆联城际帮等流氓团伙在球场旁边的街区争夺地盘，看球赛对球迷而言变成了一场对自我保护能力的考验。不久之后，看球赛的最大危险变成了英格兰足球基础设施的破烂不堪。球场的空气中不仅充斥着暴力的威胁，而且弥漫着刺鼻的气味。

看台上的情况日趋恶化，绿茵场上的比赛本身似乎也在退化，有些回归本源了。足球比赛在一定程度上变成了有组织的暴动，两个“村落”的“村民”聚到一起，中间摆个足球，然后一决高低。英格兰足球以直接和粗野闻名，球员没什么细腻的技术，倒是擅长凶狠的铲球。到了20世纪80年代，英格兰众多顶级足球俱乐部开始痴迷于长传冲吊打法，几乎一有机会就在球场上发动投机性长传。运气好的话，球能弹到或飞到对手的球门附近。精准度已经没人考虑，控球也被

① 当时，英格兰只有高级别的足球联赛才会配置边线裁判和角旗，低级别联赛只设主裁判。——译者注

完全放弃。如果想在球场上展示一下技术，就有可能会被换下场。长传当然有一定的作用，但毫无疑问，这种踢法导致整个比赛枯燥乏味，令人难以忍受。

如果说这种种情况已经让人觉得足球运动在走下坡路，那么 1985 年则标志着英格兰足球跌至谷底，至少是首次跌至谷底。当年 5 月，布拉德福德市山谷阅兵球场的比赛正在进行，大火突然燃起。据说是烟蒂点燃了看台下方一堆腐烂的垃圾，而球场没有灭火器，56 人因此丧生。也就在那个月月末，在比利时海瑟尔球场举行的欧洲俱乐部冠军杯（European Champion Club's Cup，欧冠联赛的前身）决赛上，利物浦与意大利超级强队尤文图斯足球俱乐部（简称尤文图斯）的球迷发生冲突，导致 39 人丧生，600 余人受伤。在山谷阅兵球场的火灾之后，《星期日泰晤士报》（*The Sunday Times*）发表社评，看上去似乎是在为公众和政府上层人士发声。社评认为足球就是“一群贫民在贫民窟般的体育场内进行的贫民体育运动”。

足球这种职业运动的架构逐渐四分五裂。

3 位梦想家，悄悄收购了阿森纳、热刺和曼联

1984—1985 赛季结束时，英格兰足球联赛的冠名商佳能公司停止了与联赛的合作。当年的球赛上座率跌至自 20 世纪 20 年代以来的最低点，足球似乎同维多利亚时代的其他经典消遣方式（如狗斗熊、徒手拳击等）一样走上了末路。换言之，当时足球不是投资的热门领域。

所有这些正好让英格兰足球为戴维·戴恩所觊觎。戴恩是一名年轻的期货交易商，相当具有开拓精神。他始终认为自己善于发现那些别人看不到的投资机会。21 岁时，他从大学辍学从商，自那时起，他的直觉从未错过。

戴恩最初从伦敦的牧羊人丛林市场买入杧果、山药和其他外国农产品，然后再到伦敦发展迅速的加勒比海人社区兜售。36 岁时，他借助自己的销售技能转战商品经纪领域，他的伦敦海外公司（London and Overseas Co.）1981 年的营业额达到了 4 200 万英镑。戴恩天生善谈，为人洒脱，始终保持着健康的肤色。他认为自己之所以能取得成功，原因就在于他能发现价值所在，然后持有一定仓位，并在其他人败退时加码。不过 1983 年，戴恩在贸易领域的好运走到了头，他的公司成了一起诈骗案的受害者。这起诈骗案涉及一名印度商人、六家投行以及一船运往尼日利亚的白糖。他后来花了数年时间才厘清其中的问题。当时，戴恩发现自己的公司一夜之间背上了约 2 000 万美元的债务。巨大的压力促使他不得不开始寻找新的投资机会。戴恩在伦敦发现了目标，即在市场里表现不佳的不良资产，而他能感知到该资产逆转的时机已经成熟。1983 年 2 月，他出资 29.2 万英镑收购了阿森纳 16.6% 的股份。

即使是在那些通过下注高风险行业来积累财富的人看来，戴恩对阿森纳的投资都像是一场不计后果的赌博。这家俱乐部位于伦敦北部，历史悠久，但半死不活，到 1983 年已经十几年没有取得过联赛冠军，而且其主场海布里球场悄然无声，人称“图书馆”。戴恩的贸易同行感到困惑不解，当戴恩告诉朋友们自己的决定时，大家都惊呆了。就连将股份卖给戴恩的阿森纳老板彼得·希尔－伍德（Peter Hill-Wood）都觉得这种投资行为“相当疯狂”。

“不管他出于什么目的、什么意图，”希尔－伍德当时说，“这笔钱都被套牢了。”不过，戴恩可不是这么想的，这也不是他唯一一次与其他董事会成员在阿森纳的发展上产生分歧。希尔－伍德与其他董事都是一类人，他是老派的伊顿公学校友，喜欢抽雪茄，其祖父 1919 年加入阿森纳董事会。与当时多数英格兰足坛高管一样，希尔－伍德继承了俱乐部的控制权，这就和继承法国南部破败的城堡一样，不太像一桩商业生意，倒更像一份终身债务。“我从不觉得足球俱乐部是一种资产，”他说，“我们过去购买俱乐部的股份常常只要每股 30 先令。坦白地说，我们觉得那就是在浪费钱。”

戴恩异常开心地大量买进股份。在接下来的 10 年里，他不断购入阿森纳的股份。他一直说，当初为了从苏格兰一位老妇人手中购买两股，他不辞辛苦地往返了 1 287 千米。这个故事实在不足为信。到 1989 年，他手中持有的股份已经达到 41%。那年，阿森纳再次赢得联赛冠军，戴恩成为英格兰足坛最杰出的高管之一。在一些地方，戴恩还是会被冷嘲热讽，有人说他一心想攀龙附凤，还有批评者讽刺他是足坛"最出名"的副主席。尽管如此，他事实上已经成为一小群高管中的权力掮客，这群人认为他们的工作就是在 20 世纪结束之前将英格兰足球拖出 19 世纪的泥潭。

如果只是为了寻找志同道合者，戴恩并不用走太远。1982 年，房地产大亨欧文·斯科勒签订协议购买了距离海布里球场约 6 千米的一处实业，那里有一栋宏伟的建筑，是热刺的主场。斯科勒多年来一直关注着戴恩，看着戴恩驾驶着那辆带有个性化车牌号码的跑车在全城转悠，而且斯科勒与戴恩的哥哥阿诺德·戴恩（Arnold Dein）还有些许交情，但他与戴恩从未打过交道。同戴恩一样，斯科勒也是白手起家，而且他认为自己比英格兰足坛的多数老板更精明，更懂得运营。在收购热刺时，他四处搜寻俱乐部原来的股东，偷偷地廉价购买他们手中的股票，然后再想方设法进入董事会，整个过程都在暗中进行。总之，斯科勒花了 60 万英镑收购了热刺 25% 的股份，然后利用那些股份控制了自己从童年时代就追随的足球俱乐部。

在英格兰北部，马丁·爱德华兹也通过类似的手段控股了曼联。他的父亲路易斯·爱德华兹（Louis Edwards）是当地的屠夫，也是一个老谋深算的商人，因为喜欢香槟和优质雪茄而被人称为"香槟"。路易斯·爱德华兹当年就到处寻找曼联的股东，然后抢先买下他们手中的股份，最后悄无声息地拿到了俱乐部 50% 的股份。1980 年，路易斯·爱德华兹因为心脏病离世，马丁·爱德华兹接替父亲出任曼联主席。在 1983 年新的赛季开始之前的斯威士兰热身赛结束后，马丁·爱德华兹也加入戴恩和斯科勒之列，成为新型股东俱乐部的第三个成员。斯威士兰是非洲南部的一个内陆小国，是南非的邻国。南非当时的国情不允许英格兰的足球队到该国踢球，热身赛因此定在了斯威士兰。热刺与曼联共同组织了一支队伍，并取名为托曼前往参赛，这支联队在斯威士兰首都洛班巴的索姆洛洛国家体育馆以 6 ∶ 1 战胜了斯威士兰代表队。也正是在那里，马丁·爱德华兹和斯科勒畅谈了他们对英格兰足球联盟的失望之情，谈到了这一机构对变革的抗拒、其下属的大量委员会，以及他们对商业知识的匮乏。

“当时感觉我们几个人有点像小团体，就是一个组织内的小团体，”斯科勒在谈到他们这 3 个 40 来岁的年轻人时说，“我们都热爱足球，都希望足坛兴盛。我们知道，只要足球踢得好，其他一切就都会跟着来。”

戴恩、马丁·爱德华兹和斯科勒并不是英格兰足坛当时仅有的改革派，后来也有其他人加入他们这个足坛改革派的群体，这个群体组成了在当时被称为 5 大豪门[①] 的英格兰顶级足球俱乐部群。另外两人分别是埃弗顿足球俱乐部（简称埃弗顿）时任主席菲利普·卡特（Philip Carter）和利物浦时任主席诺埃尔·怀特（Noel White）。

不过，在 1985 年，英格兰足球深陷生存危机，人们在电视屏幕上看不见足球的身影，足球俱乐部似乎都摇摇欲坠。正是那 3 个年轻人的闲聊开启了足球运动脱离旧秩序的进程，正是他们的愿景最终促成了 1992 年 5 月的一个早晨在兰卡斯特盖特酒店大堂里发生的一切。他们希望能有一个现代化、市场化、与媒体和谐共处的联盟，它拥有安全漂亮的球场，提供商务接待服务，并能借助媒体的力量，将自己的俱乐部变为价值超过 10 亿美元的企业。

这个愿景有一个名字：国家足球联盟（National Football League）。

---

① 包括利物浦、阿森纳、曼联、埃弗顿和热刺。——编者注

巨头们毫不忌惮地抄袭 NFL 模式

戴恩自 1983 年起担任阿森纳董事，2007 年卸任。在他的任期内，大家永远记得的是这支队伍的“不败赛季”。枪手在 2003—2004 赛季踢了 38 场比赛，一场未输。那是自 19 世纪 80 年代以来前所未有的成绩，而且直到现在也未能有球队再现他们的纪录。身为俱乐部的副主席，他经手了所有的球员转会事宜，他是阿森纳的总设计师。

然而，戴恩治下的阿森纳不败赛季并非职业体育界的个例。多年之前，也就是在戴恩迎娶美国妻子芭芭拉后不久，两位新人决定到迈阿密待一段时间。迈阿密海豚在 1972 年那个赛季的精彩表现让戴恩了解到了另外一种足球——美式足球（英文也是 football，但完全不同于足球，也被称为美式橄榄球）。他在 1972 年了解到的迈阿密海豚是这样的：“拉里 · 琼卡（Larry Csonka）……体重约 200 公斤，像一座人山，一堵砖墙。”

1972 年的迈阿密海豚依然是美国职业运动历史上最神奇的队伍之一，也是 NFL 中唯一一支在一个赛季中没输过球的冠军队。至今，每个赛季，如果 NFL 中最后一支保持不败的队伍最终吃了败仗，1972 年的迈阿密海豚成员就会聚集在一起，开香槟庆祝自己创造的惊人纪录又得到了保持。迈阿密海豚给戴恩留下了难以磨灭的印象，不过那不是因为四分卫鲍勃 · 格里斯（Bob Griese）或球队入选名人堂的后卫琼卡曾经创下的惊人成就。戴恩倾心的是迈阿密海豚主场的巨大屏幕、宽敞的大厅、美味的食物，以及得力的啦啦队。他意识到，这才是顶级联赛应该有的样子。

“那真是让人大开眼界，”戴恩说，“我明白那才是体育运动应该采取的经营方式。他们推广的橄榄球不仅是 90 分钟的比赛，而且是一场盛大的活动。橄榄球是一种家庭运动，球场里有漂亮的专卖店，可以享受到美食，就连厕所都很不错。”

戴恩认为，人们必须注意到，厕所不是一种附属物。戴恩致力于改造英格兰足球场内的厕所，后来这甚至变成了一场他个人的抗争运动。在他看来，厕所体现了英格兰足球运动中的种种弊端。

20 世纪 80 年代，观看英格兰足球比赛可谓危险重重，这些危险来自破败的球场、球迷的暴力威胁，以及湿冷的英国天气。但在戴恩心里，最让人担忧的莫过于球场厕所给人的感觉。这些厕所只有基本功能，它们肮脏污秽，通常都是露天的，就是在地上挖了一道沟，然后用铁板围住。① 更糟糕的是，中场休息时间只有 10 分钟，这段时间太短了，很多球迷懒得排队上厕所，于是找堵墙或找块低洼地就解决问题了。

“这是个娱乐行业，”戴恩在一次联盟会议上恳请其他老板，“它必须能提供让人开心的体验，你们也不想排了 10 分钟的队后还上不了厕所吧。看球必须让人感到舒适快乐。”

不过戴恩发现，尽管他描述了厕所的种种窘况，但其他俱乐部老板根本不为所动，这让他颇感沮丧。戴恩花了 5 年的时间才说服他们将中场休息时间延长到 15 分钟，也花了更长的时间才改善了英格兰足球比赛中人们使用的厕所。

在厕所问题没有解决之前，戴恩在其他领域还是取得了一些进展。事实上，就在他收购阿森纳后不久，这家俱乐部的主场开始显现出他从美国职业体育运动身上学来的经验。枪手在 1988 年增设了商务包厢，并且在大钟看台上安装了顶棚。次年，俱乐部又增设了两块特大的屏幕、一间超大的纪念品店和一个俱乐部博物馆，并且在 1994 年有了首个球队吉祥物。这个吉祥物是一个 2.43 米高的绿色恐龙，戴着一顶棒球帽，名叫枪手恐龙（Gunnersaurus）。阿森纳组织了吉祥

① 如果看到这里你还想问问女厕所的情况，那可能是因为我们对英格兰足球当时糟糕的状况说得还不够清楚。

物设计比赛，最终胜出的是一名 11 岁的小朋友。

NFL 的影响很快也出现在伦敦北部的热刺主场白鹿巷球场。在控股热刺后不久，斯科勒只身前往美国取经，为如何提升俱乐部的市场营销和商业运营水平寻找灵感，球队在 1983 年才同啤酒酿造商赫力斯特（Holsten）签订第一个球衣赞助合同，在联盟顶级球队中，它是最后一批在其著名的白色球衣上印上企业标识的球队之一。

戴恩是在观看迈阿密海豚的比赛时才了解到 NFL 的，而斯科勒早就认识 NFL 的内部人士。这个人可以说很伟大，是他改变了美国的橄榄球联盟，为 NFL 创造了到现在依然值得夸赞的成就。他就是 O. J. 辛普森（O. J. Simpson）。

凑巧的是，斯科勒前往美国时正值 NFL 想要扩大其在全球的影响力。NFL 早就酝酿在伦敦组织一场季前赛，让上一赛季超级碗的两支参赛球队再战一场，辛普森作为中间人参与其中。1983 年的某个晚上，斯科勒在纽约参加了一场派对，身着无尾礼服的辛普森和穿着皮草的妮可·布朗（Nicole Brown）也在派对上。“派对上都是大人物。”斯科勒回忆说。第二天，辛普森将斯科勒带到 NFL 位于派克大街的总部，把他引荐给了联盟最高领导者彼得·罗泽尔（Pete Rozelle）。尽管超级碗的大赛从未在英国上演，但斯科勒在返回伦敦时已经对 NFL 的运营方式有了全新认识。“在商业吸引力上，他们太令人惊奇了，”他回忆说，“从他们身上，你可以看到自己未来的方向。”

在接下来的几年里，斯科勒继续学习 NFL 的运营方式。他在 1987 年与马丁·爱德华兹一起观看了纽约喷气机队的一场比赛，爱德华兹从此也成了 NFL 市场营销方式的忠实信徒。5 年后，曼联在客场比赛中会身着黑色球衣，看上去颇像洛杉矶突袭者的黑色队服。如果洛杉矶突袭者的老板阿尔·戴维斯（Al Davis）看到了，没准就会提起侵权诉讼。

在 1992 年前的那 10 年里，英超联盟的新浪潮试图颠覆英格兰足球，将这种业余体育运动变为现代化娱乐产品。在这个过程中，NFL 成为戴恩、斯科勒和爱德华兹的商业研究对象。从公司品牌建设到组织架构和管理，从大局把握到球衣后面印上球员名字的小细节，NFL 改变了他们在方方面面的思维方式。他们想将 NFL 的商业技巧和绚丽舞台搬到英格兰足球这个有着百年历史的体育运动上，而且毫不忌惮地抄袭 NFL 的做法。

他们从大西洋彼岸学习了众多经验，其中有一点格外突出，那就是要想靠足球俱乐部赚钱，就必须依靠电视转播。

第 3 章

转播权竞争第一回合，英国独立电视台获胜

THE CLUB

英超语录

我决定出手，把转播权抢过来。

格雷格·戴克

英国独立电视台前高管

英格兰足球被广播公司封杀

英格兰足球应该如何从电视转播上赚钱？1985 年 12 月底，欧文·斯科勒、马丁·爱德华兹和其他 6 位球队老板在驿站酒店开会讨论这个问题，这个想法当时似乎很不靠谱。驿站酒店位于希思罗机场外围一栋巨大的灰色建筑内。在当时，英格兰足球完全不像是激动人心的电视产品，因为从严格意义上来说，英格兰足球根本就不是电视产品。

由于无法与两大地面电视台英国广播公司和英国独立电视台就球赛的实况转播达成协议，所以就意味着 8 月开始的 1985—1986 赛季电视上不会有球赛直播，也不会有赛事集锦。英国独立电视台甚至拒绝在晚间新闻中播报比赛结果。因此，那个赛季从电视上彻底消失了，世界上人气最旺的体育运动就这样从令其繁荣的国度的电视上彻底消失了。之所以会出现这种情况，原因之一就在于球队老板和广播公司之间的关系破裂。球队高管们长期以来深信英国广播公司和英国独立电视台狼狈为奸，故意压低转播费。1985 年夏天在白鹿巷球场举行的一场重要会议上，这两家广播公司的谈判代表从同一辆黑色出租车上下来，这进一步加深了人们的猜疑。

长期以来，英格兰足球对电视可谓爱恨交加，被广播公司封杀也是这种心理的后遗症。这种态度的产生有多方面原因，包括英格兰足球根深蒂固的传统、由来已久的收入分成模式，以及整体的权力架构，这些传统、模式和架构在 1985 年都处于瓦解的边缘。

足球比赛首次出现在英国的电视屏幕上是在 1937 年，但直到 1960 年，各方才合作进行定期的球赛转播。那一年，英国独立电视台与英格兰足球联盟达成协议，以 15 万英镑的价格购买了 26 场球赛的转播权。协议只有一个条件，那就是英国独立电视台不能转播全程 90 分钟的比赛。因为担心电视定期转播足球比赛会影响比赛现场的上座率，而门票又是俱乐部唯一的真正收入来源，所以他们只允许英国独立电视台的摄像机在下半场开机。这个折中方案只实施了几周，此后阿森纳和热刺彻底拒绝让英国独立电视台的摄像机拍摄自己的比赛，于是英格兰足球的第一份电视转播协议搁浅，俱乐部和电视台相互指责。在接下来的 40 年里，双方的关系基本上没有任何改善。

1964 年，英国广播公司推出了《今日赛事》（*Match of the Day*）节目，在每周六晚上播出赛事集锦。英国广播公司为此支付了总计 5 000 英镑。英格兰足球联盟中 92 家俱乐部老板平分了这笔收益，每支球队分得大概 50 英镑。大家都非常开心，因为这种方式能巧妙地规避电视转播可能带来的灾难。

此后 20 年的大部分时间里，双方一直采用这种安排。电视上的英格兰足球节目几乎无一例外都是赛事集锦。寥寥无几的电视转播费由四级联赛的所有俱乐部平分，也就是说，曼联和麦克尔斯菲尔德足球俱乐部拿到的电视转播费一样多。

球员不会想着去改变这种情况，他们所接受的教育让他们认为职业足球运动员与木工或管道工一样，只是一个职业。他们十几岁时离开学校，加入球队成为“学徒”，先是长期帮老资历的球员洗球鞋，此后如果足够出色，最终能够毕业，他们就能签订职业合同。球员的收入还是很可观的。在 20 世纪 70 年代，最出色的球员每年拿到手的钱在 1.2 万英镑到 1.5 万英镑，基本是普通工人工资的两倍。但在 35 岁左右离开球场之后，他们需要重新找工作，余生再也无法赚到足够多的钱来让自己过得轻松一些。所以球员在退役后如果没能加入教练队伍，就会重新回到工人阶层，从事工人的工作，比如开出租车或经营酒吧。此外，就算他们想改变这套系统，足坛也没有给他们太多的话语权。

到了 20 世纪 80 年代，俱乐部和广播公司都已经忍无可忍，开始蠢蠢欲动，想要谋求变化。英国广播公司和英国独立电视台觊觎体育赛事转播带来的超高收视率，不再满足于仅仅播出赛事集锦，于是开始力争一系列赛事转播的权益。与此同时，大型俱乐部的老板们也意识到电视转播对上座率的影响可能并没有那么吓人，人们不会因为舒服的沙发就放弃让人热血澎湃的看台。老板们感觉自己球队的比赛价值被严重低估了。

改变的导火索来自大家非常熟悉的一个地方。1982 年，NFL 签署了一份为期 5 年、总价值 20 亿美元的电视转播协议，这一般被视为体育赛事转播史上的标志性事件。斯科勒表示："合同金额令人难以置信。"次年，英格兰足球联盟也签署了自己的电视转播协议，只是这份协议反响不大。这份为期两年的转播协议的标的为 520 万英镑，每个赛季可以实况转播 10 场比赛。无论是在标的还是对英格兰足坛的影响力方面，这份协议在几年后就已经黯然失色。不过，1983 年的这份电视转播协议能够签订就已经算成功了，因为协议的谈判结果出人意料，参与的各方都对协议不满意。

"和平"并没有维持太久，在协议到期之前，英国广播公司和英国独立电视台就开始极力反对 10 场比赛的限制，要求实况转播更多赛事。英格兰的小型俱乐部本来就对上座率下降问题很恼火，尽管那和电视转播根本没有关系，但他们嚷嚷着要恢复以前的做法，电视上只能播放赛事集锦。大型俱乐部的眼睛则盯着大西洋彼岸的职业橄榄球、职业篮球和职业棒球大联盟，羡慕地看着那些球队老板们赚得盆满钵满。相比之下，他们感觉自己就是穷光蛋，但他们这项运动明明已经走向全世界。他们认为现在时机已到，是时候通过电视来赚得自己应得的钱了。如果那意味着他们不得不切断自己同其他级别的球队的关系，那就切断吧！

在为了续签 1983 年的协议而进行谈判时，矛盾果然爆发了。小型俱乐部不同意增加电视转播赛事的数量，而广播公司对牛津联足球俱乐部（简称牛津联）老板的要求则一笑置之。牛津联的老板罗伯特·马克斯维尔（Robert Maxwell）是一位传媒大亨，喜欢抽雪茄。他表示，广播公司必须出资 1 000 万英镑才能买到电视转播权。广播公司最终的报价是 400 万英镑，这个数字立刻被俱乐部老板们否决，双方谈崩了。于是，1985—1986 赛季一开始就从电视上消失了。

斯科勒和爱德华兹当时正在竭力开启俱乐部的商业化运营。对他们来说，这种情况实在不容乐观。俱乐部不得不退而求其次，按照客户的要求制作场边广告牌，推销在斯堪的纳维亚地区出售的产品，那是世界上唯一一个每周末仍然可以看到英格兰足球比赛实况转播的地方。英国国内的电视转播协议谈判破裂后，斯科勒只能与泰晤士电视台签署了 5 万英镑的斯堪的纳维亚地区的电视转播协议。被广播公司封杀这件事尤其让爱德华兹火冒三丈，曼联在 1985—1986 赛季里连赢 10 场，在该赛季的头 5 个月一直稳稳地占据着头把交椅。如果没有了电视转播，这支球队的杰出成就基本就无法获得关注，而到重新签订电视转播协议时，曼联已经被利物浦赶超。

寻找合作伙伴，挖掘足球赛事的潜力

电视转播的僵局持续了数周之后，5 大豪门聚在一起，开始商讨最激进的方案，打算退出英格兰足球联盟，建立自己的联盟。

这已经不是顶级俱乐部第一次威胁要放弃自己与英格兰四级联赛中其他球队之间的联系了。只是这一次，顶级俱乐部似乎不仅是说说而已。这群“叛乱者”邀请纽卡斯尔联足球俱乐部（简称纽卡斯尔联）、曼城和南安普顿足球俱乐部（简称南安普顿）的代表，共同就脱离英格兰足球联盟的事宜进行商讨。虽然 8 家俱乐部的“分裂会议”并没有取得实质性结果，但爱德华兹认为他们这一次脱离英格兰足球联盟的威胁就像悬在空中的“核威慑”，尤其是在英格兰足球联盟与广播公司即将在驿站酒店开始谈判之时。

在这场漫长的谈判中，彼此都各怀鬼胎，而且固执己见。四级联赛的每一个级别都派出了俱乐部老板代表，在 6 小时的讨价还价之后，老板们达成了 10 项协议，同意顶级俱乐部在电视转播费和赞助费中分得较大比例，并且在整体决策中拥有更大的话语权。达成协议两天后，足球比赛又重新出现在英国的电视屏幕上，而前提是俱乐部被迫接受了压价，接下来的两个赛季里每个赛季的电视转播费仅为 130 万英镑。广播公司仍然坚持足球比赛绝对不会成为优质电视节目的谬论，因为对很多人而言，坐下来看 90 分钟球赛实在难以坚持。

广播公司封杀危机已经化解，但足球的电视转播问题依然存在。在离开驿站酒店之后，斯科勒、爱德华兹和戴恩下定决心下次一定要自己来解决这个问题。随着英国终于有了卫星电视，电视版图开始发生变化。为了挖掘足球比赛的潜力，他们必须找到一个合作伙伴。这个人既要懂得实况转播的强大吸引力，又要对卫星电视技术将如何彻底颠覆英格兰足球有清晰的理解。

安东尼·西蒙兹－古丁（Anthony Simonds-Gooding）正好有此远见，他称未来要靠“矩形天线”。

西蒙兹－古丁是英国卫星广播公司（BSB）主席，很有魅力。这是一家新成立的广播公司，20 世纪 80 年代末与另一家公司争夺新兴的英国卫星电视市场。英国卫星广播公司是英国唯一的官方卫星电视网络，手握政府颁发的广播牌照，董事会由一群公共广播公司高管组成，而且拥有先进技术。它的竞争对手是默多克的英国天空电视台，这家公司什么都没有，使用的是比较原始的技术，而且缺乏政府支持。为了规避牌照问题，该公司甚至计划从卢森堡向英国发射电视信号。

西蒙兹－古丁曾经就职于盛世长城国际广告公司，有着过硬的市场营销知识。他借助自己的专业知识，制订了以智取胜的计划，通过打造品牌打赢了与英国天空电视台的卫星电视市场战。**他打算靠着两大特色来推销英国卫星广播公司，一是矩形天线，也就是边长为 25.4 厘米的正方形天线，其外观相当时尚，可以替代传统的圆形卫星电视接收器；二是足球赛事的实况转播。**

西蒙兹－古丁深信体育赛事的实况转播是帮助卫星电视在英国取得成功的关键。1988 年 3 月，他向戴恩、埃弗顿的菲利普·卡特和英格兰足球联盟管理委员会的其他成员展开推销。他说，卫星电视未来将转播数百场比赛，球迷们坐在沙发上就能观看，由此可以摆脱地面电视台对足球比赛电视转播的控制，俱乐部的收入将会飙升。这番对未来的描述让听众为之一振，他们一下子就在椅子上坐直了，而接下来的话又让他们兴奋得差点儿从椅子上跌倒。英国卫星广播公司最初的报价是 1 100 万英镑，这已经是英格兰足球联盟当前电视转播协议金额的 3 倍，而且如果订户数达到目标，这个数字预计会增长到每年 2 500 万英镑。

此外，英国卫星广播公司提议同英格兰足球联盟成立一家合资公司，让俱乐部也能从未来的订购收入和赛事实况转播的广告收入中分得一杯羹。此外，俱乐部也能分得该公司从拳击和其他体育项目中获得的收益。

英国卫星广播公司在 6 月将详细报价资料提交给英格兰足球联盟的 92 家俱乐部，这些俱乐部几乎全员通过，这是英格兰职业足球 100 余年来少有的情况之一。俱乐部以 91 ∶ 1 的票数同意和英国卫星广播公司进行谈判，为付费电视撼动古板的英格兰足坛铺平了道路。

俱乐部老板们开始谋划拿这笔新收入大手笔地引进新球员，提高他们的工资。但这时，怀疑的声音也跟着出现了，戴恩、斯科勒等 5 大豪门的代表们开始改变主意。英国卫星广播公司有众多显而易见的优势，可是有一点是缺失的。该公司启动已有两年，而且离正式开播只有几个月了，但公司尚未发射卫星。“一切实际上都是空头支票。”戴恩说。此外，作为一家刚刚启动的公司，英国卫星广播公司似乎过于铺张浪费。他们烧钱的方式让 5 大豪门感到紧张，该公司总部位于伦敦时髦的巴特西街区一栋亮闪闪的玻璃房子里。其竞争对手的高管发现，公司“人人都开宝马，配司机”。英国卫星广播公司为投资人组织了众多公司派对，在其中一次派对上，该公司花了 8 万英镑购买名牌薄荷糖。

英国独立电视台支付 1 100 万英镑入场

因为 5 大豪门担心英国卫星广播公司可能无法撑到双方合同到期之时，到时候足球又会从英国的电视屏幕上消失，所以他们开始四处寻找其他合作伙伴。卫星电视的前景实在诱人，不过他们更愿意找“脚踏实地”的地面电视。他们希望能找到一位经验丰富的广播公司高管，而且这个人能够把握英国民众的脉搏。他们需要的是一个务实的人。

他们把目光投向了一个人，这个人对英国广播电视行业最著名的贡献就是一只老鼠木偶。这只老鼠戴着墨镜，身着夏威夷风格的花衬衫，说话时带有浓厚的黑乡口音。这个人是一名高管，名叫格雷格·戴克（Greg Dyke），是英国独立电视台一颗冉冉升起的新星。他曾经让陷入困境的早间节目《早安》（*TV-am*）重获新生，其手段就是在学校放假期间的节目角色阵容中增加罗兰鼠（Roland Rat）这个角色。一个月后，该节目的收视率翻番。

戴克来自伦敦郊区，一头银发，发际线后移，头发已经变成了马蹄形。他曾经做过纸媒记者，但后来厌倦了。对排外的英国广播电视界而言，戴克算是个外人。戴克看上去就像一夜暴富的街头小贩，曾经被误认为是一个司机。最重要的是，他是一个现实主义者。戴克在职场上始终“四处游荡”，曾经担任过曼联董事会成员、布伦特福德足球俱乐部主席，以及英国广播公司总经理。多年后，戴克作为英足总负责人出席了 2014 年世界杯小组抽签仪式。当英格兰代表队被分到意大利代表队和乌拉圭代表队所在的小组之后，戴克直接做了个割喉的动作。事实也证明了他的反应完全没错，那年夏季，英格兰代表队一场未赢，在小组赛直接被淘汰，那年也成为60年来英格兰代表队在世界杯比赛中成绩最差的一年。

回到1988年，在实况转播足球比赛的意义与卫星电视对地面电视的威胁这两大问题上，戴克都非常现实。5大豪门对英国卫星广播公司的转播权报价犹豫不决，这让戴克看到了机会。戴克在自传中写道："我决定出手，把转播权抢过来。"所以他找到英国独立电视台足球节目负责人特雷弗·伊斯特，请伊斯特帮忙安排他和一位球队老板见面，最好是有远见的大俱乐部的老板，能够接受戴克谈生意时直来直去的方式。

那个人非戴恩莫属。1988年夏天，戴克和戴恩约在三得利饭店见面，这家高级日本料理店就位于伦敦西区圣詹姆斯宫外的街角。事实证明，他们俩一见如故。英格兰足坛的管理文化及其层出不穷的委员会和小组委员会让戴恩感到失望，而这也正是戴克在广播电视界的感受。后来回忆当年两人见面时的情形时，戴克形容戴恩是"我在足坛遇到的最具革命精神的家伙"。戴恩也非常钦佩戴克说话直来直去的风格和敢于反抗权威的勇气。"戴克就是个侠客，他相当出众，"戴恩说，"我们俩惺惺相惜。"一顿饭吃下来，两人已经拟订了一个电视转播权报价的计划，准备挫败英国卫星广播公司。

不同于当时大多数广播公司的高管，戴克对电视节目必须体现社会价值这一点不感兴趣，他关心的是收视率。戴克想要争取观众，而且他也知道观众喜欢的是顶级球队的实况转播，对级别较低球队的比赛兴趣不大。所以戴克和戴恩达成协议，戴克将向5大豪门各支付至少100万英镑来购买其主场比赛的电视转播权，但前提是这5大俱乐部能够从英格兰足球联盟中脱离出来。至于英格兰足球联盟其他87家俱乐部，戴克认为他们可以再搞一份自己的协议。

戴克思路清晰、态度鲜明，甚至可以说肆无忌惮。也可以说，他是站在5大豪门的立场上发表意见的。在骑士桥一家餐馆与那 5 家俱乐部的代表商谈自己的报价时，戴克告诉大家，他也认为英国广播公司和英国独立电视台在足球电视转播权的问题上曾经合谋。他坦诚的态度帮助他锁定了这份协议。“他是第一个告诉我们真相的人，”斯科勒说，“就在那个时候，我个人认为戴克已经赢得了合同。”此后，大家对英国独立电视台报价的具体细节进行了充实，同时接纳了另外 5 家俱乐部，分别为阿斯顿维拉足球俱乐部（简称阿斯顿维拉）、纽卡斯尔联、诺丁汉森林足球俱乐部（简称诺丁汉森林）、谢菲尔德星期三足球俱乐部（简称谢菲尔德星期三）和西汉姆联，但这 5 家新增的俱乐部得到的转播费将会略低。那天晚上商谈结束后，所有球队达成一致，彼此握手，开香槟庆祝。

英格兰足球联盟的其他成员就没有那么开心了。5 大豪门就电视转播协议进行单独商谈，这种行为在他们看来是一种背叛，所以他们马上进行了报复。菲利普・卡特被解除了英格兰足球联盟主席一职，戴恩被迫退出了联盟的管理委员会，比尔・福克斯（Bill Fox）当选为新主席。福克斯曾经是英国陆军下士，也担任过当时举步维艰的第二级别球队布莱克本流浪者俱乐部（简称布莱克本）主席。这种回击进一步加深了 5 大豪门和英格兰足球联盟其他成员之间的矛盾，但要拯救同英国卫星广播公司的协议已经为时过晚。为了避免出现顶级俱乐部叛乱的局面，也就是爱德华兹所称的“核威慑”，英格兰足球联盟做出了让步，同意与英国独立电视台进行谈判。双方最终达成协议，英国独立电视台可以全年现场直播 21 场比赛，转播费为 1 100 万英镑。英国独立电视台将赛事集锦的权益打包到了转播协议中，并且宣布不会使用这一权益，为的就是彻底打击英国广播公司，导致其《今日赛事》栏目停播。

英格兰足坛和英国独立电视台“联姻”

英格兰足球联盟和英国独立电视台之间的“联姻”不是什么完美的爱情故事，但到第一个赛季结束时，双方的关系看上去似乎未来可期。的确如戴克所愿，足球给广播公司带来了庞大的观众群。在 1988—1989 赛季的最后一场比赛中，阿森纳在安菲尔德球场凭借最后时刻的破门击败利物浦，赢得冠军。这场比赛吸引了 1 000 多万名观众，创造了英格兰足球联赛的观众纪录。终于到了顶级球队从英国独立电视台领取“巨额薪水”的日子，这足以让他们忘记那份协议当初是怎么偷偷摸摸搞定的。“这些俱乐部主席们眼睛都睁得大大的，觉得难以置信。”戴克回忆说。

对英国卫星广播公司来说，事情进展就不是那么顺心了。没了定期的足球比赛实况转播来帮助他们争取订户，这家倒霉的卫星电视公司资金快速流失，最后不得不与其竞争对手英国天空电视台合并。

新公司就是英国天空广播公司，由默多克掌控。戴克对卫星电视的发展依然担心，但也没有过度忧虑，毕竟他手握 5 大豪门这张好牌。戴克只是没有想到，危机会从利物浦的一场比赛开始，并且最终撼动了英格兰足球的根基。

第 4 章

“世界体育最神圣文本”生效，英超不可阻挡

THE CLUB

英超语录

人们认为英超联盟的成立肯定经过深思熟虑，其实根本没有。我根本不信那是为了提高英格兰代表队的水平，我觉得主要就是因为贪婪。

格雷厄姆·泰勒

英格兰代表队前主教练

希尔斯堡球场惨案引发商业危机

1989 年 4 月 15 日下午，谢菲尔德市希尔斯堡球场发生了一场惨剧，这场体育惨剧的影响很快就超过了那场比赛本身。

球迷过度拥挤，警察没有尽责，导致看台上发生人员踩踏，96 名利物浦球迷在这场惨案中丧生，700 余人受伤。这是英国历史上死亡人数最多的球场惨案，毁掉了数千人的生活。有关部门本应受到谴责，可他们在此后 20 多年里一直诋毁球迷，谎话连篇，试图掩盖真相。这场惨剧也引发了一系列严重的社会、政治和经济问题，英国至今仍然在努力弥补那场惨剧带来的影响。

如果只看足球世界，当震惊和悲伤开始慢慢淡化时，一场地动山摇的商业危机出现了，起到催化作用的是大法官彼得·泰勒（Peter Taylor）。他受命对“希尔斯堡球场惨案”进行正式调查，并于 1990 年 1 月发布了自己的调查报告。从观众的混乱到球场的破败，这份调查报告让足球这项英国国民体育运动的危险状况暴露无遗。就这些问题的解决方案，报告提出了建议，其中包括拆除观众围挡，减少站立看台，并逐渐过渡到全座席的球场。阿森纳的戴维·戴恩依然坚持对球场厕所发起“圣战”，让他感到高兴的是，泰勒的报告也提到了厕所，并且形容球场厕所“设计非常原始，维护不当，数量不足”。

“他说的所有问题百分之百正确，他甚至提到了厕所！”戴恩说，“他发现球场必须进行现代化改造，必须给人们更好的体验。读那份报告时，我心想，老天，他说得太对了。我们必须有所行动了。”

政府及时颁发了站立看台禁令，要求各顶级俱乐部在 1994—1995 赛季开始前必须做到赛场座位全部为座席。政府的这个要求使联盟各俱乐部在经济上陷入了困境。球队必须自行承担主场翻新、改造或整体重建的成本，而这些改造会不可避免地导致球场容量缩小，球队主要的收入也会随之减少。

“政府大笔一挥，我们的座位数一夜之间就从 5.5 万个减少到 3.6 万个。”戴恩在谈到海布里球场的容量时回忆说。不过，阿森纳尚且属于幸运者，还有很多俱乐部发现自己已经濒临破产。

虽然政府同意为球场改造提供部分补贴，但顶级球队仍然需要其他收入来填补球场容量骤减所带来的收入缺口。5 大豪门很快就找到了解决方法，他们重新搬出自己考虑多年的方案。如果他们可以自由地同广播公司就电视转播协议进行谈判，如果他们可以将转播费留在自己的腰包里，而不用被迫分给级别较低的球队，他们就能很好地填补资金缺口了。

在此前 10 年的大部分时间里，大型俱乐部一直在试图脱离英格兰足球联盟。现在，在泰勒报告的影响之下，他们终于可以辩称脱离联盟是势在必行的了。

《创始成员协议》生效，5 大豪门另起炉灶

1990 年秋季，5 大豪门和格雷格 · 戴克在伦敦苏豪区一家时尚餐厅会面，本来是计划商讨同英国独立电视台续签电视转播协议的事情，却决定另起炉灶。在吃着优质牛排的同时，戴恩、马丁 · 爱德华兹、菲利普 · 卡特、欧文 · 斯科勒和利物浦新任主席诺埃尔 · 怀特决定共同退出英格兰足球联盟，成立新的联盟，并组织自己的足球联赛。这个联盟将由 20 家足球俱乐部组成，并由这些成员共同

经营，电视转播、广告、企业赞助和商业活动的收益也将直接分配给这些成员。开弓没有回头箭。

要实现这个计划，他们需要硬着头皮去改变 100 多年来的传统做法，还要支付数百万英镑的法律费用，并迎接电视历史上最疯狂的转播权之战。但他们坚信在那个秋夜之后的两年里，英超联盟将会诞生并开始运行。他们正在朝着创立世界上人气最火爆的职业联赛之路迈进。

退出英格兰足球联盟，组建全新的、更出色的联盟和联赛，这个决定听起来非常简单，可是现实却错综复杂。英格兰足球联盟由 92 支球队组成，将他们联系在一起的只是一份落满灰尘的协议，协议同意组成一个比较松散的联盟。然而，在这个松散的联盟内部，人人都认为那份协议是不可动摇的。

从一开始，5 大豪门面临的就是一场公关噩梦。是的，他们之所以创立英超联盟，是因为他们希望能在英格兰足球的所有事务上有更大的控制权，但他们不可能对公众说这些，因为那样听起来是赤裸裸的以权谋私了。此外，他们依然与下一级别的球队存在关联，每年还是会面临升级或降级问题。他们必须找到一个更好的解决方法，能够让英国那些喜爱足球的公众理解甚至支持他们。

除此之外，还有一些实际障碍摆在眼前。多年前，英格兰足球联盟曾经规定，俱乐部如果想退出联盟，必须提前 3 年通知各方。制定该规定就是为了避免 5 大豪门现在所计划的这种脱离联盟的行为。5 大豪门为此花大价钱聘请了一个律师团队，希望能找到变通方法，但律师们得出了同样糟糕的结论。“律师们得出的结论就是对方的规定无懈可击，”里克・帕里说，“他们说，你们不能无视那份规定。如果上法庭，事情就会非常麻烦。”帕里当时已经成为新联盟的全职顾问。

最终的事实证明，只有一个机构能够解决这些棘手的问题，那就是久负盛名的英足总。

英足总成立于1863年，是英格兰足球的管理机构，但从不参与职业赛事的日常运营工作，那是英格兰足球联盟的管辖范围。英足总的主要工作就是维护赛事规则，管理始终运气欠佳的英格兰代表队。由此可以想象，在这100多年来的大部分时间里，英足总和英格兰足球联盟这两个机构一直在相互较劲，这也就能解释为什么英足总会欣然支持5大豪门脱离英格兰足球联盟了，此举令英格兰足球联盟火冒三丈。

事实证明，英足总的支持发挥了至关重要的作用。由于得到了英格兰足球管理机构的支持，俱乐部为自己的“谋反”行为找到了合理性，即他们这样做可以提高英格兰代表队的水平。当时英足总正在接受最新一轮质询，检讨英格兰代表队自1966年以来再未赢得过世界杯的原因。英足总匆匆地修改了报告，对英超联盟表示由衷的支持。在报告中，英足总特别强调了令自己非常受益的内容，即作为英超联盟的合作伙伴共同运营由18支球队组成的联赛。但后来，当英超联盟成立时，联赛成员变成了22支球队（后来又变成了20支球队），而且完全独立于英足总。英足总此前支持的计划被废弃了，他们得到的唯一补偿就是新的英超联盟会被命名为“FA Premier League”，其中的“FA”就是指英足总。即使是这样，“英足总”的字样都没有出现在英超创始俱乐部成员的协议之中，最终文本里的“英足总”是英足总首席执行官格雷厄姆·凯利手写上去的。

英足总给英超联盟带来的另外一份“福利”并不是那么显而易见，直到几个月后，帕里才在泛黄的英足总比赛规则手册中将它找了出来。某次到英足总总部开会之前，他窝在怀特斯酒店的房间里，为了消磨时间而翻看有着百年历史的英足总比赛规则手册。翻了大概90页之后，帕里发现了一条隐晦的条款，称任何联盟不得要求“会员球队或准会员球队”在当前赛季的12月31日之前提交退赛请求。直说就是，英格兰足球联盟关于退出联盟必须提前3年通知的规定完全违背了英足总的规定。帕里找到了漏洞。如果他没有理解错，准备加入英超联盟的俱乐部就可以自由退出英格兰足球联盟，然后次年继续进行自己的联赛。

“那真是醍醐灌顶的瞬间。”帕里说。

法律上的障碍清除后，剩下的只有起草新联盟章程的小问题了。这个章程将会指导这个新的职业体育公司成立以及此后 25 年的转变，并让它最终成为全球传媒和娱乐巨头。起草这个文件共花了 45 分钟。1991 年 6 月 13 日，在召开会议敲定部分最终的细节之后，那份文件诞生了，而最终确定的细节就包括了新联盟如何分配电视转播收入。制定这部分内容时，英超联盟仍然是从大西洋彼岸得到的灵感。

帕里当时已经成为新联盟的首任主席。他曾经前往美国，与长期担任 NFL 执行董事的唐・韦斯（Don Weiss）相处了一段时间。韦斯是 NFL 最高领导者彼得・罗泽尔核心圈里的成员，曾经致力打造了 NFL。返回英国时，帕里的脑子里已经有了很多想法，英超联赛几乎全盘采纳了这些想法，其中包括向广播公司销售《周一足球之夜》（*Monday Night Football*）内容包、设立独立的主席、建立一俱乐部一票制，以及颁布新比赛规则时必须得到 2/3 的同意票数。最后一条最为重要。

6 月 13 日的会议开始前，帕里预计会议气氛将会比较紧张，为此他在英足总总部预订了一间会议室，使用时间为两小时。但在总结会议要点并公布电视转播收入的分配建议时，他惊奇地发现大家竟然一致表示同意。他建议对电视转播收入按照 50 ∶ 25 ∶ 25 进行分配，其中 50% 由各俱乐部平分，25% 将根据各俱乐部在最低曝光量之外的曝光情况进行分配，剩余的 25% 则根据球队最终比赛成绩的排名进行分配。会议结束后，会议室还可以用一小时，但帕里担心大家的共识很快就会破裂，所以在自己的安永会计师事务所便签本上把详细内容摘记下来。这些手写的笔记马上被送到楼上用英足总的信纸打印出来，标题就是《创始成员协议》（*Founder Members Agreement*）。这份文件指导了英超联赛 25 年，被视为职业体育世界里最神圣的文字。

尽管整个过程有种戏剧化的感觉，但这次“独立”行动竟然对英格兰足球的日常生态系统几乎毫无影响。等到足球向赤裸裸的资本运作转变之后，真正的影响才全面显现。英格兰代表队时任主教练格雷厄姆·泰勒（Graham Taylor）是少数能看出足球运动发展方向的业内人士，他对微观经济学的理解远超其对如何突破对手防守的认识。“人们认为英超联盟的成立肯定经过深思熟虑，”泰勒说，“其实根本没有。我根本不信那是为了提高英格兰代表队的水平，我觉得主要就是因为贪婪。”

既然细节已经敲定，英超联赛又还要等 14 个月才能启动，帕里觉得下面的工作会轻松一些。唯一有待解决的就是为英超联赛的首个赛季挑选一家广播公司，格雷格·戴克的英国独立电视台和鲁伯特·默多克的英国天空广播公司将会一决高低。这场竞争会有多激烈呢？帕里心想。

最疯狂的转播权之战

让我们再回到兰卡斯特盖特酒店，帕里对事情进展如此顺利难以置信。报价截止时间过去之后，英国独立电视台又提出了新的报价，5 年转播权报价 2.62 亿英镑，超出了英国天空广播公司的最终报价，也打破了帕里一丝不苟的竞价流程，搅乱了整个秩序。他没有冷静地走进会议室，向 22 位俱乐部老板进行陈述，相反，他在酒店大堂里如热锅上的蚂蚁，四处张望。他看到酒店大门处，戴恩、卡特、爱德华兹和怀特正相互祝贺，显得格外亲热。当然，这的确是他们期待已久的结果。从戴恩和戴克首次商讨英国独立电视台购买 5 大豪门赛事的电视转播权算起，已经过去了 4 年。现在，英国独立电视台似乎可以一举拿下所有这 22 家俱乐部的赛事转播权了。

不过，5 大豪门的老板唯独缺了斯科勒一人，他在几个月前已经出售了自己所持有的热刺股份。俱乐部持续亏损，而且巴塞罗那足球俱乐部（简称巴萨）威胁说，如果热刺再不付清转会费的欠款，他们就收回射手加里·莱因克尔（Gary Lineker）。现在，会议桌上取而代之的是艾伦·休格（Alan Sugar），一个脾气暴躁、善于钻营的人，他特别喜欢细条纹西服、金饰和超宽的领带。这天上午的会议没有让休格觉得很兴奋，他在几分钟之前已经听说了英国独立电视台的报价，现在正在过道的另一边使用公共电话。

帕里翻了个白眼，他能猜得出休格在干什么。人人都知道休格的公司阿姆斯特拉德（Amstrad）是英国天空广播公司最大的卫星电视接收器制造商。如果默多克能抢到英超联赛的电视转播权，休格从中获利最大。也正因如此，休格现在正打电话给英国天空广播公司在艾尔沃斯的总部，对着某个可怜的傻瓜嚷嚷，让他们提交新的报价，要他们“把对手杀个片甲不留”。这当然是在浪费时间。一小时之前，帕里已致电萨姆·奇泽姆，把英国独立电视台报价的细节泄露给了奇泽姆，奇泽姆让帕里等一等。

整个上午都糟糕透顶，帕里还在等奇泽姆回电话。他又看了一下手提包里的移动电话，这个动作他一上午可能已经做了上百次。奇泽姆怎么还不回电话？帕里又环顾了一下会议室，这里大部分人是他此前经常合作的俱乐部主席，在这些熟悉的面孔中夹杂着部分意想不到的新人。诺丁汉森林主席弗雷德·里彻（Fred Reacher）似乎派了俱乐部的商务总监保罗·怀特（Paul White）代表他出席会议。如果帕里没搞错，似乎西汉姆联的莱恩·凯恩斯（Len Cearns）授权他儿子、此前担任地方银行经理的马丁·凯恩斯（Martin Cearns）来开会。难道这些人就没意识到其中的利害关系吗？帕里有点儿想不明白。

英超联盟时任主席约翰·昆顿又来到帕里身边，会议已经推迟，但昆顿不太确定大家究竟愿意等多久。所有人都已经到齐，而且都在讨论英国独立电视台的报价。就在那一刻，帕里第一次相信英国独立电视台将会取得成功。戴克过去一直告诉他，英国独立电视台会胜出，因为只有他才能搞定 5 大豪门，但帕里认为那是典型的虚张声势。帕里为英超联盟设计的组织架构堪称公司管理的典范，单靠 5 大豪门根本没法决定英超联盟的方向。按照帕里设计的一俱乐部一票制，至少要 14 家俱乐部投票赞成，电视转播协议才能得到通过，少一家都不行。

英国天空广播公司也知道这个道理，现在他们必须拍板了。他们在争夺英超联赛电视转播权上势在必得，而且决心将足球比赛的转播作为公司运营的重中之重，这些都让帕里折服。他们承诺会转播更多赛事，在更多时段里播放更多球队的专题节目，并且会把普普通通的周中比赛打造成重要的电视比赛。他们已经承诺，在每场比赛开始之前和结束之后都会安排几小时的节目来进行赛事分析。他们将会去推动赛事的发展，对赛事进行宣传。“我们将会告诉奶奶们怎么用电视看足球比赛。”奇泽姆曾经这样对帕里说。帕里已经认定英国天空广播公司是正确的选择，但他现在没法盯着那 22 位球队老板的眼睛，直接告诉他们应该选择较低的报价。

帕里希望默多克手里还能有一张王牌。从一开始，默多克就已经在拉拢俱乐部老板们，他曾在自己位于圣詹姆斯广场的顶层公寓里宴请戴恩和切尔西的肯·贝茨（Ken Bates），也曾在英国天空广播公司位于利文斯顿的苏格兰分公司会见帕里。默多克给人的印象始终都是愿意不惜一切代价来争取英超联赛的电视转播权，他真的会将电视转播权拱手让给英国独立电视台吗？

就在这时，帕里的电话响了。他从公文包里一把拿出那台笨重的移动电话，抽出天线，希望电话信号能保持稳定。

“帕里，”电话里传来一个熟悉的声音，“我是奇泽姆。你身边有笔吗？”

THE CLUB

第二部分
英超帝国超速增长

把节目给我做精彩了。

戴夫·希尔

英国天空广播公司体育频道制片人

第 5 章

英国天空广播公司赢得转播权，英格兰足球进军娱乐业

THE CLUB

英超语录

从某些角度来说，体育节目变得比球赛的实况转播更重要。

理查德 · 基斯

《周一足球之夜》主持人

英超启示录

英国天空广播公司所做的创新：

1. 每场比赛的实况转播变为 4 小时；
2. 节目主持人身着花哨的外套，以制造话题；
3. 用道具解说足球战术；
4. 在节目中间接听观众电话；
5. 请喜剧演员讲与足球有关的笑话。

全新的体育和娱乐实验

1992 年 8 月，球员们鱼贯进入球场，身着该赛季的新球衣首次亮相。在曼城的缅因路球场里，英国天空广播公司的 12 台摄像机分布在球场四周，对准了边线、中圈和半空。球队中的每个人都知道，他们只要做好自己的本职工作，就已经是在参与一场全新的体育和娱乐实验了。他们现在参加的是英超联赛，而且他们被挑选出来率先出现在英国天空广播公司全新的英超联赛直播时段。这个节目就是《周一足球之夜》，它直接照搬自美国，英国天空广播公司甚至都懒得改一下节目名称。

从球队的球衣到他们在球场上的队形，这群人将给大家展示英格兰足球前所未有的样子。他们一直紧张地保持微笑，直到比赛开始。在英国各地的家庭和酒吧里，电视直播也同时开始。球场上方，飞机拉着一条广告横幅轰隆隆地飞过，横幅上写着："全新的球赛。"球场上，开球的队伍身着崭新的白色球衣、海军蓝短裤和白色袜子。

当然，球场上也不能少了亮黄色的短裙。她们是天空射手啦啦队。英国天空广播公司聘请了 15 名啦啦队队员来热场，希望能让人们记住英格兰足球进军娱乐业的这个时刻。

理查德·基斯（Richard Keys）在看台上方的英国天空广播公司演播室里宣布："我们将拥有全新的周一生活。"他是一位资深的早间电视节目主持人，此刻他身着黑色外套，系着华丽的领带。他说："周一不再会因为它是一周工作的开始而让人感到沮丧，我们将迎来英国天空广播公司体育频道全新的足球节目。从现在起，周一晚上将正式成为周末生活的延续。我们将多一些笑容，多一段家庭欢乐时光。"

家庭欢乐时光现在显然包括啦啦队、烟火表演，以及一队从天而降的跳伞者，他们送来了比赛用球。默多克的手下绝对不会错过任何一个创造协同效应的机会，他们在降落伞上印制了巨大的《太阳报》标识。

《周一足球之夜》完全照搬了 NFL 的模式。四四方方的电脑动画、巨大的球队标识、电吉他演奏的强劲音乐……你完全可以认为曼城和女王公园巡游者足球俱乐部（简称女王公园巡游者）即将戴着头盔、穿着巨大的垫肩出场。

演播室里，基斯身边的两名退役足球运动员克里斯·沃德尔（Chris Waddle）和安迪·格雷（Andy Gray）都将目光投向了窗外，基斯转向他们说："中圈这一幕太让人感到震撼了，对吧？"

"是的，我都忘记球赛马上要开始了，"沃德尔大笑着说，同时一只眼睛还死死盯着天空射手啦啦队，"我光顾着看她们去了。"

19 年后，基斯和格雷会因为这类随意的性别歧视行为而遭到惩罚，断送自己在英国天空广播公司的职业生涯。当时他们在嘲笑一名女性助理裁判，却没有意识到耳麦没关，他们的对话全部被播放了出去。对此，基斯无力地辩称："那只是个玩笑。"

但在 1992 年那个周一的晚上，诙谐有趣的玩笑正成为英国天空广播公司的标志。这 3 位男士西装革履地坐在那里侃侃而谈，格雷时不时地插入面面俱到的分析，直到比赛正式开始。当现场直播的镜头切换到英国天空广播公司评论员伊恩·达克（Ian Darke）的时候，他调侃道："哈利法克斯镇绝对不会出现现在的场面。"①

尽管当时仍然处于电视直播的"史前"阶段，但是达克和格雷已经开始享受一项革命性新技术，那就是用于回放慢动作的监视器。这项技术已经在美国使用多年，可对破旧的英格兰足球场而言，该技术刚刚被投入使用。根据英国天空广播公司新制定的转播分工流程，主解说员负责播报和介绍球员的"姓名和球衣号码"，而作为渲染气氛的嘉宾评论员，格雷会操着爱尔兰口音在第一次回放时进行实时评论。从那之后，这种搭配方式基本上保持不变。在首个周一比赛日的晚上，女王公园巡游者的安迪·辛顿（Andy Sinton）在 23 米外左脚一记怒射，足球如闪电般破门，扳平了比分，这也给了评论员发挥的机会。对球场上的球员来说，英超联赛和此前的比赛没什么区别。可是在缅因路球场的灯光之下，这个神奇的瞬间在被电视技术从各个角度进行了准确分析之后，最终可以生成无限时长的付费电视节目。格雷看到这个进球后的第一句感叹就是："他得到的空间太大了，后卫不应该给他这种机会，但让我们好好看看这终结的一射吧！"

进球、啦啦队、烟花，这些都是英国天空广播公司 3 个月前战胜英国独立电视台，赢得英超联赛电视转播权时所梦想的东西。

5 个赛季 3.04 亿英镑，必须把节目做精彩

1992 年春天，得到身在纽约的默多克的首肯之后，萨姆·奇泽姆致电里克·帕里，报出了英国天空广播公司惊人的最终报价：5 个赛季 3.04 亿英镑。这个数字足以打动英超联盟中的多数俱乐部，让他们放弃英国独立电视台，转而选择英国天空广播公司，但也仅此而已。

① 哈利法克斯镇当时拥有一支低级别球队，达克在揶揄低级别联赛缺乏生机。——译者注

在 5 大豪门的代表中，除了艾伦·休格，其他人坚决支持格雷格·戴克的广播公司，全体投票选择了英国独立电视台的报价。休格既不忠于戴克或英国独立电视台，也不忠于 5 大豪门中的其他 4 个俱乐部。对休格来说，英国天空广播公司的报价意味着他可以卖出更多卫星电视接收器。戴维·戴恩提出动议，以利益冲突为由阻止休格参与最终投票。这项动议没有得到通过，所以休格如愿以偿地投票支持英国天空广播公司。事实也证明，他的这一票起到了决定性作用——最终票数为 14 ： 6。面对现代英格兰足球史上最重要的商业决策，有两家俱乐部选择了弃权。英国天空广播公司凭借清晨追加的费用，最终以天文数字的报价赢得了 2/3 的多数票。

3.04 亿英镑让默多克这个广播电视行业新贵买到了每年 60 场比赛的实况转播权。既然出了这么高的价格，他们当然要充分榨取每场比赛的价值。以前，广播公司通常为每场比赛安排大约两小时的播出时间，包括比赛开始前的主持人闲谈，90 分钟的比赛，以及中场休息时间。但英国天空广播公司将英超联赛每场比赛的实况转播变成了 4 小时的马拉松。不管怎样，英国天空广播公司别的没有，空闲的播出时间有的是。另外，节目主持人基斯主持过晨间节目《早安》，懂得如何让节目嘉宾不停地边聊边笑。英国天空广播公司给他准备了各种各样花哨的外套和领带，看上去就像 20 世纪 90 年代的时尚翻车现场。当然，这些都是有意为之的。“你们觉得我真的想穿着一件绿色、粉色、黄色、紫色、蓝色、橘色或白色的外套坐在那里吗？不！”基斯说，“我们只是必须制造话题。”

英国天空广播公司的制作团队由制片人戴夫·希尔（Dave Hill）和安迪·梅尔文（Andy Melvin）带领。对他们来说，创新无极限。希尔是澳大利亚人，脾气暴躁，此前曾经给一项古老的体育运动带去全新的电视制作技巧。当时，澳大利亚传媒大亨凯利·帕克（Kerry Packer）将板球运动打造成了澳大利亚和新西兰的电视路演，它们相当喧闹，带来的收入也很高。希尔负责让板球运动变得热闹和充满活力。后来，希尔在福克斯广播公司负责制作对 NFL 和其他重大事件的报道，包括好莱坞的奥斯卡金像奖颁奖典礼。1992 年，他的工作变成了推动英国天空广播公司英超联赛节目的发展。他给梅尔文的指示非常直截了当："把节目给我做精彩了。"

此前的一天下午，梅尔文和格雷在酒吧里喝得醉醺醺的。格雷在桌子上摆弄着酒瓶和调料罐，用它们来解释足球战术。就在那时，他们突然想到了一个点子。于是从一开始，梅尔文就让格雷在这个点子上做文章。电视节目上由此就有了一大段内容，一张绿色的大桌子上摆放着五颜六色的圆盘，格雷可以随意使用这些道具来向观众详细讲解什么是 4-4-2 阵型。这种方法最大的优点就是，它消耗了长达 90 分钟的时间。

"从某些角度来说，体育节目变得比球赛的实况转播更重要。"基斯说。

英国天空广播公司也留出了时间来接听观众的电话。观众可以打电话进来，向嘉宾们提出无穷无尽的问题。但在早期，多数球迷打电话来是想投诉英国天空广播公司的另一项创意。在希尔的坚持下，整场比赛过程中，他们在屏幕最上方的角落里设置了记分牌和时钟，但观众痛恨这两样东西。一部分原因可能是英国人讨厌任何形式的变化，所以观众拒绝使用这种可以帮助他们了解体育比赛情况的设备。不过，希尔和梅尔文对他们的意见置若罔闻，记分牌和时钟必须留在那里。

然而，这两人对另一件事情却不那么坚持。他们当时轻率地找来一名喜剧演员，打算利用与足球有关的笑话来消磨时间，可是这名喜剧演员每次来都会造成冷场。一次，这名喜剧演员试图拿保罗·加斯科因（Paul Gascoigne）近来转会到罗马的拉齐奥足球俱乐部的事情开玩笑。英国天空广播公司的制作人们这下明白了，自己必须永远放弃这个策划了。

"你知道吗，他正在学习意大利语。"
"是吗？"基斯扮演着捧哏的角色配合道，"他学会了什么？"
"比萨。"

不，砍掉这部分内容。

英国天空广播公司最终意识到，他们很多时候是为了创新而创新，尽管那些举措并非一无是处。奇泽姆此前曾经承诺，会让奶奶们都喜欢上足球。公司以前为了向观众传授球赛知识做出了一些改变，但因此受挫，因为观众认为自己早已掌握了这些知识。现在，广播公司可以马上从多个角度对比赛进行回放，有现场访谈，也有多得让人不知该怎么应对的播出时间。所有这些都可以为前所未有的对话提供素材，并让对话永不停息。

英国天空广播公司认为，球迷们在酒吧里可以尽情地谈天说地，但他们一直无法从电视上获得这种体验，而公司在 90 分钟的比赛之外成功地弥补了这种缺憾。

第 6 章

曼联变成商业王朝，经济实力造就先发优势

THE
CLUB

英超启示录

1. 曼联收入来源：门票收入，赞助费用，俱乐部上市，周边商品销售。

2. 现金不断流入曼联，俱乐部由此放手做了两项工作：一是大手笔投资重建自己的主场，二是建立高质量的人才队伍。

把足球俱乐部当成一门生意来经营

在英格兰足球 150 年的历史里，人们很晚才认识到应该把足球俱乐部当成一门生意来经营。足球运动最初只是工人们聚集在一起的消遣活动，组织相当松散，所有的理念也比较业余。因此在 20 世纪 80 年代之前，多数俱乐部董事都痛恨球队逐利的想法。事实上，他们之所以抗拒将足球俱乐部当作一门生意，可能是源于工厂、矿山和铸造厂的经营方式。最初的球员都是工厂、矿山和铸造厂的工人，他们需要在那些地方日复一日地辛勤工作。19 世纪时，英足总认为“非营利性”这项原则神圣不可侵犯，于是就有了广为人知的第 34 条规则——禁止董事们领取薪水，也不允许向股东分发红利，球队老板应该只是托管人。

不管怎样，在 20 世纪 70 年代末、80 年代初，很多俱乐部老板似乎并没有想过自己的俱乐部可以盈利。随后，马丁·爱德华兹和少数人嗅到了潜在利润的味道。

1980 年，34 岁的爱德华兹就任曼联主席，成为英格兰足球联盟历史上第二年轻的俱乐部主席。最年轻的那位主席来自沃特福德足球俱乐部（简称沃特福德），管理该俱乐部对他来说只是一种业余爱好，他就是魅力四射的流行音乐巨星艾尔顿·约翰（Elton John）。

曼联曾经是一家伟大的俱乐部，但爱德华兹接手时已经沉寂多年。爱德华兹接手的这支球队从 1967 年起再未赢过联赛，而且自 12 年前在欧洲俱乐部冠军杯中击败本菲卡足球俱乐部（简称本菲卡）之后，就再也无缘该奖杯。自那之后，他们仅夺得过一次冠军奖杯，在20世纪70年代中期，他们在某个赛季甚至降级到了第二级别。英格兰足球的整体情况也同样黯淡，在爱德华兹任期的头5年里，足球运动面临着种种问题，如流氓行为肆虐、上座率下滑，而且英格兰所有足球俱乐部在1985年被禁止参加欧洲赛事[①]。

爱德华兹选择入局的时机相当完美。

在接下来的10年里，曼联董事会做出了一系列决定。**这些决定相互关联，但通常不得人心，可正是这些决定协力打造了英超的第一个王朝。那些动作表面上似乎令人费解，但它们让曼联在经济实力上超越了竞争对手，并且将优势一直延续到21世纪。**

球场之外，爱德华兹和戴维·戴恩、欧文·斯科勒携手，力争获得更大的电视转播收入。但爱德华兹同样也在谋划，要在电视转播收入上打败那两个人。爱德华兹首先找到了前途无量的苏格兰人亚历山大·查普曼·弗格森（Alexander Chapman Ferguson）。一天晚上，爱德华兹在格拉斯哥市一家高速公路服务区里同弗格森秘密商谈，力邀弗格森执教曼联。

球员时代的弗格森担任前锋，曾经在6家苏格兰俱乐部效力，他脾气暴躁，说话有口音，有点儿像在嘟囔，痴迷于约翰·肯尼迪被刺一事。在1983年的欧洲优胜者杯（European Cup Winners' Cup）决赛中，弗格森带领阿伯丁足球俱乐部（简称阿伯丁）力克皇家马德里足球俱乐部（简称皇马），夺得冠军。这场比赛给曼联管理层留下了深刻的印象。包括女王公园巡游者和阿森纳在内，多家俱乐部都将目光投向弗格森，不过爱德华兹迅速采取了行动。爱德华兹在M74高速公路旁，与弗格森私下会晤的72小时后，弗格森加入曼联，担任主教练。

① 在1985年的海瑟尔惨案中，利物浦球迷和尤文图斯球迷在欧洲冠军杯决赛前的冲突导致39名球迷死亡，此后英格兰各级足球俱乐部被禁止参加欧洲赛事5年。——编者注

众所周知，弗格森在 2013 年卸任曼联主教练，当时他可以说是英格兰足球史上最伟大的主教练。弗格森带领曼联夺得了众多冠军奖杯，取得过无数荣誉，甚至受封骑士爵位，但他在曼联老特拉福德球场头 3 个赛季的表现让人大失所望。曼联在这 3 个赛季里有两年都滑落到了联赛第 11 名的位置，中间一年夺得过亚军。这种成绩不可能让弗格森赢得“弗爵爷”的称号。1989 年 12 月，曼联输给了水晶宫。大家失望至极，有球迷打出横幅，上面赫然写着：“找了 3 年的借口，仍然是一群废物，弗格森下课！”

在弗格森执教的第 4 个赛季，曼联的成绩仍旧非常糟糕，名次下滑到了第 13 名。爱德华兹明白，曼联球迷已经磨刀霍霍了。他此前曾亲自出面找来两名主教练，但没有哪名主教练能带领曼联在 20 世纪 80 年代取得联赛冠军。不过，爱德华兹还是倾向于再给弗格森一点儿时间。幸运的是，曼联在 1990 年的足总杯决赛中战胜水晶宫，赢得了冠军。弗格森因此化解了下课危机，得以留任。

如果说坚持让弗格森留任是爱德华兹要应对的公共危机，那爱德华兹另一项代价更大的举动就可以说是一场“赌博”了。在担任主席之后，爱德华兹将自己的住房抵押，并且大量举债，尽最大努力购入曼联股份，他希望在能力范围之内力争最大的控制权。爱德华兹通过查找股份登记来寻找持股人，然后悄悄买入他们的股份。20 世纪 90 年代初，爱德华兹的个人负债已经达到 95 万英镑，他的烟瘾也因此越来越大。

改变曼联的周边商品销售业务

在 10 年时间里，爱德华兹一直在探寻各种新方法来提高俱乐部的营收。1982 年，他紧随利物浦的做法，也想找一个赞助商，收取一定费用后将该赞助商的名字印在曼联队服的前面。最后他找到了日本电器公司夏普，该公司在曼彻斯特市有一个庞大的厂区。爱德华兹每个赛季收费 50 万英镑。在当时那个年代，这个收费还算合理，毕竟如果幸运的话，曼联每年可能在电视上亮相 10 次。关于球衣的制造商，爱德华兹吃惊地发现，俱乐部的球衣生产协议竟然是由曼联的教练来负责谈判的，而教练毫无商业知识和经商经验。不管这些人瞎猫碰上死耗子赚了多少钱，这些钱都直接转入了球员可以参与分配的资金库。爱德华兹马上叫停了这种做法，他找到一家名叫海军上将（Admiral）的公司，签订了球衣赞助协议，每年的合同额是 1.5 万英镑。这家公司同时也为英格兰代表队生产球衣。爱德华兹在曼联待了 20 年，离开前他同耐克公司签下了价值 3.03 亿英镑的 10 年期赞助协议。

海军上将公司的赞助金额相对较小，但那是个起点，让俱乐部在门票收入之外有了另一个收入来源。曼联一整年里只有大概 30 天时间有门票收入，而且门票收入还要靠球队在各种杯赛中不断晋级才能获得。而其他时间，俱乐部空有英格兰最大的户外体育场之一，却不知道怎样让它派上用场。所以俱乐部逐渐理解了爱德华兹，接受了在老特拉福德球场举办音乐会的想法。1982 年，曼联试图组织一场皇后乐队的演出，却突然发现除了足球比赛之外，他们根本不知道要怎样组织其他活动。市政府要求他们提供各种细节信息，比如音乐会在什么时候结束、音乐会的音量会达到多少分贝，以及俱乐部是否安排了足够多的露天厕所。这些问题让他们感到茫然，爱德华兹一个问题都回答不上来，举办音乐会的计划看来必须放一放了。最终到 1991 年，俱乐部才在老特拉福德球场举办了一场罗德·斯图尔特（Rod Stewart）的音乐会。

话说回来，那时可是 20 世纪 80 年代，还有一种方法可以筹集到现金，这种方法在英国企业界风靡一时。爱德华兹可以让俱乐部在伦敦证券交易所上市。1991 年，曼联终于上市，俱乐部成为曼彻斯特联公开股份有限公司（简称曼联公司）的一部分，购买曼联公司股票的人在不经意间成了曼联球迷。

俱乐部希望能快速筹集现金来翻修老特拉福德球场看台。老特拉福德球场是一栋红砖建筑，自 20 世纪头 10 年起就矗立在曼彻斯特西南角，在第二次世界大战期间经历过德国空袭，但幸免于难。哪怕对这座球场进行一点儿改建都会比较棘手。曼联的铁杆球迷一般坐在斯特雷特福德看台，即西看台，对最喧嚣的西看台进行彻底改造，就意味着暂时拒绝了那些最能呐喊的球迷。球场内没有了他们，就像一场没有守门员的球赛，没有人会喜欢，但爱德华兹知道这些工作必须做，他也知道方案可行。斯科勒 8 年前改造过热刺的主场，爱德华兹都看在眼里。斯科勒此前成功地通过大量购买热刺股票来控股俱乐部。之后，他发现可以为球队成立控股公司，以此来规避俱乐部经营中同足球相关的种种限制。正是通过这种方法，斯科勒成功地让托特纳姆热刺公开股份有限公司成为第一家上市的体育机构，并且让第 34 条规则鞭长莫及，也开启了董事们领取薪水的先河。阿斯顿维拉的道格·埃利斯（Doug Ellis）在 1983 年率先给自己支付可观的薪水，因为他觉得这是自己应得的。他一直善于施展个人魅力，被阿斯顿维拉的球迷称为“迷死人的道格”。

然而，斯科勒从未从热刺拿过薪水。球迷们不懂自己喜爱的球队为什么要上市，所以他们大肆抨击斯科勒。但斯科勒明白，上市是最快且最简单的方式，可以用来筹集现金，减少俱乐部负债。

“为什么不能那样做？”斯科勒说，“其他公司都是这样操作的。”

对曼联而言，上市增加了俱乐部的现金流，在一定程度上对俱乐部有所帮助。但在曼联发行的 120 万股中，有半数没有售出，不过没有关系，爱德华兹还有其他计划。他可以向球迷销售 T 恤、帽子、围巾，以及其他所有可以印上曼联队标的东西。

将俱乐部打造成商业帝国的灵感也来自美国。1987 年，爱德华兹和斯科勒曾应纽约喷气机队老板之邀前往纽约参观该队。**那一次的经历让他们发现，NFL 全面开花的市场运作方式正是职业体育运动未来的发展方向。**返回曼彻斯特后，爱德华兹着手让未来变成现实，这就意味着要改变曼联的周边商品销售业务。当时，曼联只有一人负责接听电话，处理周边商品的邮购工作。俱乐部纪念品店的状况更荒唐，因为曼联根本没有自己的纪念品店。

马特·巴斯比（Matt Busby）是曼联历史上有着传奇色彩的主教练，曾带领球队夺得 1968 年的欧洲俱乐部冠军杯。巴斯比卸任时，俱乐部赠给他 21 年的球场商店租赁权作为离别赠礼。1991 年，也就是在租赁进入第 19 年之际，爱德华兹发现曼联亟须将商店收回，可租赁期还剩下两年。为了能取消租赁协议，他给巴斯比家族开出了 14.65 万英镑的支票。

在那段时间，曼联最精明的举措当属 1992 年从热刺引进了爱德华·弗里德曼（Edward Freedman）。弗里德曼从来没有为热刺踢过一场职业比赛，但爱德华兹知道弗里德曼可以为俱乐部做出哪些贡献，毕竟弗里德曼曾经是斯科勒的商业导师。弗里德曼很快就发现了曼联的漏洞。任何人当时只要支付一笔钱，就可以得到俱乐部的许可，使用俱乐部的名字，而此后俱乐部只能收到小部分冠名费，还深受那些江湖骗子的低劣商品的困扰。有人甚至在销售俱乐部冠名的女性内裤。弗里德曼决定将所有冠名商品都收归俱乐部旗下统一管理。1994 年，曼联已经通过冠名商品创收 4 400 万英镑，同比增长 180%。竞争对手的支持者因此嘲笑曼联是“卖联”（Merchandise United）。1998 年，曼联的总收入已经超过阿森纳和利物浦的总和。

曼联的先发优势

曼联在商业上的成功让利物浦格外恼火。从各个方面来说，利物浦的商业实力在英超联盟中都应该排老大。在 1975 年到 1990 年期间，他们曾经 10 次夺得联赛冠军，是英格兰足坛最新的“王者”。此外，利物浦曾 4 次夺得欧洲俱乐部冠军杯，让海外的球迷为之着迷，它有着在全欧洲树立自身品牌和声誉的优势。正如曾经的中后卫菲尔·汤普森（Phil Thompson）所说：“你要是没有听说过利物浦，那肯定是从月球上来的。”但问题是，利物浦的市场部可能也是从外太空来的。

弗格森在担任曼联主教练初期曾经说过，他的任务就是将利物浦“赶下王位”。但他当时也没想到自己的俱乐部不仅在球场上，而且在年营收上也将利物浦从王位上赶了下去。或者说，球场上的胜利很大一部分来自年营收上的成功。

现金源源不断地流入曼联，俱乐部由此可以放手去做两项工作，而当时英格兰没有几家俱乐部能够拥有同等经济实力。第一项工作是大手笔投资重建自己的主场。曼联先是按照泰勒报告的要求，将西看台改造成全座席看台。此后，曼联又花了 3 000 万英镑扩大北看台的面积。球场在 1996 年投入使用时总容量达到了5.5万人，居英超球场之首。球场豪华包厢和服务设施的数量也是前所未有的，俱乐部因此在每个比赛日可以创造 120 万英镑的收入。

事实上，曼联的建筑施工工作进展得非常顺利。在 20 世纪 90 年代余下的时间里，俱乐部一直在忙着实施新项目。爱德华兹另外拿出 3 000 万英镑，用于在 2000 年之前将老特拉福德球场的座位数增加到 6.7 万个。1999 年，他在曼彻斯特的卡灵顿为俱乐部购买了新的训练场所，其成本高达 6 000 万英镑。现在，没有什么是曼联买不起的，俱乐部从 1990 年起就再未出现过亏损。

曼联强大的经济实力让他们可以开展第二项工作，而弗格森在球场上创造的良性循环让这项工作展开得更加顺利。有了弗格森在主教练位置上大展拳脚，俱乐部成功地建立了一支高质量人才队伍，当然他们非常贵。弗格森可以随意对阵容进行调换，让手下出色的球员保持充沛的体力，并且根据实际情况小心地调整战术。例如在 1992—1993 赛季的联赛冠军征程中，弗格森在 17 场联赛中采用了同样的首发阵容，但在 3 个赛季之后，只有 4 次采用了同样的首发阵容。在曼联争夺 1996—1997 赛季英超冠军的过程中，弗格森在 38 场联赛中采用了 38 种不同的主力阵容。在这个过程中，曼联也在征战足总杯和欧冠联赛。在那个赛季进入最终阶段时，曼联的球员在细心照料下个个风驰电掣，而对手却只能拖着疲惫的双腿任其赶超。

快进入 21 世纪时，曼联的经济实力如脱缰的野马般增长。1998 年，默多克的英国天空广播公司希望能以约 6.23 亿英镑买下曼联，可是该计划因为英国政府的垄断和兼并委员会反对而流产。该委员会不想看到默多克同时控制英国最赚钱的赛事和最赚钱的俱乐部，担心这起收购会导致英超联盟不平等问题进一步恶化。次年，曼联公司的市值首次突破 10 亿英镑，而该公司的员工数只是比 500 人多一点点而已。他们似乎能够点石成金。弗格森不断带领曼联夺取冠军奖杯，俱乐部推出了自己的电视频道和全球网站，而且俱乐部的纪念品店发展成了一家“大型商场”。有了茵宝公司前高管彼得·凯尼恩（Peter Kenyon）[①] 担任首席执行官，曼联在 13 个月内 3 次刷新英格兰转会纪录，以总计 7 700 万英镑引进了鲁德·范尼斯特鲁伊（Ruud van Nistelrooy）、胡安·塞巴斯蒂安·贝隆（Juan Sebastián Verón）和里奥·费迪南德（Rio Ferdinand）。

在这个疯狂发展的过程中，爱德华兹悄悄地对这家古老的俱乐部进行了改变。这个变化非常微妙，但意义重大。他将曼联队标中的“足球俱乐部”这几个字剔除了。当你是世界上最声名显赫的球队时，用不着去告诉别人你从事的是哪种体育运动，因为答案世人皆知。正如爱德华兹常挂在嘴边的，哈林环球旅行者这样广受欢迎的篮球队从来不用说自己是“篮球队”。

曼联在 20 世纪 80 年代和 90 年代初大力开发球场，提升自身的商业运营水平，而且在弗格森的带领下，球队成绩突飞猛进，这让他们拥有了其他俱乐部望尘莫及的先发优势。不管怎样，曼联在英超时代开启之后几乎每年都会赢得各种冠军。

面对这种新情况，要打败曼联似乎只有一种方法，那就是遵循“杰克大叔”（Uncle Jack）在 1995 年规划的蓝图。他为了避税而移居国外，处于半退休状态。

---

① 2003 年被挖到切尔西担任首席执行官，并于 2009 年离任。——编者注

第 7 章

俱乐部新模式，
砸钱购买最出色的球员

THE
CLUB

英超语录

规则 1，我永远是对的。规则 2，如果我错了，请参考规则 1。

杰克·沃克
布莱克本前老板

英超启示录

一种新的俱乐部管理模式：砸钱购买最出色的球员，不要去担心什么亏损，唯一重要的就是胜利。

“疯狂购物”，布莱克本重回英超

“杰克大叔”的真名叫杰克·沃克（Jack Walker）。单单打败曼联绝对不可能让沃克满意，无论是内心深处的想法还是他的钱包，都决定了他真正想要的是让曼联看上去很廉价。这件事的关键在于，沃克有财力这样做。他出售了自己经营了 40 年的家族钢铁生意，将 3 亿多英镑收入囊中，跻身于英国 25 位最富有者之列。他从儿时起就支持布莱克本，然后在 1991 年购入该队，作为退休后的业余爱好，只是这支球队的状态并不符合他对未来的构想，它甚至不属于第一级别。约 48 千米之外，老特拉福德球场正在改变英格兰足坛的版图，而这位 61 岁的巨头却只能看着自己深爱的俱乐部距离足球的美好新世界越来越远。他收购布莱克本的那个赛季，球队最终在第二级别中居第 19 位，如果再差一点点，就会降级到第三级别。他担心这支球队最终会以这种成绩从地球上消失。随着英超联赛的发展，要让布莱克本重回以前的高位，那是何等艰难。维护非顶级球队利益的声音已经显而易见地沉寂下来，那些大球队现在已经把类似布莱克本这种规模的俱乐部驱逐出财富圈，小俱乐部无法再分得足够的门票收入和电视转播费，而且悲观主义者还相信，他们甚至会破坏英格兰足球的美好未来。

沃克下定决心，他不仅要拯救布莱克本，让布莱克本重回英超联盟，而且要从卖掉钢铁生意的钱中拿出足够的资金，帮助布莱克本赢得英超冠军。

布莱克本在 60 余年里从未夺得过任何重大赛事的冠军，而布莱克本这座城市也同曼彻斯特周边的其他英格兰北方工业城市一样，很容易被混淆。它们看上去都一样，一排排联排房、一座座空荡荡的工厂，而且它们的名字听起来也都差不多。事实上，这支身着蓝白球衣的球队才是大多数英格兰人知晓这个前工业基地的唯一原因。尽管沃克本人自 20 世纪 70 年代初期起就为了避税而移居海峡群岛，但他喜欢布莱克本这个球队，也热爱布莱克本这座城市。对沃尔而言，这将是一个机会，能让俱乐部和这座城市重新回到人们的视线。

在英格兰足坛这个保守的世界里，沃克的计划可以算得上异端邪说。20 世纪 90 年代，英格兰球队冲击冠军的方式仍然是培养青少年球员和训练成年球员。足球的一切都带着英式分寸感，也就是在不公平的生活中获取自己的成就，无论这种成就是多么微不足道。最重要的是，每个人都必须清楚自己的位置。对多数观察者来说，布莱克本的位置就是第二级别的第 19 名左右。但对沃克来说，这种态度无关紧要。他本人就是白手起家，14 岁辍学来到父亲的钣金工厂工作，后来参军，加入了皇家电气工程师部队。沃克要干就干大的，他计划砸钱引进英格兰最出色的球员，彻底颠覆由来已久的秩序。

一些球迷可能认为沃克砸数百万英镑的行为很粗俗，可是他的行为与当时其他多数球队老板并无太大差别，只是他的钱要比其他人多很多个零而已。

在父亲 1951 年过世后，沃克和弟弟接手管理沃克父子公司（C. Walker & Sons），并且将其发展成为沃克钢铁公司。在接下来的 37 年里，该公司发展到拥有 50 个工场、3 400 个员工，盈利达八位数。1989 年，沃克最终将公司出售给英国钢铁公司，套现 3.3 亿多英镑。这次交易创造了当时英国私营公司售价的新纪录。

沃克此前耐心地发展自己的公司，这套方法应该可以套用到球队上。但要扭转布莱克本的颓势，沃克没有第二个 37 年来施展自己的魔法，但他似乎也不需要再等 37 年。对沃克来说，将布莱克本打造成球场上强劲有力的竞争者是更加简单的一件事。

沃克一开始就说服已经退役的肯尼・达格利什（Kenny Dalglish）重新出山，共同管理位于第二级别的布莱克本。要想为球队立即注入足球精神，这是最好的选择。此前 14 年，达格利什是英格兰最出色的俱乐部里最出色的球员，即使在 20 世纪 70 年代的"红军王朝"里也是一样。他就代表了利物浦，他最初是风格华丽的前锋，后来担任球员兼教练，在希尔斯堡球场惨案发生之后成为哀悼活动中曝光率最高的面孔之一。他曾经一天之内出席了 4 场葬礼。利物浦人崇拜他，已经将出生于格拉斯哥市的达格利什当作自己人，仿佛他是甲壳虫乐队的一员。

但 1991 年时，40 岁的达格利什觉得心烦意乱，巨大的压力让他感到疲惫不堪。2 月与埃弗顿踢成 4 ： 4 平之后，他突然宣布自己将退出利物浦。24 年来，他第一次觉得自己应该离开足球场了。

沃克开出的支票给了他重返球场的有力理由。"我当时没有工作，所以那似乎是个好主意。"达格利什说。在接下来的 3 年里，沃克授权达格利什接连两次刷新英格兰的转会纪录。首先是抢在曼联之前，以天价从南安普顿引进阿兰・希勒（Alan Shearer），接着是砸下 500 万英镑引进克里斯・萨顿（Chris Sutton）。希勒的成功转会就是在昭告天下，布莱克本要成为英超联赛的强队。虽然希勒还没有证明自己是真正的神射手，但他早已创造英格兰 21 岁以下球员的得分纪录。任何人只要懂得预测足球的未来，就会认为希勒的能量将在球场上爆发，其中包括弗格森。在错失希勒之前，弗格森屡屡向希勒示好。希勒的职业生涯最终以英超联赛史上最佳射手的身份收场，他在球场上一次又一次证明了布莱克本的决定之正确。

英国各地的出色球员纷纷加入达格利什和沃克所打造的球队，这不是因为达格利什需要壮胆。在这个过程中，他懂得了在自己"疯狂购物"的过程中绝对不要因为对方拒绝就放弃。爱尔兰的罗伊・基恩（Roy Keane）拒绝达格利什提出的高达 40 万英镑的年薪，不愿加入布莱克本，反而去了曼联，达格利什威胁说自己会在假期里对他穷追不舍，即使这意味着要搜遍塞浦路斯的各家酒吧。

当然，沃克知道，要让布莱克本成为赢球机器，单单花钱引进球员还不够。俱乐部的训练场地甚至都算不上训练场，就是在布莱克本市区一个角落的公园里。这个城市名称的发音类似于“开心城镇”（Pleasington），实在容易产生误导。每天早晨，球队的队员和工作人员会带着自己清洗好的训练装备在球场集合，然后挤进车里，一起出发前往山脚下泥泞的训练场，山上就是火葬场。球员们的职业风险不仅来自随处可见的狗屎，而且来自从球场边走过的送葬队伍，训练偶尔会因此被打断。球员们始终不知道自己那时究竟是应该继续训练，还是应该肃立默哀。一群哀悼者在将自己所爱之人送往“伟大的来生”之后，下山时会把头伸出车窗大喊：“小伙子们，祝你们周六好运呀！加油，布莱克本！”

布莱克本的主场埃伍德公园球场的条件也好不到哪儿去。在全盘拿下该俱乐部前的很多年前，沃克就曾经捐赠钢铁用于翻修球场的一个看台。在负责管理该俱乐部后，他迅速花了超过 1 500 万英镑翻修其他看台。每一次翻修，球场都会有部分区域被夷平并重建。在进入英超联赛的初期，布莱克本有一段时间甚至没有主看台。主看台有球场那么长，里面还有更衣室。像处理其他事情时一样，沃克针对这种情况也有他的变通方法，他让球队和裁判在街那头的临时建筑内更衣。3 辆当地的公交车会在开球前接上他们，然后穿过球场旁的人群，前往临时更衣室，车程大概是 5 ～ 10 分钟。那两间小小的临时更衣室没有淋浴，而且只是用石膏板隔开。更衣室的状况会让客队目瞪口呆。布莱克本和客队就在这样的临时更衣室里装好护腿板，系好鞋带，然后准备跑入球场。后卫格雷姆·勒索克斯（Graeme Le Saux）曾经说：“在开战之前，我们在心理上已经完全击败了对手。”

沃克的计划奏效了。在进入英超联赛后的第一个赛季里，布莱克本位居第四。此后，沃克又砸了一轮现金，其中包括最终投资修建了自己真正的训练场地。1993—1994 赛季，他们已经向曼联靠近，夺得了联赛亚军。布莱克本还没有夺得过冠军，但只要再花高价签约一两个球员就行了。可作为一个花钱如流水的人，沃克懂得每分钱的价值，他很久之前移居海峡群岛的泽西岛就是为了避税。也正因如此，他在俱乐部的正式头衔只能是副总裁。每隔一周，他会在周末搭乘租来的飞机前去观看布莱克本的比赛。可就算周末要这样来回奔波，就算他同时拥有一家小型的地区性航空公司，他也从未考虑过买私人飞机。他说："那就是在浪费钱。"

私底下，沃克还有一个不可告人的目的，那就是要把那些付出去的高薪拿回来一部分，每次是 20 英镑。沃克不仅小气，而且是个赌徒。他的赌博游戏是掷硬币，游戏对象和游戏地点不限。规则非常简单：将硬币弹向墙壁，让硬币撞到墙后弹回来，谁的硬币落地后距离墙壁更近谁就赢。沃克会拿着几个硬币去找某个球员或教练玩儿，大家都知道沃克擅长此道，但他们还是会陪着他一起玩儿。"他会挑战所有人，"勒索克斯回忆说，"而且总是他赢。"

在 1994—1995 赛季里，沃克采取的是同样的思维方式。他此前已经砸了 5 000 多万英镑，现在是时候获得这些投资的红利了。

5 000 多万英镑的红利

5 月 14 日是 1994—1995 赛季的最后一天。这天上午，沃克带领球队来到利物浦市区，准备迎战利物浦。他距离自己的梦想只有一步之遥了，只要布莱克本在这场比赛中不输球，他和球队就能在积分榜上领先曼联，夺得联赛冠军。但如果布莱克本队输球，而曼联又战胜了西汉姆联，那么沃克白手起家的童话故事就成了白日梦。

形势极为严峻。布莱克本的所有球员里只有一个球员此前赢得过冠军，球队其他人的紧张情绪显露无遗。在这个赛季的最后几周里，布莱克本领先 8 分的优势已经缩小到了 2 分，而且曼联主教练弗格森已经闻到血腥味，发现了对手的弱点。

弗格森开始使用自己独有的方法：抓住一切机会去刺激布莱克本，这是弗格森早期版本的心理战。

弗格森的这些做法后来导致纽卡斯尔联主教练凯文·基冈（Kevin Keegan）在 1995—1996 赛季末轮战后的现场直播采访中彻底崩溃，再后来又激怒了利物浦主教练拉法·贝尼特斯（Rafa Benítez），他对弗格森和曼联发表了整整 5 分钟的抨击，用一个个事实详述了自己对弗格森的诸多不满。在那两次，弗格森带领的球队都后来居上，赢得冠军，续写了他操控大师的传奇，但他这种心理“巫术”通常会让中立的球迷心生厌恶。

这一次，在试图动摇布莱克本时，弗格森借用了自己的另一项爱好：赛马。他选择的武器就是搬出 1956 年的英国障碍赛马大赛。当时，伊丽莎白女王母亲的赛马德文湖本来处于领先位置，冠军势在必得，然而却突发意外，德文湖腹部着地，功亏一篑。

英国天空广播公司当时通常会在采访时让受访者说几句火爆的话，然后用在赛前报道的最后时刻。弗格森是这么说的：“布莱克本现在可以完全不用考虑联赛的事情了，我们只能寄希望于德文湖的故事在他们身上再次上演。”

达格利什表示不明白弗格森在叨叨些什么：“他说的是苏格兰的某个湖泊吗？”

对英国天空广播公司来说，5 月那个下午所发生的一切比公司任何一部肥皂剧都精彩。英超时代此前还从未出现过夺冠悬念一直延续到最后一轮的情况。1989 年的最终比赛结果也曾惊心动魄，但此后那种惊心动魄再未上演。对英国天空广播公司来说，这种情况从未出现过。对准球队主教练的摄像机、数小时的演播室节目和众多分析师，制片人在转播英超联赛头 3 年里尝试的一切都将物有所值。英国天空广播公司将史无前例地给足球赛季设置一个好莱坞式的精彩结局。

布莱克本会保持冷静吗？它与利物浦的这场比赛能让曼联以外的所有人如愿，让曼彻斯特痛失冠军奖杯吗？或者，弗格森的心理战能够帮助曼联在最后力压布莱克本吗？利物浦的英雄人物达格利什呢，他是否会在自己封神的球场里帮助另一家俱乐部赢得冠军呢？

这一次，英国天空广播公司有大量的素材可以用在其 5 小时的报道中。在伦敦西部的演播室主持节目的理查德・基斯说："这简直是为我们量身打造的。"

在布莱克本的更衣间里，球员们尽可能不去想现在的情况多么糟糕，又多么关键。但有一点他们无法忽视：他们从未见过达格利什那么焦虑。他系着一条带黄色圆点图案的黑色宽领带，当出现在边线旁时，他下巴紧绷、牙关紧咬、沉默不语。希勒率先攻进一球，布莱克本一球领先。这时，达格利什略微放松了一点儿。但被安菲尔德球场内的本地人视为"肯尼大帝"的达格利什心里明白，目前的情形究竟是什么样的，他的球队现在踢得一塌糊涂。

球员们也有同样的感受。中场休息时，球员鱼贯而入安菲尔德球场的客场更衣室。中场球员斯图尔特·里普利（Stuart Ripley）因为过度紧张而大声喊道："我的腿都没有知觉了。"

从下半场的表现来看，不只里普利是这种情况。第 64 分钟时，利物浦射进一球，追平比分。这时，英国天空广播公司的摄像头开始不断切换到布莱克本的球迷身上，给他们特写。镜头里，他们开始紧张得咬自己的指甲。等到比赛快要结束的时候，他们已经快啃到手指了。在第 93 分钟，布莱克本送给利物浦一个好机会——一个 22 米的任意球。

杰米・雷德克纳普（Jamie Redknapp）准备主罚，再没有人觉得利物浦会给布莱克本放水了。他右脚射门，球以弧线飞过布莱克本球门前 3 人人墙中勒索克斯的头顶。“他脚踢到球的那一刻，我就知道球会进，”勒索克斯说，“我都不用去看。”

球进了，布莱克本的球员在那一刻都瞬间石化了。他们认为，自己已经输掉了冠军奖杯。在这场利物浦根本就不在乎的比赛中，一记精彩的射门葬送了布莱克本 3 年的努力和进步，而主场的球迷们几乎没有人因赢球而兴奋。如果利物浦这场胜利的意义只是将可恶的对手曼联送上了冠军宝座，那最好还是忘掉这个赛季，该干吗干吗吧。雷德克纳普精彩的射门只赢得了稀稀拉拉的掌声，布莱克本的球员们在掌声中迈着沉重的脚步慢慢地走回中圈，看着达格利什，不知道要怎么补救。他们需要一个计划，一个再次掷骰子的机会。但他们看到的是一种无可奈何的沉默。突然，球员们看到在达格利什的身后，大家激动地说着什么，然后兴奋地拥抱在一起。那位严厉的苏格兰人（即达格利什）竟然露出了笑容。球员们面面相觑，感觉难以置信。难道西汉姆联给他们帮了忙？

消息在球场传开，厄普顿公园球场中比赛结束的哨子已经吹响，最终比分是 1 : 1，西汉姆联踢平了曼联。谁还在乎安菲尔德球场的最终比分是什么？现场直播间里的安迪·格雷也看到了布莱克本替补席上的反应。“布莱克本赢得冠军了，”他插话说，“布莱克本赢得冠军了！”在沃克追求自己的梦想并且打开自己的支票簿 4 年之后，布莱克本终于摘得了英超冠军奖杯。

当沃克推开队员从他们中间穿过，然后举起奖杯时，他精打细算为俱乐部所做的一切准备也恰到好处地将球队支撑到了这一巅峰时刻。现在只剩下了一个问题——布莱克本的队员们完全不知道他们接下来将要做什么。

他们此前计划的庆祝活动只是开几瓶香槟。球员们在更衣室里喝得太快，酒都从他们的鼻子里喷出来了。极度迷信的达格利什此前不允许俱乐部筹备任何形式的正式派对，所以那天晚上，这支英超联赛新科冠军球队只是在普雷斯顿的一家主题餐厅里聚会。布莱克本找不到地方可以狂欢，那个晚上对曼联球迷来说没有任何理由可以享受夜生活，太多曼联球迷因为失去冠军而在外面游荡。所以布莱克本还是回到了自己熟悉的那家餐馆，平时赛后，他们也常常会去那家餐馆聚餐。在这家餐馆，球员们在餐后上演了一场著名的放克灵魂音乐表演。

暂且不管尴尬的庆祝派对和 20 世纪 70 年代的热门灵魂音乐，布莱克本面临一个更加长远的问题。沃克的梦想已经成真，现在必须做出其他决定了。他的办公室墙上贴着一张便签，上面写着“规则 1，我永远是对的”，“规则 2，如果我错了，请参考规则 1”。

赌徒套现，布莱克本轰然倒下

1995 年，没有人会去就沃克的那两条规则进行争辩，但人们的确讽刺布莱克本的迅速崛起并不完全符合英格兰足球的标准。冠军争夺者应该有自身的特点，要经过数十年的培养。他们应该像稀有植物一样，在当地的土壤上生长，得到悉心的呵护，而不是通过砸钱引进球员，将他们凑在一起。可是不管怎样，沃克已经打败曼联，尽管他只是富有的外来者，球队也只是他的玩具。或者正如一位退役球员所说，沃克的布莱克本是“他的火车模型”。

沃克修建了一个训练场、一座球场，还打造了一支冠军队伍，他的工作已经完成了。其他顶级俱乐部都是放眼未来，调整自己的队伍，剔除不利因素，而沃克这个赌徒认为自己可以套现了。那年夏季，布莱克本没有签任何重要的新球员，只是花了略超过 200 万英镑引进了 4 名球员，这笔钱只是沃克 12 个月前所花钱的 1/3。达格利什已经升任足球总监一职，但布莱克本的董事会并没有广撒网去寻找他的继任者，而是直接提拔了达格利什的助手雷·哈福德（Ray Harford）。接下来那个赛季一开始，一切就都明了了，布莱克本的夺冠就是昙花一现。曾经刷新转会纪录的克里斯·萨顿因为伤痛缺席了该赛季 2/3 的比赛。俱乐部首次杀入欧冠联赛，头 5 场比赛场场输球，因为教练团队根本就没有花工夫去看自己的欧洲对手们此前的比赛视频。如果看过视频，他们可能就会发现，在征战莫斯科、华沙、挪威等地时，踢球方式过于直接、过度使用传中的英格兰足球根本不是那些球队的对手。在俄罗斯，布莱克本的两位球员输球后甚至直接在球场上打了起来。

布莱克本的董事会痛苦地发现，俱乐部并没有做好准备去应对胜利。董事会一位成员公开表示，英超冠军的头衔来早了一年。这句话实在是愚蠢之极，只会让球员更加苦恼。布莱克本的领导者们怎么就没有发现，在上一个赛季取得联赛第二名时，冠军就有可能是自己的囊中之物了呢？董事们最大的错误就是缺乏雄心壮志，缺乏想象力。在利物浦、曼联和纽卡斯尔联的眼里，夺冠并没有改变布莱克本在足球等级系统中的位置。另外，布莱克本自己也没有做好准备去不断进行突破。

俱乐部那些高薪球员一个接一个地被更大的球队买走。大卫·巴蒂（David Batty）以 375 万英镑的转会费去了纽卡斯尔联。1996 年，希勒也跟着巴蒂去了纽卡斯尔联，转会费达到了 1 500 万英镑，刷新了当时的纪录。1997 年，勒索克斯以 700 万英镑创造了英格兰后卫的转会费纪录，而且该纪录一直保持到现在。总的来说，这支冠军球队被卖出后获利超过 4 000 万英镑。这些数字是当初沃克钢铁公司的会计们的梦想，而在布莱克本，这些数字只是在账本上见证了球队走向衰落。

在 4 年的时间里，沃克的丰功伟绩迅速瓦解，其速度就如当初创立时一样快。事实证明，管理常胜将军也是一种艺术。1999 年，沃克完全没想到的事情发生了。布莱克本跌落到第 19 名，被迫降级。

没有了沃克，英超联赛还会继续高速前行。布莱克本的传奇故事只是一次性的。得益于一位富人的慷慨解囊，一家地方性俱乐部打破了大城市俱乐部长期以来的冠军垄断。沃克在当时可能没有意识到，他已经创造了一种新的俱乐部管理模式，即砸钱引进最出色的球员，而不要去担心什么亏损，唯一重要的就是胜利。10 年时间里，英超联赛的发展泡沫将转会费推到了荒唐的高度，沃克此前花的钱看起来反而像抄底。不久后，1 000 万英镑已经不足以帮你像布莱克本一样赢得冠军，这个金额只是在英超联盟内做生意的成本。相较于后来的俄罗斯寡头和中东新富豪们，拥有一家家族钢铁企业，不管该企业有多么成功，似乎都不值一提。布莱克本只在英格兰足球的冠军宝座上待了一个赛季。

曼联甚至对布莱克本的夺冠感到不屑。

第 8 章

绝不降级，一脚射门毁掉了 4 家俱乐部

THE CLUB

英超语录

毫无疑问，如果输掉那场比赛，直接被降级，或许我们的结局会更好，如果降级，我们会成为英冠强队。然而，因为留在了英超联赛，所以球队变得过于自信。

戴维·罗兹、朱利安·罗兹
布拉德福德城合伙人

英超启示录

无论英超联赛的收入如何，英超冠军和排名第20位的队伍之间的分配比例始终保持在1.6 ：1。

留在英超，降级会成为经济灾难

布莱克本的土崩瓦解听起来就像一出大起大落的人生经典故事，它表明导致杰克·沃克的帝国轰然倒塌的不是错误的目标，而是常识性误判。沃克的错误在于，他认为赢得英超冠军是唯一重要的目标。**可事实上，真正的目标应该是成为英超联盟中的一员。**

英格兰足球并不是一直信奉精英主义。在过去，球队会随着运气的变化在各级别之间升升降降，降级不会给他们的声誉造成无法弥补的影响，或者说不会给他们的营收情况造成永久性破坏。降级会让人感到沮丧，但也仅此而已，因为大家都明白，谁都可能会遇到这种情况。只有阿森纳自 1919 年进入顶级球队之列后就再也没有降过级。而且，球迷和球队老板在联赛成绩之外还能找到其他慰藉。例如，就算是在最黯淡的赛季，也还有其他杯赛可以拯救球队。备受争议的联赛杯的成立就是出于这个目的，也是给在其他比赛中夺冠无望的球队一个机会，让他们能站到领奖台上举起一座奖杯。就算错失英超冠军让人心痛，但能够杀入欧洲级别的大赛也能在一定程度上抚慰受伤的心。

英超联盟的诞生打乱了所有人心目中事情的重要性排序。随着一个个赛季的结束，各个球队逐渐意识到，真正的奖品不是赢得联赛冠军，因为只有少数俱乐部有实力冲击冠军宝座。真正重要的是留在英超联盟。在英超联赛启动前的那个赛季，也就是 1991—1992 赛季，22 支第一级俱乐部的总收入是 1.7 亿英镑，而 24 支第二级俱乐部公布的总收入是 5 800 万英镑，两者相差 1.12 亿英镑。15 年后，这个差距将会是之前的 10 倍：20 家英超俱乐部的总收入为 15.3 亿英镑，而 24 家英冠（英超成立后英格兰足球的第二级别联赛）俱乐部的总收入为 3.18 亿英镑。到 2015—2016 赛季，这个差距更是超过了 30 亿英镑。

对英超联盟内的每家俱乐部来说，这种情况意味着什么呢？它意味着要竭尽所能留在英超联盟内。桑德兰足球俱乐部（简称桑德兰）2017 年在英超联赛成绩排行榜上垫底，但仍然从英超联赛中获得了 9 000 多万英镑的收入，超出了该赛季法国足球甲级联赛（简称法甲联赛）冠军队伍的奖金数，基本等同于皇马在赢得欧洲足球协会联盟（简称欧足联）举办的欧冠联赛后得到的奖金。现在大家应该明白，为什么英超俱乐部对英超联赛以外的事情都无动于衷了。

此后数年，金元足球在英格兰足坛泛滥，但英超联盟从未忘记最初的规定，也就是由里克·帕里在安永会计师事务所便签本上写下的那份协议。无论英超联赛的收入如何，英超冠军和排名第 20 位的队伍之间的分配比例始终保持在 1.6 ∶ 1。西班牙足球甲级联赛（简称西甲联赛）和德国足球甲级联赛（简称德甲联赛）中的分配比例大概是 3:1。不同于推行保护主义的美国体育产业，那些联赛也都采用降级制度，只是相较于英格兰足球俱乐部，降级对那些联赛的小俱乐部而言算不上致命打击。英超联赛的竞争之所以激烈，原因就在于，你必须能留在联盟中。

20 世纪 90 年代初期的英超联赛创始人已经制定了一个框架，让规模较小的俱乐部也能有相对丰厚的收入，这就使得降级成为一种经济灾难。现在，每场比赛都非常重要。无论俱乐部是在追逐奖杯还是在力争保级，每年 38 个周末的利益都是以百万来计量的。这体现到球场上，就是每场比赛都激动人心、精彩纷呈。没有人会听天由命，所有人在落后 2 ～ 3 个球的时候都会去拼搏。外籍球员和主教练们一来到英超联赛就会注意到这一点。

英超联赛收入的爆炸性增长也带来了另一项意料之外的结果。资本运作领域的人也注意到了英超联赛，英超联赛正悄悄将英格兰足球俱乐部变成值得投资的资产。

在杰克 · 沃克成功之后，如果你认为实现最疯狂的梦想所需的资金也就是 1 000 万～ 2 000 万英镑，虽然情有可原，但你得知道事情并没有那么简单了。

误判和失算，一场胜利引发财务灾难

让我们来看看布拉德福德城足球俱乐部（简称布拉德福德城）的例子。

购买那幢配有 7 个卧室和 5 个卫生间、价值 50 万英镑的房子可能并不是布拉德福德城最大的失误，但也差不多。2000 年夏季，布拉德福德城奇迹般地保住了自己在英超联赛内的位置，这支绰号为"矮脚鸡"（Bantams）的小球队认为自己突然属于大俱乐部了，所以尽管上一赛季的球队工资单只有 1 200 万英镑，但他们花钱的架势已经向大俱乐部靠拢。俱乐部主席杰弗里 · 里士满（Geoffrey Richmond）是约克郡人，他眉毛浓密、声音洪亮。他签下意大利前锋贝尼托 · 卡尔博内（Benito Carbone），周薪 4 万英镑。此后，又将附近城市利兹市的一栋豪宅的使用权放进合同，使这份合同条件更加优厚。里士满同时花了 500 万英镑引进 3 名 29 岁上下的球员，因为他们此前的表现出色。他向这些球员承诺了丰厚的薪水，他也是这样为自己支付高薪的。为什么不呢？对于飞不起来的"矮脚鸡"，只有天空才是它的极限所在。

这非常奇怪，因为在此之前，里士满在花钱方面一直都很谨慎。他最初是一名兜售车用贴纸和灯泡的销售员，后来以 25 万英镑买下破产的打火机品牌朗森（Ronson），使该品牌扭亏为盈，并在 1994 年作价 1 000 万英镑卖出。同年，他买下了布拉德福德城。他在足坛的合伙人是戴维 · 罗兹（David Rhodes）和朱利安 · 罗兹（Julian Rhodes）父子，罗兹父子经营着一家成功的科技公司。

就他们仨来说，里士满可以随心所欲地管理俱乐部，罗兹父子乐于静静地持有自己 49% 的股份，看着布拉德福德城慢慢地从低级别联赛爬到英格兰足球的顶级联赛。

布拉德福德城能升入英超联赛实属奇迹，因为该队实在没什么特点可以惊艳英超球迷。球队来自西约克郡的一座纺织小城，这座小城 80 年来一直在逐步衰退。球队的主场是山谷阅兵球场，该球场有 2.5 万个座位，自 20 世纪 20 年代以来就再没有过高光时刻。20 世纪 80 年代，山谷阅兵球场失火后，布拉德福德城也同英格兰足球一样跌入了谷底。但从 1999—2000 赛季开始，布拉德福德城已经做好准备，同阿森纳、利物浦和曼联同场竞技。

布拉德福德城的最惊人之处莫过于在升级进入英超联赛后，他们成功地留在了联盟中。在晋级英超联赛后的头一个赛季里，距离赛季结束只剩 5 轮比赛时，布拉德福德城仅仅得了 26 分，他们的雄心壮志已经被埋葬了，不过他们在联赛后 5 轮比赛中费力地凑到了 10 分，在联赛最后一轮，他们在主场以惊人的 1 ∶ 0 战胜了利物浦。开场 12 分钟时，大卫 · 韦瑟罗尔（David Wetherall）的一记头球让布拉德福德城以 1 ∶ 0 领先。在此后的 78 分钟内，布拉德福德城成功地将这个比分保持到比赛结束。似乎是为了强调这位英超新成员撼动了英超排名，主场球迷们在比赛结束的哨声吹响后冲入球场，就像球队已经赢得冠军一样兴奋不已。布拉德福德市甚至为球队举行了一场敞篷公共汽车游行，庆祝球队最终获得联赛第 17 名。

“据说，如果布拉德福德城能在世界上竞争最激烈的足球联盟内留下来，那就是奇迹，”《布拉德福德电讯报》（*Bradford Telegraph & Argus*）报道称，“但被戏称为‘老爷兵’的球员昨天令人震惊地创造了奇迹。”

人们常说，濒死体验将会让你明白，一定要让自己的人生过得更加充实。如果这句话说得没错，那么里士满在降级边缘走过一圈后的大肆挥霍和借款的行为就像是在车祸中幸免于难后去体验蹦极。在他看来，球队现在排名第 17 位，只要再增加几名球员，就足以让球队去欧洲赛场上驰骋。他只是需要一点儿现金短期周转一下，此后，钱自然就会回来。他环顾了一下球队，发现身边都是可以用来抵押的东西。所以里士满用球场抵押贷款，而且几乎把球场里的所有东西都拿出来做了抵押。他甚至拿出了布拉德福德城最宝贵的东西当作抵押品——球员。

“我们的主席失去了理性，”朱利安说，“他认为我们会是下一个曼联。”

在下一个赛季里，卡尔博内和他那配有 7 个卧室的房子，以及另外 9 名球员都成了俱乐部的抵押品，变成了大量债务。那么，里士满的贷款到底买了什么呢？只有悲剧，别无其他。

布拉德福德城的成绩跌至谷底，在联赛还剩 4 轮时，俱乐部已经铁定降级。

12 个月后，事态失控，俱乐部陷入恶性循环。在英冠联赛混乱地应付了一个赛季之后，布拉德福德城的经济状况变得难以支撑。于是，俱乐部想卖出价格相对较高的球员，却发现转会市场里的其他球队已经不再买入球员。卡尔博内转会到米德尔斯堡足球俱乐部（简称米德尔斯堡）的计划也失败了。雪上加霜的是，英国独立电视台数码频道破产了，而它持有大量英格兰足球联盟低级别球队的电视转播权，布拉德福城曾经一心指望的七位数电视转播收入突然就没了。

在球员高薪和巨额债务的重压之下，布拉德福德城别无选择，只能破产。进入破产程序的第一天，俱乐部关闭了纪念品店，开始裁员。破产程序让大家看到球队的财务问题是多么严重。布拉德福德城被抵押给了 26 家租赁公司，事实上，山谷阅兵球场已经没有什么东西真正属于俱乐部了。强光灯是租来的，很多座位是租用的，就连办公室里的地毯和厨房设备都是租来的。布拉德福德城的所有人都知道，有一个人要负全责。

“我永远不能原谅自己此前的花钱方式，”里士满在接受报纸采访时说，“现在回头来看，6 个星期的疯狂让我现在只能举手投降。”

此后 6 年的时间里，布拉德福德城又两次降级，在第四级别中慢慢衰败。希望之地的美好记忆已经逐渐远离他们。

现在，布拉德福德城位于英格兰足球的第三级别，财务状况相对稳定。罗兹父子终于可以对其俱乐部的过往不再痛苦。布拉德福德城是个罕见的例子，它让人们看到留在英超联赛内是最糟糕的结果。

“毫无疑问，如果输掉那场比赛，直接被降级，或许我们的结局会更好，”罗兹父子说，“如果降级，我们会成为英冠强队。然而，因为留在了英超联赛，所以球队变得过于自信。”

1999—2000 赛季的最后一天，韦瑟罗尔在对战利物浦时攻进了一个球，而那个球所带来的影响冲出了山谷阅兵球场。它影响的并不只是一个俱乐部，也并不只是让那个俱乐部疯狂了 6 个星期。布拉德福德城的成功保级意味着温布尔登足球俱乐部（简称温布尔登）必须降级，该俱乐部由此陷入了长达 10 年的危机。那个球让利物浦失去了参加欧冠联赛的资格，以及该资格将带来的八位数的横财。那个球把利兹联足球俱乐部（简称利兹联）送入了欧洲赛场，而短暂的成功促使该俱乐部开始花钱如流水，或者说就像布拉德福德城主席那样花钱。在 7 年的时间里，花钱大手大脚和管理不当也导致利兹联进入破产保护，降至第三级别。

后来有一次，朱利安碰到韦瑟罗尔。朱利安提醒韦瑟罗尔说：“干得不错，韦瑟罗尔，你的一个头球成功毁了 4 家俱乐部。”

“老板，那不是我的错，”韦瑟罗尔回答说，“就算是 0 ：0，我们也不会降级。”

第 9 章

《博斯曼法案》，彻底打破足球的国界

THE
CLUB

英超语录

我一直想去另一个国家踢球，但最终，另一个国家的足球自己过来了。

格雷姆·勒索克斯
切尔西后卫

英超启示录

弗格森打造长赢冠军的办法：以法国射手埃里克·坎通纳和一群出身于曼联青训营的本土球员为核心，打造曼联的阵容。

曼联打造王朝的蓝图

布拉德福德城的败落成为英超联赛里的警世故事，但降级和一点点财务灾难并不足以吓退投资者。富有的商人们仍然非常愿意把钱砸在足球俱乐部中，根本不觉得那是一场赌博。部分原因在于，曼联已经让用英格兰足球赚钱这件事看上去就像打开强光灯一样简单。

曼联拥有英超联盟内最复杂的事务部，在他们的支持之下，曼联正在打造一个王朝。相较于其他英超俱乐部，曼联在商业上存在一定的优势，而这种优势推动曼联变成常年的冠军争夺者，弗格森则将他们打造成了长期的冠军得主。在布莱克本于 1994—1995 赛季离奇夺冠后的 6 个赛季里，曼联 5 次举起了英超冠军奖杯。

弗格森打造曼联的办法，就是以喜怒无常的法国射手埃里克 · 坎通纳（Eric Cantona）和一群从曼联青训营克里夫基地毕业的本土球员为核心。这些青年球员曾经在 1992 年赢得青年足总杯冠军。《今日赛事》评论员、利物浦前明星球员阿兰 · 汉森（Alan Hansen）有句名言："靠一帮孩子是干不成事的。"但这群"92 黄金一代"的孩子正好是一群天赋异禀的足球运动员，而且是由一家英格兰足球俱乐部在超过一代人的时间里培养出来的。他们是瑞恩 · 吉格斯（Ryan Giggs）、保罗 · 斯科尔斯（Paul Scholes）、尼基 · 巴特（Nicky Butt）、加里 · 内维尔（Gary Neville），以及几乎无人不知的大卫 · 贝克汉姆。

这群人得到了多年精心的培养，弗格森有一次甚至叫停了比赛前两天的一个晚上在吉格斯家举行的派对，他就像学校组织前往法国旅行时跟队的那个气恼的老师。只是不同于气恼的老师，弗格森可以在吉格斯和其他球员的后脑勺上拍一巴掌。“我知道如果作为监护人，那样做不对，”弗格森后来写道，“但我觉得那些小伙子的父母会支持我。”弗格森说得没错，而且对吉格斯和其他年轻人来说，除了挨打，弗格森在当时发现了另一种非常有效的方法来教授孩子们什么是专业精神。这个方法与坎通纳有关。

坎通纳被称为“埃里克国王”，他在 1992 年加入利兹联，同年年末转会到曼联，是最早来到英格兰发展的法国球员。坎通纳踢前锋位置，身高 1.89 米，胸肌发达。他喜欢高卢香烟，也喜欢午餐时来瓶波尔多葡萄酒，但他的风度、胡茬和果敢自信更具法国人的特色。他的标志就是竖起的球衣领子和 22 米外的凌空抽射。在曼联的早期阶段，坎通纳在训练结束后会去找弗格森，要求再找两名球员配合自己加训，一人当守门员，另一人负责传球。当天的训练可能已经结束了，队员们也已经去洗澡了，但坎通纳还没有结束。就连弗格森都大吃一惊，他看到坎通纳在冷风中继续训练了至少半小时，以此打磨自己的球技。青少年球员和弗格森没过多久就开始明白，优秀的人正是靠这种努力脱颖而出的。这种自发的完美主义是任何主教练都无法灌输的。不管坎通纳有多么古怪，他都绝对是个完美主义者。“他在比赛中表现出色，但更重要的是他让我懂得了训练的不可或缺，”弗格森写道，“训练造就出色的球员。”

曼联有一群年轻的英格兰核心球员，再辅以一名经验丰富的欧洲球员，这种模式相当成功。1995—1996 赛季，他们赢得了联赛冠军，球队中 6 个年龄不到 23 岁的年轻人出场次数都不少于 10 次，这个数字至今无人可比。他们的成功让整个英格兰足坛震动，其他球队纷纷开始效仿。

在近百年的历史里，人们多数时间并不觉得西汉姆联可能会去效仿曼联。伦敦富人区的俱乐部，比如阿森纳和切尔西，长期以来都是首屈一指的球队，夺得过众多奖杯和冠军。但那种荣耀始终远离西汉姆联，他们只能干着急。球迷们没有过度担心，他们自身也有着一定的幽默感，给自己的定位就是伦敦工人阶层粗暴的小人物。哈里 · 雷德克纳普（Harry Redknapp）出任该俱乐部的主教练后，前去查看俱乐部摆放奖杯的柜子。他写道：“什么都没有。”就连俱乐部的队歌《我永远在吹泡泡》（*I'm Forever Blowing Bubbles*）表述的也是美梦破灭和伤心失望。

不过，西汉姆联很快发现，他们有一批茁壮成长的年轻球星可以同曼联的“92 黄金一代”相媲美。这群长着粉刺的青少年包括里奥·费迪南德、弗兰克·兰帕德（Frank Lampard）、迈克尔 · 卡里克（Michael Carrick）和乔 · 科尔（Joe Cole）。在 10 年的时间里，这 4 个人在英格兰代表队的总上场次数达到了 277 次。雷德克纳普是土生土长的伦敦东部人，脸总是红扑扑的，举止和口音都像二手车销售员。他从欧洲大陆找来一个特立独行的天才，希望这个天才能像坎通纳那样与那些年轻球星搭档。这个天才名叫保罗 · 迪卡尼奥（Paolo Di Canio），同坎通纳一样，他在球场上也有一种魔力，弗格森在 2001 年曾经想签下他来替代坎通纳。同坎通纳一样，他也是个疯狂的人。在签约西汉姆联的前一个赛季，迪卡尼奥曾经因为推搡主裁而被罚停赛 11 场。

西汉姆联似乎已经完全按照曼联打造王朝的蓝图来行事，但毫无疑问，西汉姆联的青训球员从未能向英超联赛的冠军宝座发起挑战。西汉姆联的队标是两把相交的锤子，但按照球队的竞技水平，队标上的黄色锤子可以被当作香蕉皮了。西汉姆联在 2000 年位居联赛第 9 名，2001 年排名第 15 位。两年后，西汉姆联降级，那些早熟的年轻球员被球队卖出。要想赢得比赛，要做的不仅是去效仿曼联的模式。在西汉姆联，那种方法导致雷德克纳普下课，而在曼联，弗格森使用该方法让俱乐部一再触及巅峰。

20 世纪 90 年代的后 5 年里，曼联不再仅局限于英格兰的球场，而是开始在欧冠联赛中大展身手。他们 1997 年杀入半决赛，1998 年进入四分之一决赛，然后在 1999 年创造了奇迹。

曼联早已是英格兰的冠军、足总杯的得主，于 1999 年杀入了在巴塞罗那举行的欧冠决赛，同德国强大的“装甲部队”拜仁慕尼黑足球俱乐部（简称拜仁慕尼黑）对阵。在开场 6 分钟内，拜仁慕尼黑率先攻进一球，以 1 ∶ 0 领先，而且看上去志在碾压曼联。那天晚上余下的时间里究竟发生了什么？人们从多个角度翻来覆去地讲述这个故事，很容易就会陷入故事之神奇、过程之艰巨和繁杂的喧嚣之中。那场欧洲足球历史上最非凡离奇的决赛有两点非常重要。

第 90 分钟时，特迪·谢林汉姆（Teddy Sheringham）飞起一脚攻破球门，将曼联拉出困境。比分 1 ∶ 1。

第 93 分钟时，伤停补时开始数秒后，贝克汉姆开出角球，谢林汉姆用头蹭球，球飞到拜仁慕尼黑的球门前，奥勒·居纳尔·索尔斯克亚（Ole Gunnar Solskjaer）伸出一脚将球垫入球门。此时，索尔斯克亚上场才 12 分钟。比分 2 ∶ 1。

现在，欧洲是时候再次将目光放在英格兰足球身上了。

第二份电视转播协议与《博斯曼法案》

一切都不是偶然。

曼联只是条件最适合的俱乐部，它充分抓住和利用了 20 世纪 90 年代席卷整个欧洲的完美风暴。这场风暴让英超联赛发展成为欧洲大陆最卓越的国家级赛事。

在伦敦，里克·帕里与英国天空广播公司成功进行了第二份电视转播协议的谈判，英超联盟全体俱乐部在 1997 年投票一致通过了该协议。未来 4 年的电视转播费为 6.7 亿英镑。同此前的协议一样，英国天空广播公司每个赛季将会转播 60 场比赛。每场比赛的转播费不再是 64 万英镑，而是变成了 279 万英镑，是此前的 4 倍多。英超联盟的所有俱乐部一夜之间都可以付得起更高的工资和转会费了，在财务方面力压其他联赛俱乐部。

在卢森堡，一名 30 多岁的比利时中场球员起诉比利时足协、其所处球队皇家标准列日足球俱乐部（简称皇家标准列日），以及欧洲足球管理机构欧足联。这名球员希望在比利时合同到期后转会到一家法国俱乐部，而皇家标准列日提出了高得不合理的转会费要求，借此拒绝放人，这种行为构成了贸易限制。这名中场球员名叫让－马克・博斯曼（Jean-Marc Bosman），欧洲法院在 1995 年 12 月做出了有利于他的裁决。这次裁决形成了《博斯曼法案》，它成为一个里程碑，开启了自由转会的闸门。现在，球员在合同到期后可以自由转会到其他俱乐部，而其转入的俱乐部无须支付转会费。[①]

引进外援

现在，所有工具已经到位。任何俱乐部只要有足够的好奇心和创造力，都可以充分抓住机会，利用这些工具谋求自身发展。在英超联赛初期，有一个市场效率相当低下，那就是外国人才市场。

英格兰足坛一直对外援持怀疑态度。在后帝国时代，英格兰对欧洲大陆有着根深蒂固的怀疑，深信从货币到电源插头，英国在方方面面都做得更好。1978 年，欧共体迫使英足总取消对外援的限制。到 20 世纪 90 年代初期，英格兰球迷开始逐渐接受此前 10 年中慢慢加入英格兰足球俱乐部的部分斯堪的纳维亚地区

① 博斯曼本人未能从该裁决中获得实际利益，他此后不久就退役了。他后来计划找到所有从自由转会中获益的球员，向他们销售 T 恤，上面写着“谁是博斯曼”，但该计划彻底失败了。

的外援，因为双方有着类似的足球文化，踢球风格相似，也同样能忍受下午寒冷泥泞的场地条件。但当法国、西班牙、意大利和德国外援开始出现在球场上时，英格兰足球经历了一场深刻的文化冲击。

舞蹈动作般的转身、踩单车过人，这些展示技巧的踢球方式被视为炫技，让负责防守的本地一根筋球员恨得牙痒痒。南欧球队在冬天比赛时会戴手套，穿长袖球衣，他们被嘲笑是温室里的花朵。如果外援在没有严重身体损伤的情况下跌倒，肯定会被打上“假摔”的标签，被认为在卑鄙地欺骗主裁判，想要通过假装存在身体接触来判对手犯规。

坎通纳在 1994—1995 赛季的自杀式行为让球迷确信那些怀疑是真的。在被驱逐离场时，坎通纳对着球迷飞起一脚，因此被禁赛 8 个月。英格兰足球的支持者现在确信，所有这些外援都不正常。

对于在家收看电视转播的英超老板们来说，坎通纳身上有一点值得学习。他有法国人的种种缺点，但他也证实在英国之外同样能挖到金矿。而且在英超联赛成立以来，他们逐渐有了大量引进外援的经济实力。俱乐部现在只要知道金矿在哪里就可以了。

在没有互联网、DVD，也没有室内球场的年代，英格兰足球俱乐部通常不会知道法国、西班牙或意大利 19 岁的球员是什么样儿的。他们可能会是下一个球王贝利，但英格兰足球俱乐部的董事只能在欧冠联赛和世界杯的新闻报道中，或者从球探邮寄过来的模糊录像带中看到他们。国外的球赛实在是鲜为人知，戴维·戴恩为了能从国际米兰足球俱乐部（简称国际米兰）签下不可思议的天才球员丹尼斯·博格坎普（Dennis Bergkamp），不得不竭尽全力说服阿森纳主教练布鲁斯·里奥奇（Bruce Rioch）。那时是 1995 年，里奥奇对戴恩说：“但他在国际米兰踢得并不怎么样。”戴恩不再跟里奥奇废话，而是立即拿出 750 万英镑来购买博格坎普。

博格坎普为阿森纳效力 11 年，把本土球员和外援都算在一起，他都算得上是英超联赛有史以来最杰出者之一。他在英超联赛中共出场 315 次，进球 87 个，助攻 94 次。不出所料，里奥奇此后在阿森纳只留了 11 个月。然而，博格坎普并不是阿森纳在 20 世纪 90 年代引入的最重要外援。更大的改变源自戴恩在 1996 年聘请的主教练，一位身材瘦长、通晓多种语言的法国人，而且他常常戴着眼镜。在 1988 年的一次做手势猜字谜的游戏中，戴恩对他印象深刻。

戴恩第一次遇到阿尔塞纳·温格时，后者正在法国足球联赛的摩纳哥足球俱乐部（简称摩纳哥）执教。温格完全符合传统的理性主教练的形象，他不是那种常见的穿着运动服在训练场上跑来跑去的教练，他会站在边线上抽着烟，希望自己的球队在球场上踢华丽的足球，压根儿不会有大喊“长传”那样的举动。让戴恩印象最深刻的是在一次晚宴上，温格在做手势猜字谜的游戏时用手势来比画《仲夏夜之梦》。这次相遇最终带来了阿森纳的复兴。20 世纪 80 年代末不是引进温格的合适时机，但戴恩注意到了他。在接下来的 6 年里，温格先是待在法属里维埃拉，后来 1995 年赴日本在名古屋鲸八足球俱乐部执教，该俱乐部的创始人是丰田公司继承人。温格在远东地区执教了两年，直到接到戴恩的召唤。

1996 年 9 月，温格现身阿森纳，当时他是英超联赛第二位英格兰和爱尔兰背景之外的主教练。他彬彬有礼，充满异国情调，根本没人认识他。《伦敦标准晚报》（*Evening Standard*）头版用硕大的字体问道：“阿森纳主教练是谁？”球员们认为他更像地理教师，而不是足球教练。在问“他能帮助我们赢球吗”或“他会怎么指导我们踢球”之前，长期担任阿森纳队长的托尼·亚当斯（Tony Adams）更想问的是：“他能说好英语吗？”

事实证明，温格的英语很好，而且他会说超过 5 种语言。他在杜伦海姆的阿尔萨斯村（Alsatian Village）长大，那里位于法国东北部，靠近德国边境。温格会说法语和德语，曾担任圣童，也曾是一位普普通通的中后卫。他在法国军队服役期间负责讲授驾驶课程，并在 20 世纪 70 年代的一个夏季到剑桥大学学习了英语，因为他知道英语迟早会派上用场。除此之外，他在旅途中还学会了西班牙语、意大利语和日语。温格所掌握的语种超过了阿森纳球员会说的所有语言。有了这位戴眼镜的中年男子，110 岁的阿森纳将会成为泰晤士河北部最国际化的地方。

温格对英格兰足球发起法式革命

在对英格兰足球发起革命之前，温格必须先对午餐下手。他取消了俱乐部的部分英式传统食品，因为这些食品不能加强球员的体能，如啤酒、牛排和巧克力棒。阿森纳资深球员每周一次的狂欢聚会“周二俱乐部”也取消了。球员不得在训练前一晚宿醉，然后第二天醉醺醺地参加训练，就算按时参加训练也不行。赛后的巧克力棒也取消了，哪怕球员在球队大巴上唱歌要求恢复供应也没用。油腻腻的牛排也被视为不适合赛前食用。温格聘请了一位营养师对阿森纳的小餐厅进行改造。烤鸡、未调味的米饭和意大利面，以及蒸蔬菜变成了常规菜式，这些食物当然不会吸引人。但就像布莱克本在换到新训练场后的那个赛季就赢得了英超冠军一样，20 世纪 90 年代，很多专业的微小改善在英超联赛中都发挥了大作用。

另外，一些晦涩难懂的专业知识也能发挥大作用。作为首位在英格兰顶级俱乐部担任主教练的法国人，温格在从法国挖掘人才方面有着绝对的优势。如果要把某个法国俱乐部最具天赋的 19 岁球员挖过来，就算英格兰代表队主教练知道要把电话打给谁，也只能用法语问“请问你会说英语吗”，而相比之下，温格在电话中用法语说一句“你好”的效果要好得多。从青训营教练到俱乐部主席，这些法国足坛的人脉是温格在近 30 年间建立起来的。所以在他上任后，阿森纳签约的第一批 8 名球员中有 5 人来自英吉利海峡对面，这也就合情合理了。英超历史上最伟大的球员之一罗伯特·皮雷（Robert Pirès）和阿森纳的进球纪录创造者蒂埃里·亨利（Thierry Henry）后来也同样从法国来到伦敦北部。法国始终是温格手中的王牌。

人们很早就注意到了这一点。温格为阿森纳日渐老去的后防中坚力量带来了新气象。[①] 温格让球员们第一次吃到了沙拉，也给球队添加了冲劲十足的无名外援，其中包括以 50 万英镑签下的十几岁的巴黎人尼古拉·阿内尔卡（Nicolas Anelka）、阿内尔卡的法国中场搭档帕特里克·维埃拉（Patrick Vieira）和埃马纽埃尔·佩蒂特（Emmanuel Petit），以及荷兰边锋马克·奥维马斯（Marc Overmars）。1998 年 5 月，也就是在被质疑“阿森纳主教练是谁”20 个月之后，温格成为赢得英超冠军的首位非英国和爱尔兰主教练。此外，他还率队摘下了足总杯冠军。

1998 年夏季，温格的两名法国球员加入法国代表队，参加当年的法国世界杯。法国代表队一路杀到决赛，并以 3 ∶ 0 力压巴西代表队。最后一个球由佩蒂特踢入，助攻的是维埃拉。次日上午，伦敦《镜报》头版刊发了这两名球员的照片，从旁边的大标题上可以看出，他们所属的位于伦敦的古老俱乐部和英格兰足球已经发生巨变。这个标题是“阿森纳斩获世界杯”。

法式革命在伦敦北部上演的同时，其他俱乐部也在加快利用电视转播费寻找欧洲人才，并且会充分利用自由转会。任何球队只要愿意走出国门，改变其单一的身份，就可以拥有更为国际化的未来。这种改变可能是无法逆转的。

切尔西的新策略

无论从哪个方面来看，1995 年的切尔西都不像那些国际化球队中的一员。切尔西自 1955 年起再未赢过顶级联赛的冠军，或者说自 20 世纪 70 年代起再未举起过任何重大赛事的奖杯。客场球迷会对着切尔西不停唱着“上次赢得联赛冠军时还是在黑白电视时代”。切尔西球迷是当地政府重点关注的对象，他们中有

① 温格执教阿森纳之前，阿森纳的打法以防守为主，后卫实力很强。——编者注

剃光头的足球流氓。他们的主场斯坦福桥球场就挤在伦敦西部国王路附近一个时髦的角落里，那里有古董店、法式咖啡店，还有商业银行家公寓。俱乐部平时非常冷清，但每到周六下午，那里的氛围就会变得狂野，还会散发尿骚味儿。到 20 世纪 80 年代中期，切尔西球迷的状况变得更加糟糕，俱乐部一度想安装带电栅栏，像养牛一样将球迷圈起来。

其实，并没有太多东西值得让那些“牛”如此兴奋。20 世纪 90 年代，切尔西在头 5 个赛季里一直位于积分排行榜靠后的位置，大家对绰号为“蓝军”的切尔西没有太多期望。他们的主席是善于投机取巧的肯・贝茨，也是一个白手起家的人物。他在预拌混凝土生意中发了财，并且在 1982 年以 1 英镑的价格买下切尔西，拯救了它。他成立了切尔西球场业主协会，这是一个非营利性组织，旨在阻止任何企图将俱乐部迁往其他地方的行为。由此，虽然任何人都可以拥有该俱乐部并将它迁往别处，但真正的切尔西只能在属于球迷的球场上踢球。贝茨后来将俱乐部在伦敦证券交易所的二板市场上市，该市场主要针对小型公司，监管不那么严格。他也从一些神秘的投资人处招揽了少量投资，这些人的身份从未有人知晓。但该俱乐部的其他一切都是完全英国化的，包括几乎所有球员都是英国人。球队里最具异域特征的就是俄罗斯门将德米特里・哈林（Dmitri Kharine）的穿衣风格，无论天气如何，他都穿着肥肥大大的运动长裤，而不是短裤。

“性感足球”改变了这一切。

1995 年，切尔西出人意料地成功争取到路德・古利特（Ruud Gullit）的自由转会。梳着小辫的荷兰人古利特有着出色的足球天赋，超出了切尔西的所有人。正是因为有了《博斯曼法案》，切尔西才能成功签下古利特，而这件事也在英格兰足坛掀起了巨浪。古利特可是在欧洲顶级联赛意大利足球甲级联赛（简称意甲联赛）中见识过各种场面并赢得过各种奖项的人，而且事实上是他自己选择来到英超联赛的。球迷们被告知古利特不是后卫，也不是中场，而是自由人，他不受位置限制，可以机动灵活地跑位。20 世纪 80 年代末，AC 米兰足球俱乐部（简称 AC 米兰）重新定义了现代足球战术，当时古利特是球队的中坚力量。他在 1988 年时曾经助力荷兰代表队夺得欧洲杯冠军。而且与切尔西的多数运动员不同，古利特相当有想法。1987 年，他当选为欧洲足球先生，而他将这个奖项赠予了当时还不为人所熟知的南非政治犯纳尔逊・曼德拉（Nelson Mandela）。对英格兰足坛来说，古利特就像先进的异域文化射进来的一束强光。

在球场上，古利特高超且略带炫耀的球技大放异彩。他会撤到防线背后用胸口停住长传球，然后凌空直接传给己方的中后卫，只为了听到观众的惊叹。在这种情况下，英格兰球员的传统处理方式是抡起大脚把球踢向隔壁的议会选区。① 当古利特想在队中推行自己擅长的荷兰式打法，即由后防线组织进攻时，他遇到了麻烦。他将球传给后卫队友，却发现他们根本就不想接球。最终，主教练格伦・霍德尔（Glenn Hoddle）叫停了这种尝试。他对古利特说："如果你在中场这样处理球的话，可能会更好。"

当被安排管理整个球队后，古利特有了机会来传播自己的理念。1996 年夏，霍德尔离开切尔西，前去掌管英格兰代表队，此后贝茨任命古利特为球员兼教练。

古利特称每个球员都是"可爱的男孩"，并且宣讲他所谓的"性感足球"，他打算将切尔西变为英国最具格调的球队。球队里现在有一个法国人、一个牙买加人、一个罗马尼亚人、两个挪威人以及三个意大利人，所有这些人后来都成为切尔西的英雄。拥有贵族气质的詹卢卡・维亚利（Gianluca Vialli）通过自由转会从尤文图斯转会到切尔西。个子不高的詹弗兰科・佐拉（Gianfranco Zola）来自意大利帕尔马，他一只手拿着约翰・格里森姆（John Grisham）的小说，另一只手拿着英意词典，就这样自学英语。罗伯托・迪马特奥（Roberto Di Matteo）来自意大利拉齐奥，他不爱说话，但效率很高。斯坦福桥球场正式成为意甲联赛在伦敦的"大使馆"。

① 此处作者用了夸张的写法，是为了揶揄英格兰足球当时粗糙的踢法。——编者注

当时，切尔西的球员们注意到身边的事物开始发生小小的变化。他们仍然在叫作哈灵顿的训练基地进行训练，这块场地是从当地大学借来的，周三下午 1 点时必须腾出来。但他们第一次真正觉得自己出名了。持续 5 年的前所未有的电视报道让大众认识了球员们的面孔，人们因此觉得切尔西的比赛现在看起来也蛮开心的。那些非传统的球迷会在公众场所拦住他们打招呼。后卫格雷姆·勒索克斯在街上散步时，有位女士拦住他，请他在自己的笔记本上签名。勒索克斯走开时觉得有点困惑，他心想："足球正在发生变化。"

丹尼斯·怀斯（Dennis Wise）的转变让勒索克斯确信了自己的想法。怀斯是个肌肉狂人，身高 1.7 米，意志坚定，曾经是 20 世纪 80 年代温布尔登"狂人帮"中的一员。这个"狂人"喝酒毫无节制，而且喜欢恶作剧。温布尔登内部在更衣室里玩笑开得太过分，经常折腾得年轻球员大哭，这让最好战的球员都变得驯服。在恶作剧时烧掉球员的车子，这种事情在"狂人帮"眼中是小菜一碟。

现在到了切尔西，就连怀斯都融入了这个礼貌文雅的群体。他会去伦敦的豪华饭店，比如切尔西赛后最喜欢去的街角那家意大利圣洛伦佐餐馆，这让队员们都很震惊。

"我一直想去另一个国家踢球，"勒索克斯说，"但最终，另一个国家的足球自己过来了。"

切尔西的"联合国"特征在 1999 年圣诞节次日（Boxing Day）[①] 的传统比赛日达到了巅峰。当时，那场同南安普顿之间乏善可陈的比赛尚未举行。那个时候，古利特已经被贝茨赶走，尽管他是第一位在英格兰赢得重大赛事的非英国籍

① Boxing Day 原指圣诞节后的第一个工作日，因雇主要在当天将圣诞礼物装进盒子里送给雇员而得名，现在通常指圣诞节后第一天。英超联赛会特意在这一天安排重头比赛以吸引观众，这场比赛类似于美国职业体育中的圣诞大战或中国电影中的贺岁片。——编者注

主教练，此前带领球队赢得了 1997 年的足总杯。维亚利成为新一任的球员兼教练，可是在组建自己的队伍时，他并不清楚自己将会面临什么样的麻烦事。

当时在维亚利的队伍中，流感正在肆虐，他一心想着要如何来填补因为流感导致的球员空缺。他的解决方法就是把当时队中状态最好、最健康的球员放到场上。所以，他派出了一位荷兰守门员，后卫线由西班牙、巴西、法国和尼日利亚球员组成，中场球员来自意大利、罗马尼亚、乌拉圭和法国，两名前锋来自意大利和挪威。没有哪名球员觉得有什么异样，直到他们从球员通道跑进球场，看到大群摄影师正在等待他们，人群庞大得异乎寻常。

也就在这个时候，有人告诉了他们实情。他们已经组成了英格兰职业足球 111 年以来首个没有任何英国球员的首发阵容。

THE CLUB

第三部分
资本巨鳄来袭

全世界的钱都在我们手里。

特雷弗·伯奇

切尔西前首席执行官

第 10 章

俄罗斯寡头登陆，
靠砸钱颠覆英超秩序

THE
CLUB

英超语录

不，这不是为了赚钱。我有很多其他赚钱的方式，那些方式风险更小。不过，我也不想让自己的钱打水漂，我收购球队是为了开心，为了成功和奖杯。

罗曼·阿布拉莫维奇

切尔西老板

他们真正要的是现金

切尔西的新策略为俱乐部赢得了奖杯、声誉和认可。这些是俱乐部期待已久的，却并非他们真正需要的。他们真正要的是现金，因为到 2003 年，切尔西的财务状况已经捉襟见肘。

2001 年，英超联盟签署了 12 亿英镑的英国电视转播协议。尽管有了这笔收入，但肯·贝茨还是保持守财奴的风格。自英超联赛创立以来，切尔西已经签下 63 名新球员，在自由转会市场里竭尽所能赢取"免费赠品"。但贝茨后来发现，这些受益于自由转会的球员存在一个问题：他们加入切尔西时都希望能签订长期合同，获得高昂的薪水。就算是替补的"板凳队员"，也有类似的想法。

2000 年，维亚利被解雇之前有一系列举动，其中包括签下荷兰后卫温斯顿·博加德（Winston Bogarde），当时博加德与巴萨的合同刚刚到期。切尔西和他签署了 4 年的合同，周薪为 4 万英镑，这样他 4 年的收入将达到 1 000 万英镑，算下来相当于他出场一次就会有 75 多万英镑。然而，在 4 年的时间里，博加德只代表球队踢了 12 场球。相比在切尔西替补席上发挥的作用，博加德更大的"作用"体现在切尔西的账本上。

在俱乐部工作的其他方面，贝茨似乎也没有进行多少精明的改进。如果他觉得某项改进不会转化成收入，就认为它不值得进行。比如哈灵顿训练基地，伦敦西部的这支球队第一次拥有欧洲冠军级别的球员已经很长时间了，切尔西的球员们却仍然在借来的大学球场上进行训练。“这是我经历过的最令人震惊的事情，”世界杯冠军队成员马塞尔·德塞利（Marcel Desailly）说，“我可是刚从米兰内洛过来的。”米兰内洛是 AC 米兰著名的训练场。然而，贝茨觉得没理由改变训练场地。他一度想过要修建一个新的训练设施，里面配一间切尔西的超市，其实就是一家纪念品店，再附加一个训练场。不过他很快就意识到，没有人会愿意为了一件球衣开车到希思罗机场这么远的地方。他也曾梦想通过俱乐部的持股公司来开展切尔西村的项目，这个项目就是在斯坦福桥球场旁修建酒店、餐馆和仅面向会员的高档健身俱乐部。在得知贝茨将修建一个球员都无法使用的健身俱乐部后，哈灵顿训练基地的球员们对此不以为然。

关于奖金的谈判是最糟糕的，贝茨并不只是吝啬于发奖金，众所周知，他还会在这个过程中“折磨”自己的员工。1999 年，在切尔西获得欧冠联赛的参赛资格后，球队选出三名资历老的球员去同贝茨商谈，要求提高他们征战欧冠的奖金。这三人分别是格雷姆·勒索克斯、詹弗兰科·佐拉和丹尼斯·怀斯。贝茨最初同意了他们的要求，但就在赛季开始之前，球员们拿到合同后，勒索克斯发现合同内容有遗漏：奖金到哪里去了？

在勒索克斯打电话询问这件事时，贝茨问道：“你有书面记录吗？”

“没有，但我们此前和您坐下来讨论过这个问题。”

“好吧，如果你没有任何书面记录，那就是没有讨论过。”

勒索克斯说：“我们仨都可以证明，你同我们坐下来谈过，而且同意了我们的要求。”在说这番话时，他心里已经在想着该如何向队友们解释了。

“或许这就是个教训，”贝茨说，“你应该白纸黑字写下来。”但之后，贝茨又悄悄恢复了关于奖金的条款。

一场“2 000 万英镑的比赛”

2002 年，贝茨的态度开始发生改变。俱乐部的资金吃紧，他为此请了安永会计师事务所的重组专家特雷弗·伯奇（Trevor Birch）来担任切尔西的首席执行官。伯奇唯一的任务就是拯救俱乐部，避免它破产。

伯奇与数字打了 20 年的交道，在此之前，他就同足球直接打过交道，在足球方面有着丰富的经验。他曾经是利物浦体系内的球员，后来在 23 岁时退役，转而学习会计。只是他从未想过自己某天会加入一个英超俱乐部，是为了处理俱乐部在人员上花费无度的问题，他的责任是减少这方面的开支。他也没有想到，2003 年 5 月，切尔西将在该赛季的最后一场比赛中迎战利物浦，届时他要告知球员们，这场比赛的结果不只是能否战胜对手并获得 3 个积分的问题。

比赛前的那段日子里，秘密就已经传开。切尔西的财务状况使球队迫切需要重组，而伯奇必须将情况一五一十地告诉大家。有传言称续约合同的金额会非常少，这让球员们怀疑会有不好的事情发生。所以当有报刊宣称切尔西同利物浦的对阵是一场“2 000 万英镑的比赛”时，球员们开始留意这件事情。之所以说是 2 000 万英镑的比赛，是因为胜利的一方将取得联赛第 4 名，获得英格兰参加 2003—2004 赛季欧冠联赛的最后一个名额，从而分得大量金钱。此前从来没有哪场英格兰联赛的比赛被如此描述。

面对前所未有的情况，切尔西也采取了前所未有的举措。比赛前一天晚上，俱乐部没有让球员睡在自己家里，而是安排他们下榻海德公园旁的皇家兰开斯特酒店。这种做法在多年后才成为英超俱乐部的标准做法。晚餐过后，给球队做赛前动员的是伯奇，而不是主教练克劳迪奥·拉涅利（Claudio Ranieri）。伯奇非常明确地告知球员，这绝对是他们人生中最重要的比赛之一。针对这次比赛，他请了一位美国老兵来动员这支由欧洲大陆人、非洲人和 20 多名英国人组成的国际队伍。这位老兵就是查尔斯·克鲁拉克（Charles Chandler “Chuck” Krulak）将军，一位在美国近代战争中有着杰出表现的海军军官，曾经被授予美国高规格的军事荣耀，并且在从军 36 年后成为美国海军陆战队司令，也就是美国海军的最高指挥官。这种简历非常适合争取美国民众的支持，竞选美国总统。但此刻，克鲁拉克将军站在伦敦一家酒店的宴会厅里，正在动员一支球队去攻打利物浦的中场。

将军谈到了荣誉，谈到了勇气，也谈到了如何迎难而上。他用美国腔给大家讲了一段自己如何调兵遣将的故事。故事讲完后，切尔西的球员们已经摩拳擦掌，一心想着在酒店宴会厅里就将利物浦踢翻。遗憾的是，他们必须回去睡觉。“我感觉自己就像灌了 32 杯浓缩咖啡，”勒索克斯说，“我很想弄根绳子，从自己的房间滑下去，然后到海德公园去作战。”

第二天下午开球前，切尔西进行了最后一场动员。球员们坐在更衣室里，摆弄着自己的鞋带。斯坦福桥球场里人声鼎沸。伯奇走了进来，提醒他们这场比赛对所有人在足坛的发展都至关重要。只有这一天，切尔西的赛前训话是由一名会计师进行的。伯奇在竭力保证切尔西当时的正常运营，而在远离斯坦福桥球场更衣室的地方，另一个人也在悄悄地筹划着俱乐部的未来。

足球经纪人与欧洲足坛的新经济

当时，已有不少人将目光投向欧洲足坛的新经济，当过足球记者的以色列人皮尼 · 扎哈维（Pini Zahavi）就是其中之一。相比于其他人，他嗅到了更大的商机。从严格意义上来说，他是一名足球经纪人，但在了解他的那些人看来，他的职业其实更复杂。哈里 · 雷德克纳普直接借用了黑帮电影中的一句话：“他是个能解决问题的人。”扎哈维的前妻在接受八卦小报的采访时用“卑鄙小人”来形容他。

扎哈维会告诉俱乐部自己的客户是多么出色的前锋，以及这名球员能如何填补俱乐部阵容的空白，但他的生意不仅限于此。扎哈维最初在一家名为《哈达索特体育报》（*Hadashot Hasport*）的报刊工作，该报社曾经派遣他去报道 1974 年在联邦德国举办的世界杯，这段经历改变了他的人生。以色列当年没有参赛，但这并没有阻止扎哈维自己取得重要的成绩。他在离家 4 000 多千米的地方花了一个月的时间跟进赛事，并结交了大量朋友。到 1979 年，扎哈维已经建立起自己的人脉网，而且其中很多人恰好来自英格兰的西北部。他也喜欢上了这个领域，于是从记者转行成为足球经纪人。他的第一笔交易就是帮助鲜为人知的后卫阿维·科恩（Avi Cohen）从以色列特拉维夫马卡比足球俱乐部转会到利物浦，科恩助力利物浦夺得了联赛冠军。

在接下来的 25 年里，扎哈维的人脉网和球员库越来越大，钱包也越来越鼓，成为英格兰足坛最具影响力的经纪人。他刷新了英格兰足坛的转会纪录，他在曼联转会交易中的影响力似乎不亚于弗格森。然而，他最大的成功莫过于为一名俱乐部首席执行官和一个俄罗斯人牵线搭桥。这位首席执行官所在的俱乐部位于伦敦西部，当时资金紧缺，而那个 36 岁的俄罗斯人出身贫寒，经营着西伯利亚石油公司，个人财富超过 70 亿英镑。

这正是切尔西结识罗曼·阿布拉莫维奇的过程。阿布拉莫维奇是英格兰足坛的首名俄罗斯寡头，他高中辍学，身家是杰克·沃克的 10 倍。扎哈维的交易对象由此从球员变为整个俱乐部。

俄罗斯寡头用 1.4 亿英镑收购切尔西

从 2003 年春季在老特拉福德球场观看了欧冠联赛中曼联对皇马的四分之一决赛之后，阿布拉莫维奇就动了拥有一家英格兰足球俱乐部的念头。在选择收购目标的过程中，阿布拉莫维奇先同热刺主席进行了商谈，但该俱乐部位于伦敦东北部，他对这个位置没有什么兴趣。那天商谈结束后，他的奔驰车沿着托特纳姆大街前行。他望向窗外，用俄语对自己的助手说："这里比鄂木斯克还要差。"鄂木斯克位于西伯利亚，西伯利亚石油公司在那里设有一家炼油厂。

阿布拉莫维奇也没有立马对收购切尔西表示出兴趣。如果说他对在爱好上砸九位数的金钱有什么条件，那就是所收购的俱乐部必须是能参加欧冠联赛的队伍。如果蓝军能做到这一点，或许他会有兴趣。2003 年 5 月的那个下午，将在斯坦福桥球场对阵利物浦的球员们也知道这场比赛利害攸关，因为伯奇就是这样告诉他们的，但他们不知道事情的重要程度会如此戏剧性地升级。幕后，那场 2 000 万英镑的比赛已经悄悄地变成了事关切尔西能否获得 70 亿英镑主人垂青的比赛。当然，从利物浦在比赛中以 1 ∶ 0 领先的那一刻起，这场比赛就变成了事关切尔西会不会破产的比赛了。

蓝军最后扭转战局，以 2 ∶ 1 获胜。这个成绩对阿布拉莫维奇来说已经足够了。7 月的第一周，他带人与伯奇会面，同意购买切尔西。伯奇和切尔西没法对阿布拉莫维奇进行充分的尽职调查，因为后者在西方基本算是个隐形人。伯奇在谷歌上搜索，可是没有太多信息，只有《福布斯》杂志曾经提及这名寡头。阿布拉莫维奇出现时穿着牛仔裤，看上去相当寒酸，好在他带着伯奇所称的"高级顾问、一流的银行"，以及纽约世达律师事务所的一名律师，这让伯奇放心多了。阿布拉莫维奇希望现场能有一位俄罗斯翻译，尽管他本人显然是懂英语的。苏联的外交部部长们曾经数十年里都使用这种策略，在高级别会议上给自己争取时间。不过这次谈判就在可以俯瞰斯坦福桥球场的套房内举行，并没有太多必要采取高超的手腕。在不到 30 分钟的时间里，他们就达成了 1.4 亿英镑的交易。

收购完成之后，阿布拉莫维奇罕见地接受了英国广播公司的采访。他在采访中说："不，这不是为了赚钱。我有很多其他赚钱的方式，那些方式风险更小。不过，我也不想让自己的钱打水漂，我收购球队是为了开心，为了成功和奖杯。"

砸钱，颠覆英超既有的秩序

7 月初是切尔西主教练拉涅利在整个夏季里最不喜欢的时间段，因为他必须开车离开自己的老家罗马，而且年年如此。这段车程要 18 个小时，他要穿过意大利，越过阿尔卑斯山进入法国，然后来到轮渡口，搭乘渡船横渡英吉利海峡。到达英格兰后，赛前训练就开始了。6 星期的战术演练、冲刺，以及大量的高强度训练，这些可以打造球员，使其迎战从 2003 年 8 月到 2004 年 5 月的赛季。上个赛季，切尔西获得了欧冠联赛的参赛资格，俱乐部将有更多收入，但又不是那么多。那些钱足以让斯坦福桥球场保持正常运营，但还不足以让他们加入欧洲大陆球员的购买风潮。换言之，拉涅利将要带着和当年夏天同样的队伍去参加季前赛。

拉涅利刚开到法国某地时，手机响了，显示出伯奇在伦敦的号码。伯奇有消息要告诉拉涅利。

伯奇说："俱乐部换老板了，一个俄罗斯人买下了俱乐部。"
拉涅利愣了一下："这算好消息吗？"
"是的，太棒了！"

拉涅利还在高速公路上疾驰，心想自己的难题就这样迎刃而解了吗？他马上改变了这个想法。赛季还没有开始，但他明白一切都不会按照自己此前的计划来了。"太好了，"他慢慢地对伯奇说，"不过小心点儿，因为你和我会是最先被开掉的人。"

"为什么这么说？"
"事情总是这样发展！老板换了，接下来就是换掉你和我。"

阿布拉莫维奇要换掉的还不只是一个会计师和意大利主教练。他的资金和野心将推动切尔西跻身于曼联和阿森纳之列。1996—2004 年，曼联和阿森纳包揽了所有联赛冠军。阿布拉莫维奇将会借用杰克·沃克的方法，再加点儿俄罗斯的“佐料”。他每个赛季都使用这种方法，而不只是着眼于俱乐部某一年的联赛成绩。

第一次见面时，阿布拉莫维奇就对拉涅利说：“我只需要你给我们引进最出色的球员。”

“我会尽力，但谁会把自己最出色的球员卖给我们呢？”拉涅利回答说。阿布拉莫维奇不在乎这个问题，他知道，每个俱乐部都给自己的每个球员设定了一个价格。时过境迁，不管那个数字是多少，他都愿意出钱。“全世界的钱都在我们手里，”伯奇说，“到处都是怀疑的声音，因为足坛此前从未出现过这种情况。”

作为切尔西的老板，阿布拉莫维奇在第一年夏季拿出了 1.1 亿英镑用于引进 14 名新球员。次年，阿布拉莫维奇开除了拉涅利，又花了 9 000 万英镑购买了 9 名球员，并且聘请了一位年轻的主教练。这位主教练就是“狂人”若泽·穆里尼奥，刚刚率领葡萄牙的波尔图足球俱乐部（简称波尔图）赢得阿布拉莫维奇梦寐以求的欧冠奖杯。

阿布拉莫维奇从未见过沃克，但两人深谙同样的基本道理。**要颠覆英超联赛的既有秩序，就要靠砸钱。**2005 年春季，切尔西赢得了它 60 年来的首个联赛冠军。就连当时已经从曼联退休的马丁·爱德华兹都觉得难以置信，他曾经认为俱乐部得到富人捐助的事情已经远去。此前有过布莱克本的沃克，还有过纽卡斯尔联的约翰·霍尔（John Hall），可事实证明，他们只算是开胃菜。

切尔西并没有将阿森纳和曼联推下金字塔的塔尖，而是加入了它们。弗格森、温格和穆里尼奥都成为英超历史上最赫赫有名的主教练。在他们的带领下，保守派和新贵们都开始制定新的策略，为英超联赛搭建一个能加强其增长优势的基础架构，一个能拉动过时的足坛进入 21 世纪的激进方法。

这些名帅之间的对决和他们的个性之争构成了 21 世纪头 10 年里的足坛背景。这 10 年里，英超联赛飞速发展，每支球队都没有犯错的余地。从 2004 年起，这 3 家超级俱乐部在 8 年的时间里包揽了所有英格兰足球赛事的冠军。球员的薪水暴涨，世界各地的球员都迫切希望能来到英格兰踢球，他们甚至不一定去阿森纳、曼联和切尔西，只要能加入英超联赛就行。

第 11 章

阿森纳实现大飞跃，兴建英超最现代化球场

THE
CLUB

英超语录

我们过去一直习惯于一些古怪的建筑，我们也喜欢那些。那里空间很局促，食物也很糟糕，但酋长球场设定了新的标准。

克里斯·李
建筑设计师

英超启示录

1. 阿森纳的资金来源包括：大量的现金、发行的债券以及从 6 个贷款机构处借的款。

2. 阿森纳在修建球场时时刻考虑两个重要的因素：商务包厢和电视转播。

一个球员的价值是整个球队价值的 35% 吗

曼联在英格兰北部建立了一个商业王朝，切尔西在伦敦挥舞着支票簿，这种变化让阿森纳感到警惕。阿森纳是英格兰足坛的贵族，仍然以自己是欧洲最受欢迎的球队之一且 4 年之内两度夺得联赛冠军而自豪。但他们也看到，入侵者正虎视眈眈。这些入侵者穿着蓝色球衣，骄傲地歌颂着自己空白的历史。戴维・戴恩在英格兰足坛浸淫多年，深知这种情况是前所未有的。罗曼・阿布拉莫维奇不是杰克・沃克，戴恩必须有所防范，所以戴恩邀请入侵者共进午餐。

阿布拉莫维奇派遣切尔西的球探前往欧洲大陆，为自己寻觅球星。但在最初一轮的海外寻觅之后，俱乐部将目光放在了离家更近的地方，他们瞄准了阿森纳。阿森纳有着世界顶级球员，其踢球风格正是阿布拉莫维奇希望切尔西效仿的。更好的消息在于，事实证明，只要阿尔塞纳・温格觉得价格合适，阿森纳就愿意对那些球星放手。温格是英超联盟中唯一懂经济学的主教练。1999 年，他将自己能力最强的射手尼古拉・阿内尔卡卖给了皇马，售价是最初引进阿内尔卡价格的 44 倍。次年，他又放走了马克・奥维马斯和埃马纽埃尔・佩蒂特，这两名球员是温格首次赢得英超冠军的阵容中的核心人物，他们都去了巴萨。

阿布拉莫维奇派去和戴恩会面的代表非常熟悉这些情况。2003 年末，戴恩和阿布拉莫维奇的代表在伦敦皮卡迪利大街（Piccadilly）一家时髦的餐厅里会面。代表们来此不是为了偷偷挖走阿森纳的球员，而是来随意打听每个球员的价格的。球员转会是一场暧昧的游戏，就像求偶一样，只是比简・奥斯汀的爱情小说更令人费解。在这里，局面会迅速从“如果你不准备卖，我是不会问的”这一阶段转换到“当然，如果你想卖，我有可能有兴趣，也有可能没兴趣”的阶段。每个赛季，这种场景会在英国各地的高级餐厅、酒店大堂和高速公路服务区上演数百场。而就在那个下午，那些切尔西“肯定不想买的球员”加上戴恩“绝对不会卖的球员”差不多就是阿森纳的整个阵容。切尔西的一名高管称，整个午餐的过程中，只有一名球员是双方心照不宣不去提及的，那就是蒂埃里·亨利。温格从摩纳哥发现了十几岁的少年蒂埃里，并在 1999 年将他带到伦敦，在伦敦将这个速度奇快的少年从边锋变成了中锋。此后，蒂埃里一直在刷新纪录，威胁着英超联盟各球队的防线。在 2004 年之后的 3 个赛季里，他在每个赛季都是联赛的最佳射手。

餐厅里灯光昏暗，双方选择了一个安静的角落就座。上开胃菜时，切尔西的高管们开始照着名单一个一个地问。戴恩的回答都是：“不，你们不能买。”或者是：“不，他不卖。”问到弗朗西斯·杰弗斯（Francis Jeffers）时，戴恩发现有机会调动一下自己不想要的“存货”了，尽管他曾经表示绝对不会卖出温格想保留的任何一个队员。杰弗斯长着一对招风耳，曾经在利物浦担任前锋，后以“球门杀手”的身份加入阿森纳，可惜未能成为阿森纳所需的禁区射手。但是，新来的亿万富翁买家对杰弗斯并不感兴趣。

开始上汤时，双方尚未就阿森纳的任何球员达成协议。这时只有一个人的名字还没被提及，这个人是温格的门徒，曾经在 2002 年帮助阿森纳赢得联赛冠军。桌前的所有人此前都坚守承诺，不提及蒂埃里。而现在，蒂埃里的名字悬在空中，就像弥漫着的雪茄烟雾。

一名出席午宴的切尔西高管回忆称，当时戴恩突然冒出一句：“如果你们不说出他的名字，那就不算真正的报价……”如果不是真正的报价，戴恩就没有义务去通知阿森纳的董事会。对阿布拉莫维奇的代表们来说，这句话传递的信息已经相当明确。

“3 000 万英镑。”切尔西先报了个虚价。

别傻了。

“3 500 万英镑。”

继续加吧。

“4 000 万英镑。”切尔西的代表们再次报价，数字很快就接近皇马 4 600 万英镑的天价转会费纪录。此前在 2001 年，皇马曾以天价从尤文图斯争取到世界杯冠军和欧洲杯冠军队成员、法国体育巨星齐达内。

“4 500 万英镑。”

接着，切尔西给出最后一轮报价：“4999.9 万英镑怎么样？”这个数字比 5 000 万英镑少那么一点点，而 5 000 万英镑的数字会让八卦小报激动得“自燃”。

戴恩停顿了一下，开始考虑这个数字的荒谬性。他知道，买下切尔西只花了阿布拉莫维奇 1.4 亿英镑。阿布拉莫维奇的财富早已经引发转会市场的大幅动荡，一个球员现在就能值整个球队价值的 35% 吗？此外，如果阿布拉莫维奇这么迫切想买下蒂埃里，肯定还有更简单的方式来达成这个目的。

“那为什么不直接买下整个俱乐部呢？”戴恩问道。

答案在于阿布拉莫维奇在买足球俱乐部之前的尽职调查。2003 年春季，他聘请瑞士银行瑞银集团对英超联盟进行分析。瑞银集团的结论是，切尔西资金紧张，热刺潜力不明，而阿森纳绝对不会出售。切尔西的一名高管说，戴恩在听到这个答案后用力捶了一下餐桌，他的那碗汤都洒了出来，他随即开始诅咒瑞银集团和阿布拉莫维奇。

戴恩之所以会有这种反应，是因为如果阿布拉莫维奇在那个夏季曾经去敲海布里球场的门，而不是斯坦福桥球场的话，戴恩深信阿森纳的董事们会卖掉俱乐部套现，只有疯了才会不把阿森纳卖给阿布拉莫维奇。那样阿布拉莫维奇仍然可以在伦敦拥有自己的俱乐部。包括戴恩在内，阿森纳的董事们可以大赚一笔，而俱乐部内像温格这样经验丰富的球员招募者就能拥有大把转会预算去打造足球王朝。可以肯定一点，那样阿森纳就能成为第一家有亿万富翁老板的俱乐部，而不是切尔西。

戴恩刚刚亲自体验了一把财大气粗对俱乐部的影响有多大。切尔西春季时还在破产边缘摇摇欲坠，现在竟然能轻松开价要购买自己最出色的球员。[①] 但因为几个根本不知所云的瑞士银行家的话，那座足坛传说中的宝山就这样悄悄地溜走了。

现在，听了戴恩的话，轮到餐桌上所有人都吃惊地打翻桌上的汤了。

英超第一个超现代化体育场

没有了亿万富翁老板，阿森纳将不得不靠其他计划来弥补自己在花钱竞赛上的资金差距。2003 年，该计划就是一堆 3D 渲染图和一个新近购买的垃圾场。

垃圾场位于阿森纳训练场的对面，他们计划在这里修建英超联盟第一个超现代化球场。原来的球场不会再进行改建，现在是时候通过有针对性地修建球场来推动阿森纳实现自己的全球化梦想了。新球场必须拥有宏伟壮观的外观，能配得上俱乐部当前的声望。新球场必须拥有足够的餐饮等配套服务设施，能帮助俱乐部在每个比赛日赚得盆满钵满。而且同 NFL 那些新修建的宫殿式球场一样，新球场必须在电视上显得非常漂亮。阿森纳的新球场将不仅是 6 万名球迷现场观看比赛的场地，而且会是全球 6 000 万名观众观看比赛的背景板。

① 那年稍晚，阿布拉莫维奇亲自出马，想要把蒂埃里撬走，可惜未能成功。

第一次世界大战前，阿森纳的主场就一直是海布里球场。那里充分体现了装饰艺术，拥有白色的墙壁和桃花心木的内饰，看上去更像足球大学而不是球场。客场的球迷曾经嘲笑海布里球场是图书馆，不过这个地方看上去真的像研究生常去的地方。球场的一切都相当紧凑，这也是有意为之的，因为球场修建时必须充分考虑旁边伊斯灵顿区的住宅和狭窄的街道。进入 21 世纪前后，温格将阿森纳打造成了英超联盟中最强大的队伍之一。在这个过程中，海布里球场的大小成为阿森纳的优势。这支由超级球员组成的队伍会将对手逼出球场，逼到看台的前排。

在有比赛的日子里，球迷会从附近的地铁站过来，穿过一排排挤在一起的 2 ～ 3 层的房子。他们从阿森纳站潮水般涌出，右拐走到阿维尼尔路，然后穿过众多小小的前花园，来到突然冒出来的北看台和东看台。阿森纳站是伦敦地铁系统中唯一以球队命名的站点。另外，还会有数千名球迷从芬斯伯利公园站过来。那个地铁站稍远一点儿，但一路过来可以看到老三角酒馆和一些汉堡店。这些汉堡店会兜售各种各样在面包中夹着不知道是什么肉的汉堡。

在 20 世纪 30 年代的巅峰时期，海布里球场的看台上可以挤下 7.3 万人，这种情况持续了大概 50 年。第二次世界大战期间，球场偶尔会遭遇空袭。1966 年，拳王阿里曾在那里同亨利 · 库珀（Henry Cooper）对战。

20 世纪 80 年代，球场的大钟看台进行了改造，导致海布里球场的座位数略有减少。但次年希尔斯堡球场惨案和泰勒的报告导致政府颁发禁令不准球场设立站位，海布里球场的容量一下子几乎减半。所以 1993 年，阿森纳完成了最大规模的改造项目，对其著名的北看台进行了重建，这对老球场来说是前所未有的。

为了给改造项目筹集资金，戴恩设计了一个债券机制，季票持有者如果支付 1 000 英镑到 1 500 英镑不等的一次性费用（这个价格相当于再购买一套季票），就可以终身办理季票续期。这种安排让戴恩成为伦敦北部除热刺之外最让人痛恨的人。这个机制取得了预期的效果，阿森纳筹集了足够的资金，赶在 1992—1993 赛季开始之前动工修建新的北看台。不过，这也带来了一个新问题：是否要挡住大家的视线，不让他们看到球门背后难看的建筑工地呢？不管怎么样，这可是新英超联赛的第一个赛季，也是电视转播的第一个赛季，海布里球场不能在那些摄像机里看上去乱七八糟。

戴恩还有另一个锦囊妙计。他和阿森纳董事肯・弗里亚尔（Ken Friar）花了 15 万英镑，请人绘制了一幅高约 11 米的画，沿着球场的北端悬挂。画的内容是 8 000 名阿森纳球迷。在这幅画装好后才有人发现，这 8 000 名球迷的卡通画像是清一色的男性白种人。阿森纳不得不匆匆忙忙召回画家进行修改，增加人种的多元性。

“至少我没再被人们喝倒彩了。”阿森纳前防守后卫李・迪克逊（Lee Dixon）在谈到那幅画时说。

阿森纳的球迷们忙着吐槽那幅画，都没有时间去抱怨球员的表现了，那些长期坐在北看台的球迷尤其如此。对那幅画比较客气的只有客场球迷，他们此前嘲笑海布里球场是个图书馆，现在感觉阿森纳的董事们的确调节了赛场气氛。

那幅画最终被撤下后，出现在人们面前的是一个有着 10 000 个座位的看台。负责设计看台的是建筑设计公司博普乐思（Populous），他们称该设计“体现了球场设计的大飞跃”。看台共有两层，前方的球场一览无余，而且均为座席。最让戴恩和阿森纳折服的是在球场上无法看到的细节，即厕所。戴恩的厕所之战已经进行了数十年，终于取得了突破。

建筑设计师克里斯・李（Chris Lee）回忆称，董事们在北看台项目开始之时就“相当纠结于厕所问题”。但对戴恩这些人来说，他们还记得那些流氓行为肆虐的日子，所以厕所变得超级重要。当紧张的气氛升级时，球迷们首先会去破坏厕所。就算不这样，厕所也常常污秽不堪、气味难闻。这似乎是在暗示球迷，他们在英格兰足球管理机构的眼里就是这般形象。“如果你把人们当动物一样看待，”弗里亚尔过去经常说，“他们的行为就会像动物一样。”阿森纳不仅把球迷当作普通人来看待，而且将他们视为自己的顾客。这种态度的转变先从厕所开始。从瓷砖到镜子，厕所的每个细节都得到了升级。戴恩曾经力争将半场休息时间从 10 分钟延长到 15 分钟，他也坚信厕所的便池数量应该达到当时行业推荐数量的两倍。“那是我所呼吁的改变，”戴恩说，“如果他们预先喝了啤酒、可乐、咖啡或茶，你必须让他们能在半场休息时间去上个厕所。”在球场改造完成投入使用一年之后，他应邀出席一个建筑设计颁奖典礼，阿森纳获得了最佳球场设施奖，奖杯正是厕所形状。戴恩终于可以宣称他的个人改革运动取得了胜利。

无论升级改造了多少间厕所，或者是在球场里额外塞进了多少个座位，阿森纳知道海布里球场的容量已经无法再扩充。在对东看台和西看台进行扩建时，他们感觉自己缩手缩脚的。东看台和西看台有其特殊性，它们都是历史建筑，在看台顶上再多安装 1 万个座位是不可行的。北看台的改造竣工前，俱乐部又找到那些建筑设计师，就俱乐部的未来进行商谈。“我们达成共识，海布里球场不可能满足他们的设想了。”克里斯・李说。

事实证明，北看台的改造就是一场演练。在低调朴素的位于伊斯灵顿区的主场待了 90 年之后，阿森纳将要从零开始，修建一座宏伟壮观的新球场。

阿森纳在钱的问题上一向非常清醒、保守，但他们也抛出了众多疯狂的计划。一个提议就是在芬斯伯利公园地铁站正上方修建一座轮胎形状的球场，类似于拜仁慕尼黑当前的球场。与此同时，阿森纳也在考虑搬到国王十字车站附近未开发的地区。对温格手下那些从巴黎搭乘欧洲之星火车过来的外援来说，那样会更加方便。俱乐部也曾就租借或购买英格兰代表队的主场温布利球场进行过商谈，甚至考虑过搬到 16 千米之外的地方，那里已经在 M25 高速公路之外了。但让俱乐部离开伊斯灵顿区，离开海布里球场，大家总觉得有点儿不对劲。足球俱乐部不会离开自己的家。

英格兰足球俱乐部与其球迷之间的情感造就了英超联赛巨大的吸引力，但这种情感也是难以培养和维护的。原因不仅在于这种情感所要求的承诺比多数婚姻还要持久，而且在于这种情感跨越了几代人。俱乐部就像其所在社区的旗帜和时间胶囊。在一些地方，俱乐部的寿命甚至超过了当初成立这些俱乐部的产业基础，如利兹联、斯托克城足球俱乐部（简称斯托克城）和哈德斯菲尔德镇足球俱乐部（简称哈德斯菲尔德镇）。尽管那些城镇很早以前就不再是英国的经济重镇，但正是球队让他们依然留在足坛地图上。如果某个老板想把俱乐部打包搬到其他地方，他在街上一定会遭遇挥舞着铁叉的暴民。温布尔登就有过惨痛的教训，他们曾经搬到了 97 千米之外的米尔顿凯恩斯（Milton Keynes），并更名为米尔顿凯恩斯足球俱乐部，这番举动导致了大量球迷的流失。

1913 年，阿森纳从伦敦南部搬到了伦敦北部，但那时俱乐部还没有成熟。90 年之后，如果俱乐部董事们想就搬家一事说服球迷，最远也就只能搬到紧挨着海布里球场的地方。

俱乐部的想法是快速完成搬家工作，而且要在预算内完成这项工作。“我们只是一家足球俱乐部，”阿森纳已故董事丹尼·菲什曼（Danny Fiszman）对建筑设计师说，“我们不想买任何一平方米不必要的土地。我们只想修建一座球场，然后完成修建就可以了。”菲什曼曾经是一名钻石商人，是推进新球场项目的中坚力量。后来，项目中的任务慢慢发生改变。工程的基础成本最初是 1.7 亿英镑，但因为自治市议会、地方企业和公共关系等因素，俱乐部不断做出各种让步，项目中增加了一系列小型施工工作，其中包括一排公寓楼。新球场选址上的垃圾场必须搬走，他们要求温格参加了新垃圾场的剪彩。博普乐思公司的数据显示，在新球场完全投入使用时，阿森纳已经成为前一年里伦敦最大的住宅建筑商。新球场项目最终的费用达到了 3.9 亿英镑，阿森纳要承担所有这些费用。

足球队主教练被写进了贷款合同

阿森纳的资金来源包括大量的现金、发行的债券，以及从 6 个贷款机构处借的款。它的支付结构相当庞大，但对那么大规模的项目来说也属正常。银行对阿森纳董事会提出了一个特别的要求，即温格在俱乐部内必须至少再留任 5 年。这是一个非常棘手的条件，因为英格兰内外的超级强队一直在挖他。

弗格森在 2001 年首次提出退休的想法，此后曼联的马丁·爱德华兹就来到温格位于伦敦北部的家中，想要说服他加入曼联。皇马也在试探他，但温格每次都拒绝。只有作为阿森纳的王牌主教练，他才能同时将教练、心理学家和首席执行官的身份融于一身。温格同意与俱乐部续签合同。

足球队的主教练被写进了银行贷款合同里，这在英格兰足球历史上是第一次，可能也是英国金融史上的第一次。

“我们赌的就是温格能像过去 7 年一样，继续创造奇迹，”阿森纳时任主席彼得·希尔－伍德当时说，“他会留在俱乐部吗？我衷心希望如此。他甚至可以做主席！”

阿森纳的董事们时常担心自己做出的选择是否正确。在 5 年的内部商讨中，总会有人提出阿森纳是否需要经历这一切。新球场项目的成本在不断增加。在他们选中某个地方后，就会有企业和居民需要搬迁，有附属建筑需要改造。与此同时，海布里球场将被改造成豪华公寓。当董事会告知温格现在预算已经快达到 4 亿英镑时，连温格都开始认为“这是一个类似于敢死队的任务”。

阿森纳必须避免财务危机，这是毋庸置疑的。俱乐部必须确保他们每场比赛至少卖出 5.5 万张票，头 5 年必须有 3 年杀进欧冠联赛，同时还要大幅降低球员的工资。“那时候，我的确一门心思想着如何成功推进该项目，因为它关乎俱乐部的未来，”温格说，“我知道那会很难。”

考量因素：商务包厢和电视转播

2004 年，新球场在阿什伯顿格罗夫（Ashburton Grove）破土动工，再也没有回头路可走了。克里斯·李回忆说，菲什曼对建筑设计师提出的要求非常简单：“我想要一个有 6 万个座位的球场，一个最漂亮、最宏伟的球场。就这样，再简单不过。”菲什曼在 2011 年去世。

无论你觉得新球场是否漂亮、宏伟，有一点是毋庸置疑的，那就是这座新球场意义非凡，它打破了英格兰足坛此前的一切。阿森纳的新家是当代第一个为特定目的修建的大型俱乐部球场。在此前的 40 年里，只有一家俱乐部修建过全新的球场，那就是桑德兰，其光明球场共有 4 万多个座位，在 1997 年投入使用，而阿森纳的新球场要比光明球场大 20%。

博普乐思公司的团队前往美国寻找设计灵感。30 年前，美国的球场曾经让戴恩感到惊艳。这个团队从 NFL 的球场看到棒球场，其中包括巴尔的摩金莺队的卡姆登球场，该球场力争营造历史和传统的氛围。但美国的球场和即将修建的新球场存在一些重要的差异。一方面，几乎所有美国球场都远离市中心，靠近高速公路和大型购物中心；在英格兰，球场都挤在住宅区中间，人们就生活在球场附近。另一方面，新球场不用担心停车位问题，因为欧洲没有人会去开车看球。

不过，博普乐思公司的团队还是获得了很多灵感，这激发了他们的想象力。他们根据 170 多种可能的方案进行了设计，最终的设计与众不同，因为阿森纳在修建球场时需要时刻考虑两个重要因素：商务包厢和电视转播。

球场有 41 个摄像机机位，这是闻所未闻的事情。克里斯·李来自澳大利亚，曾经为 2000 年悉尼夏季奥运会设计体育场，对摄影机机位的重要性深有体会。每当他抱怨又要因机位而砍掉 10 个或 15 个座位时，部分在场的国际奥委会官员就会提醒他，那些摄像机将把比赛信号传递给 1 亿人。“所以背景至关重要，也就是说球场在屏幕上的样子相当重要。”克里斯·李说。

对那些购买了最高价位门票的人来说，球场看上去又是什么样子呢？这点也至关重要。足球俱乐部直到 20 世纪 90 年代才开始去讨好和争取这个群体。他们可能是个人，也可能是公司，愿意以常规票价 5 ～ 10 倍的价格来购买门票，为的是能拥有一个私人包厢，并能在那里吃午餐。自 20 世纪 60 年代起，部分球场开始设置少量商务包厢，但直到 20 世纪 80 年代，欧文·斯科勒才率先在白鹿巷球场启动商务接待业务。

热刺自 19 世纪起就一直将主场设在白鹿巷球场，那里巨大的柱子相当碍眼，会遮挡视线，可这些柱子又不能拆除。东看台上的金属屋顶让东看台看上去像乡村火车站。斯科勒大胆地拆除了球场东看台上的两层座位，那里有 2 万个最便宜的座位，也是最忠实的球迷所坐的地方。这个举动引发了很多争议，虽然该区域的看球氛围是最热烈的，但对比赛日的收入贡献很小。斯科勒当时计划将热刺上市，而且他的营销策略已经让热刺以英格兰足坛的“商业俱乐部”而闻名。斯科勒再接再厉，在东看台修建了 VIP 包厢，这些包厢每个周末的收入是原来看台门票收入的 10 倍。

爱德华兹很快就效仿斯科勒，紧跟着在曼联展开相关工作。1992 年，他将老特拉福德球场西看台的中央部分改成了商务包厢。那里位于球门的正后方，过去是购买站票的球迷所站的位置，也是最喧嚣的地方。“这个决定相当不受欢迎，但我必须筹集 1 000 万英镑用于修建看台。”爱德华兹说。

虽然球迷们嘘声一片，但是从财务报表上来看，这一切都是值得的。包厢大幅提升了比赛日的收入，最终那些看台改造获得了收益。不过这些决定并没有为热刺或曼联赢得多少朋友。曼联自己的球员都会抱怨商务包厢影响了球场的整体氛围。“他们喝着酒，吃着对虾三明治，根本不知道球场上的情况，”曼联时任队长罗伊·基恩在 2000 年失望地说，“我觉得有些人来老特拉福德球场时连足球这个词都不会写，更不用说懂球了。”

然而，英超联盟早期的这些球场商务包厢并不完美，在那里看球可能会感觉有点怪怪的。客人们遵照礼仪系着领带，穿着短外套，通过单独的大厅来到球场，然后搭乘电梯或走专用楼梯上楼，穿过铺着地毯的内部走廊，走到贴着包厢号的毫无特色的包厢门前。包厢里准备的通常是一些毫无特色的食物，还有几瓶廉价的劣质酒。这些都让人感觉像普通的地中海之旅的旅游餐，而不是观看职业体育比赛的包厢待遇。在美国，1.5 万美元的豪华包厢里会提供苏格兰威士忌、牛排和寿司，但这些在英格兰看不到。

作为英超联盟最现代化的球场，酋长球场希望能消除那些差距。海布里球场曾经有 48 个商务包厢，而酋长球场的包厢数直接跃升至 150 个，位于俱乐部其他座席的上方，每场比赛可以提供约 8 000 张高价票，这些门票收入占到了整个球场门票收入的 13%。但这种情况并没有动摇阿森纳过去“图书馆”的绰号和声誉，那是他们自 20 世纪 20 年代起就有的绰号，当时他们的名字还是英格兰银行俱乐部。这些包厢也没有阻碍阿森纳稳步提高票价。在温格上任的那个赛季，海布里球场的门票平均价格为 12 英镑。10 年后，酋长球场投入使用时，门票平均价格已经上涨了 3 倍多，达到了 40 英镑。不过，俱乐部的确注意到球迷的行为发生了改变。在海布里球场，俱乐部每个赛季通常需要更换数百张座椅，这些座椅或者是被客场球迷破坏的，或者是被心存不满的主场球迷破坏的。在进入酋长球场踢球的头 10 年里，阿森纳每个赛季平均只需要更换 3 把座椅。球场更加整洁，周边设施更加昂贵，配套服务也有所改进，这些的确成功地改变了球迷的行为方式。不管怎么样，阿森纳已经让英超联盟看到英格兰足球未来将是什么样子。

“我们过去一直习惯于一些古怪的建筑，我们也喜欢那些，那里空间很局促，食物也很糟糕，”克里斯·李解释说，“但酋长球场设定了新的标准。”

温格从一开始就知道，酋长球场将会成就他的传奇，同样，他也将打造阿森纳的传奇。他和这个项目固有的关联性促使俱乐部请人给他制作了一尊半身像，摆放在董事会的大厅里。这种至高的荣誉是多数主教练生前无法获得的，或者至少说在退休前是无法得到的。关于球场的设计，温格最关心的是球员的相关区域。他从日本学到了一些卫生知识，也懂得每个区域应该如何相互连通。在这些知识的基础之上，他对于球队在赛前和赛后要待的地方提出了自己的要求。无论是治疗区的位置，还是球员到淋浴房通道的尺寸，他都提出了严格要求。至于更衣室，那就更不用说了，温格此前已经亲历过英格兰足坛更衣室里的种种“惨状”，在很多地方，更衣室就像名字好听点的公共厕所，只是里面没有乱七八糟的涂鸦。温格想要更大的空间，他坚持更衣室要采用宽敞的椭圆形，球队可以在里面自由呼吸。他一直表示，更衣室属于球员，但并不妨碍他告诉建筑设计师们要尤其注意，他在面对球员训话时想站的位置。设计蓝图上充分体现了温格的重要性，毕竟从某些方面来说，阿森纳新球场里将要发生的一切都源于更衣室。

酋长球场项目的方方面面都得到了充分考虑，为的就是夯实俱乐部未来几十年里在欧洲足坛上领头羊的位置。同 20 世纪 90 年代的曼联一样，阿森纳正在实现大飞跃，其主场就是为了满足 21 世纪的娱乐需求。

2006 年，酋长球场剪彩，正式投入使用，英超联盟也再次围绕着阿森纳转动。

第 12 章

美国人“杠杆收购”，海外投资时代到来

THE CLUB

英超语录

曼联有着悠久的历史，我们也尊重那段历史，我们并没有打算让足球美国化，也没有打算引进啦啦队。

布莱恩·格雷泽

曼联老板之一

英超启示录

曼联采用 NFL 的赞助技巧，将赞助市场尽可能地进行细分。

“杠杆收购”，曼联背上八位数债务

2003 年秋季，隐居美国的一个投资人购买了曼联 2.9% 的股份，当时曼彻斯特没有什么人关注这件事情。曼联在十几年前已经上市，全球各地的富豪们一直在各处收购该俱乐部的股份。

最初，马尔科姆·格雷泽（Malcolm Glazer）似乎和其他收购股票的富豪并无不同。留着红胡子的他来自纽约州北部，父亲是立陶宛犹太移民，在他 15 岁时过世。父亲去世后，他接手了家族的钟表修理生意。此后，他进军房地产，并在后来发展成为企业狙击手，在控股富美家、哈雷戴维森等公司后再快速将它们卖出，从而赚得了丰厚的利润。1995 年，马尔科姆以当时创纪录的 1.92 亿美元收购了 NFL 的坦帕湾海盗队，在体育界打响了名号。这个选择让人很困惑，因为这支橄榄球队自 20 世纪 80 年代以来就没有赢得过一个赛季的冠军。马尔科姆涉足体坛究竟有何意图？这个问题始终是个谜。

在第一次购入曼联股份之后的数月里，马尔科姆继续到处搜寻曼联的股份。他的意图似乎相当明显：他想接手该俱乐部，只是个中缘由尚不明了。

2004 年，马尔科姆和他的儿子们悄悄增持曼联的股份，并最终持有了该俱乐部 30% 的股份。按照法律规定，当投资人手中持有一个公司 30% 的股份时，必须向其他股东提出要约，收购整个企业的股份。大西洋彼岸的 NFL 曾经让曼联和整个英超联盟深受启发，所以由 NFL 的俱乐部老板来收购英格兰足球俱乐部似乎顺理成章。格雷泽父子继续出手，到 2005 年夏季，他们达成协议以超过 13 亿美元的价格收购曼联 98% 的股份。此时，他们终于吸引了所有人的目光。马尔科姆签署协议时甚至都没有亲自来英格兰，只是派儿子乔尔・格雷泽（Joel Glazer）和阿夫拉姆・格雷泽（Avram Glazer）前来处理。

在老特拉福德球场等待格雷泽家族的是数百名球迷，他们反复高喊："去死吧，格雷泽父子，去死吧！"

在格雷泽兄弟到达后，俱乐部封锁了东看台下通道的两端，通过带有有色防护玻璃的厢形车把新老板偷偷带到俱乐部里，还配备了警察护送。曼联时任首席执行官大卫・吉尔（David Gill）带领他们参观了整个俱乐部，大家都尽量不去理睬外面的喧嚣。在听说"杠杆收购"这个术语后，曼联的球迷暴怒了。杠杆收购是华尔街的一种金融工具，20 世纪 80 年代在华尔街相当流行。曼联的球迷可能并不懂得杠杆收购的技术性，但他们明白其内涵：曼联背上了八位数的债务，唯一目的就是让一些美国富豪赚钱。

准确来说，并非所有风险都转移到了俱乐部身上。虽然最主要的一笔 2.65 亿美元的贷款由以摩根大通为首的一批银行提供，最终将记到曼联账上，但另外一笔总计 7 500 万美元的金额来自美国对冲基金，采取的是实物支付债券的形式。这种金融产品意味着被套牢的将是格雷泽父子个人，而非曼联公司。

公然的敌意，曼联的品牌受到玷污

马尔科姆在 2014 年去世，当时的坦帕市市长迪克・格雷柯（Dick Greco）在接受《坦帕湾时报》（*Tampa Bay Times*）采访时表示："他是个不同寻常的人，和人们心目中的体育人士完全不一样。大家都认为体育人士应该声音洪亮、语言幽默，但格雷泽先生根本就不是那种人。他对橄榄球了解甚少，他只懂生意。而且对他而言，那就是生意。”英格兰足球对马尔科姆而言也是如此。格雷泽家的两个儿子在 20 世纪 70 年代长大，一直是北美足球联盟（NASL）中的球队罗切斯特枪骑兵队的球迷，只是罗切斯特枪骑兵队同曼联之间的差距就如同你所在的 5 人足球队与欧冠决赛球队之间的差距。此外，如果说完全是为了生意，他们有足够多的钱进入其他行业去安全地赚钱，而不必担心什么死亡威胁，也不用忍受愤怒的曼彻斯特人在他们的办公室外面谩骂不休。“我们反对格雷泽家族收购曼联不是因为恐惧外国人或肤浅的偏见，”球迷杂志《红魔志》（*Red Issue*）写道，“而是因为那些打心底里信奉足球俱乐部精神的人有种强烈的失落感。之所以失落，是因为俱乐部的未来发展受到了破坏。长久以来，曼联一直是曼彻斯特人的生活支柱。这种失落感来自一个富豪，他想空手套白狼，既从他人身上谋利，又迫使那些人为自己的收购出资。这种做法竟然没有遭到更多的反对，真是令人奇怪。”不过，部分球迷的谩骂听起来还真让人怀疑他们就是害怕外国人。

格雷泽父子在美国从未经历过这一切。NFL 的老板们基本都是富有的老年白人。此外 2003 年，坦帕湾海盗队战胜了奥克兰突袭者队，斩获第 37 届超级碗冠军。这个成绩为格雷泽父子赢得了坦帕湾海盗队球迷的赞誉，这也正是格雷泽父子需要的。在曼彻斯特，他们尝试去缓和当地人的情绪，可惜对方充耳不闻。“曼联有着悠久的历史，我们也尊重那段历史，”布莱恩·格雷泽（Bryan Glazer）2005 年 7 月在接受《奥兰多哨兵报》（*Orlando Sentinel*）采访时说，“我们并没有打算让足球美国化，也没有打算引进啦啦队。”

当然，英超联赛早就尝试过设立啦啦队，只是没有取得成功。不过，曼联的整个发展前景及其能否继续坐稳欧洲顶级俱乐部的位置似乎都只能取决于其高深莫测的新老板了。当时有传言称，格雷泽父子将把曼联每个赛季的转会开支限制在 2 000 万英镑以内，他们将会买下老特拉福德球场，然后再将球场返租给俱乐部，而且他们会把球队的队标改掉。球场四周冒出了各种标语，声称“爱曼联，恨格雷泽”。曼联球迷信托基金很快就订购了金绿两色的围巾，这些围巾象征着他们对格雷泽父子的抵制。那是曼联最初的颜色，当时俱乐部只是由牛顿希思地区（Newton Heath）的一群铁路工人组成。一群愤愤不平的曼联球迷集体放弃曼联，成立了一家半职业性组织，并命名为联合曼彻斯特足球俱乐部。

面对这些声音和举动，格雷泽父子不为所动，他们说："一切都将过去。"

那一年，拥有新美国老板和高杠杆的曼联甚至引起了《纽约客》（*The New Yorker*）杂志的注意。该杂志惊叹于这支英格兰足球的标杆性球队的改变，用10个版面介绍了在格雷泽家族统治下的曼联。20世纪80年代，一名失望的球迷写道：

> 老特拉福德球场里的观众是关键。以前，那里总有5 000多个举止粗鲁的人，他们都比我年长，一心想把客队球迷大卸八块，他们的喊叫声震耳欲聋。他们脏话连篇，行为恶劣，可能那就是逃避现实的最佳方法。看到他们翻过曼联路的围栏，冲向客队球迷时，我曾经目瞪口呆。一周后，我也变得和他们一样。然而，那个地方现在已经毫无意义。那里太过约束，观众坐着不动，都是些理智的中产阶级垃圾。

就连弗格森也被那股批判热潮殃及。一次在匈牙利的客场比赛结束后，一群球迷拦住他，质问有关格雷泽父子的问题。他告诉球迷，如果他们不喜欢现在的情况，可以"走人，去支持切尔西"。

只有格雷泽父子未曾理会那些反抗的声音和行为。他们很少出现在老特拉福德球场，也没有采取什么措施去消除俱乐部四周的骚乱。在少有的几次公开发言中，他们看上去似乎完全不受影响，坚持表示尽管马尔科姆此前曾在商界针对众多企业进行过类似收购，但他们收购俱乐部不是为了快速转手，他们投资英格兰足球是为了长远发展。只是这些话似乎并没能消除任何人的疑虑。

格雷泽父子的话也没能打消曼联大赞助商的疑虑。在格雷泽家族接手曼联6

个月后，电信巨头沃达丰（Vodafone）通知俱乐部，公司的名字和商标将不再需要出现在曼联球员的胸前。两年前，该公司曾经续签足坛最贵的球服赞助合同，以 3 600 万英镑的价格买下了 4 年的赞助权。现在时间才过了一半，沃达丰就取消了赞助，理由是俱乐部所有权发生变化，触发了合同中的中断条款。沃达丰向公众给出的合同终止理由是该公司将重点赞助欧冠联赛。只是此时取消赞助充分显示，沃达丰的真正目的是远离格雷泽父子和他们引起的巨大负面舆论。就连曼联球迷信托基金都力劝沃达丰中断与曼联的合作，它称俱乐部的品牌“已经受到玷污”。

吉尔在去日本出差的路上看到了关于沃达丰取消赞助的新闻。他害怕自己将不得不通知老板们“俱乐部最著名的合作伙伴之一跑掉了”，但在他最终打电话向乔尔汇报时，那位主席的反应让他惊诧不已。乔尔非常兴奋，他认为这是好事，电信公司根本不应该成为世界级俱乐部的球服赞助商。他表示，电信公司更适合赞助地区性俱乐部。吉尔此前从未听到有人用这种方式来表述全球化的战略，但很快，他就能天天看到俱乐部在全球化上采取的行动了。曼联开始快速采用 NFL 的赞助技巧，将赞助市场尽可能地进行细分。俱乐部在伦敦设立了一间新办公室，办公室位于两家对冲基金中间，街对面就是丽兹酒店。曼联从事商务工作的员工人数很快就超过了球场上上场的球员人数，他们在尽可能多的领域内签署了很多地区性赞助合同。相比于签署少量大额赞助合同，这些地区性合同的总金额具有明显的优势。在电信领域，中断与沃达丰的合作之后，曼联同沙特电信公司（Saudi Telecom Company）签订合同，后者成为曼联在沙特阿拉伯地区的官方综合电信合作伙伴。后来，除了像阿迪达斯那样的大型赞助商之外，俱乐部也会有大量曼联粉丝闻所未闻的赞助商，其中包括俱乐部在韩国和越南的官方制药合作伙伴赵阿制药（Cho-A Pharm），以及尼日利亚的官方软饮料合作伙伴 CHI 公司（Chi Limited）。在 10 年的时间里，曼联的赞助收益每年超过了 9 500 万英镑。

格雷泽父子始终笃信球迷最终会欣然接受他们的商业才干，但事实证明事与愿违。“我觉得如果我们能竭尽所能打造一支在球场上战无不胜的球队，球迷们将会理解和认同我们，”乔尔2005年在接受曼联内部电视频道采访时说，“当他们知道你在朝着那个目标努力时，他们将会变得宽容。”

事实或许是这样吧，但在21世纪头10年的中期，同格雷泽父子收购曼联一样，另一件事情也让球迷们大为光火。曼联在球场上不再那么无往不利，而这一切要“归功于”伦敦的一家俱乐部。在过去50年的时间里，曼联从未将那家俱乐部放在眼里。

穆里尼奥，英超2006年的大人物

如果说曼联的革命发生在老特拉福德球场的董事会和纽约证券交易所里，那么切尔西就是用斯坦福桥球场的球员席颠覆了整个英超联盟。到2006年，蓝军不再只是一家野心勃勃且资金充裕的俱乐部，在阿布拉莫维奇掌管俱乐部3年之后，蓝军接连摘得英超冠军奖杯。

切尔西的秘密就是若泽·穆里尼奥，是他将阿布拉莫维奇的现金变成了奖杯。力邀穆里尼奥加入切尔西的过程相当漫长，一切都是摆在明面上的，而且就在克劳迪奥·拉涅利的眼皮子底下进行，但这正是切尔西当时的运营方式。切尔西不在乎颜面，他们知道自己要什么，也舍得花钱，并且势在必得。穆里尼奥完全符合俱乐部新萌生的例外主义。他的父亲曾是位表现平平的守门员，后来当了小学教师。在第一次新闻发布会上，穆里尼奥曾向英国媒体自我介绍，在他后来的职业生涯中，那番话始终如影随形。他说：“我与别人不是从一个模子里刻出来的。我是最特别的一个。”这个最特别的人的口音听起来就像冷战电影中的间谍，而不是伊比利亚足球教练，这种口音强化了他英格兰足坛新一代全职主教练的地位。

穆里尼奥第一次品尝到成功的滋味是在 1992 年，当时英格兰代表队前主教练博比·罗布森（Bobby Robson）执教里斯本竞技足球俱乐部（简称里斯本竞技），聘请他担任翻译。两人搭档得特别愉快，所以次年，罗布森在转战葡萄牙波尔图的时候带走了这个“行走的英葡字典”。1996 年，两人再次跳槽到巴萨。这次，穆里尼奥开始承担部分助理教练的工作。这个黑发的年轻人与球员们相处融洽，开始培养自己的声誉。

也就在这个时候，穆里尼奥的个性开始逐渐显现出来。他在翻译罗布森的话语时明显太过随意，会加上自己的观点、想法和战术分析。这个问题突显出来后，穆里尼奥不得不放弃翻译工作。但他所说的那些话肯定给俱乐部的某个人留下了深刻的印象，因为在罗布森离开加泰罗尼亚时，巴萨留下了年轻的穆里尼奥，让他跟着新任主教练路易斯·范加尔（Louis van Gaal）工作。

学徒期结束后，穆里尼奥在 2000 年进入本菲卡当助理教练。在本菲卡，他总是争吵和咆哮，但取得了无懈可击的成绩，这种矛盾的状态让他快速取得了成功，也导致他的任期不长。这种情况成为穆里尼奥职业生涯的一大特征。在两年的时间里，他先是离开本菲卡，出任莱里亚联盟足球俱乐部主教练，然后又离开加入了波尔图，并在该俱乐部任教两年时间，直到切尔西向他发出召唤。40 岁时，穆里尼奥已经成为葡萄牙足球教练中的王者，这番成绩足以让他到英超联赛执教。然而，英格兰球迷根本不认识这位自命不凡的葡萄牙人，对他们来说，那些成绩毫无意义，就算他曾经赢得过欧冠冠军也没用。

“如果要找份轻松的工作，”穆里尼奥在来到伦敦西部之后说，“我当初就会留在波尔图，那里有漂亮的蓝座椅，有欧冠冠军奖杯。”

不久之后，切尔西的球迷同样将他捧上了天。41 岁的穆里尼奥发现自己在英超联盟必须同另两位“圣人”共享聚光灯，而那两人要比自己年长 15 岁还多。那两人分别是温格和弗格森，他们执教的球队自 1995 年以来包揽了所有联赛冠军奖杯。2003—2004 赛季，温格带领阿森纳成为英格兰足坛首支在整个赛季中以不败成绩夺取联赛冠军的球队，这是一记重拳。弗格森早已在谋划自己的“复仇”行动，在那年夏天签下了前途无量的 18 岁球员韦恩·鲁尼（Wayne Rooney）。穆里尼奥不仅想让自己的名字与他们两位摆在一起，同他们并驾齐驱，而且希望能终结这一切，直接将他们一拳击倒，让他们提前退出足坛。

穆里尼奥采取了双管齐下的方法。他在球场上追击弗格森和温格，2004—2005 赛季第一场比赛以 1 ∶ 0 战胜曼联。他在球场之外也常常追击他们。这个说话尖刻的“无名小卒”主动发动战争，他指责弗格森胁迫裁判，给温格贴上“偷窥狂”的标签，因为“他不停地提到切尔西”。在对方球迷看来，穆里尼奥的新闻发布会就像一场闹剧。对媒体来说，这些新闻发布会简直是天赐之物。不管你怎么看，穆里尼奥的这种心理战很快就取得了效果。在自封为“最特别的一个”10 个月之后，他就以当时创纪录的 95 分夺得英超冠军，整个赛季只输了一场比赛。阿森纳屈居第二，少 12 分，而曼联和弗格森则在第三的位置上煎熬。

下一个赛季里，也就是在 2005—2006 赛季，穆里尼奥故技重施。在切尔西前往曼联主场与之对阵之前，英国天空广播公司体育频道宣称，弗格森打造的房子“开始出现裂痕”，“一个新的王朝扬言要替代他们”。在这个赛季，切尔西再度举起神圣的英超冠军奖杯，而穆里尼奥取下自己的冠军奖牌，随意地抛向斯坦福桥球场的观众，以表示对竞争对手的不屑。他不需要奖牌来向世界宣告谁才是英超联赛 2006 年的大人物。“有一天我们会输，”他说，“但现在，我们就是这个国家最出色的球队。”

英超联盟海外投资时代正在到来

成为英格兰最出色的球队，阿森纳正是怀着这个梦想开始修建自己的新球场的。可是在 2006 年，也就是在酋长球场即将投入使用的前几个月里，这个俱乐部发现自己的处境相当危险。

长远来看，他们的新主场将助力阿森纳持续收获成功。这栋自筹资金修建的宏伟建筑将会大幅提升阿森纳在比赛日的收入，让阿森纳成为英超联盟中恒久的金融精英。但在那之前，要想偿还修建球场所贷的款，俱乐部必须精打细算。阿森纳主动采取财务紧缩措施，新球员的转会预算被砍，内部工资限额保持不变，并且私下禁止同 30 岁以上的老球员签订长期合同。即使这样，资金依然相当紧张。那年夏季，阿森纳没有钱来完成新球场四周原来规划的景观项目了，俱乐部宏伟的新主场的四周将因此变成一个庞大的灰色混凝土广场。

温格在英格兰足坛早就因财务方面的保守而闻名。对他来说，修建阿森纳新主场所带来的预算限制是值得骄傲的事情。他认为，酋长球场体现了为俱乐部未来发展而进行的高质量财务规划的黄金标准。但阿森纳没有意识到，在他们推进近百年来任何俱乐部都未曾尝试过的最大规模基础设施升级项目时，健全的财务规划很快就会成为英格兰足坛逝去岁月的遗物，如同平头钉鞋、宽松短裤，以及英格兰赢得世界杯的历史。**英超联盟的海外投资时代正在到来。**

阿布拉莫维奇进军英格兰足坛的举动曾经让大家满腹狐疑，格雷泽家族的投资得到的是公然的敌意。但如果据此认为英超联盟的未来发展将具有一定的地域性，其他外国投资人会因此远离，那就太天真了。

2006 年 5 月，英超联盟将最近 3 年的英国电视转播权打包出售，价格首次突破 30 亿美元。英国天空广播公司与爱尔兰的付费电视台塞坦塔（Setanta）共享转播权。海外的电视转播权销售让英超联盟的电视转播总收入超过了 45 亿美元，这足以激起全球金融家、国际投资人以及野心勃勃的企业家的兴趣，让他们渴望利用英超联赛日渐增长的全球影响力。

2006 年下半年，美国房地产和金融服务业亿万富翁兰迪 · 勒纳（Randy

Lerner）在四处寻找投资机会。勒纳也是 NFL 的克利夫兰布朗队的老板。这时，他的目光放在了英超联盟身上。在伦敦的一次会议上，勒纳得到可靠消息，除了四五家俱乐部之外，只要银行里有数百万资金，再加上不错的信用额度，任何人都可以购买英超俱乐部。勒纳没花多长时间就选好了自己的目标：阿斯顿维拉。这是伯明翰最大的足球俱乐部，拥有众多著名球迷，其中包括威廉王子、后来的英国首相戴维·卡梅伦（David Cameron），以及黑色安息日乐队的贝斯手吉泽·巴特勒（Geezer Butler）。阿斯顿维拉之所以能吸引勒纳，部分原因在于该俱乐部有着辉煌的历史。该俱乐部是 1888 年英格兰足球联盟的创始成员，曾经 7 次夺得联赛冠军，7 次取得足总杯冠军，并且在 1982 年捧起欧洲俱乐部冠军杯。但勒纳也承认，他也是被该俱乐部的地理位置所吸引。作为美国中西部橄榄球队的老板，在英国西米德兰兹郡拥有一家足球俱乐部对他来说很有诗意。2006 年 8 月 25 日，他确定支付 6 300 万英镑控股这家有着 132 年历史的俱乐部。

英格兰足坛中，由外国人控股的历史悠久的俱乐部并非只有阿斯顿维拉一家。2007 年，另一家更具代表性的俱乐部也被收购。美国得克萨斯州私募股权投资人汤姆·希克斯（Tom Hicks）和科罗拉多州商人小乔治·吉勒特（Gcorgc Gillett Jr.）联手出资 2.19 亿英镑收购了利物浦。希克斯和吉勒特一心避免曼联被收购后球迷的强烈反应，为此他们在成为新老板后马上承诺“不会同格雷泽家族一样”让俱乐部背上巨额债务。在 12 个月内，他们的确说到做到，这也为他们的 4 年任期定下了基调。这是闹得沸沸扬扬的 4 年，球队的成绩惨不忍睹，两位老板还在董事会会议室里大吵。俱乐部还出现了一系列令人瞠目结舌的公关错误，尤其是俱乐部时任董事、希克斯的儿子小汤姆·希克斯在午夜给一位愤愤不平的利物浦球迷发送电子邮件称：去你的，蠢货。

投资人纷至沓来。2007 年年底，美国房地产巨头斯坦·克伦克收购了阿森纳 9.9% 的股份。2008 年，私募股权亿万富翁埃利斯·肖特（Ellis Short）控股了表现欠佳的桑德兰。肖特曾经从事不良资产投资。总的来看，在格雷泽父子利用杠杆收购并控制曼联之后的 10 年里，英格兰足坛两个赛事级别最高的 44 家俱乐部中，有 27 家老板最终变成了外籍，这其中又有 15 位是亿万富翁。**英国那些以工人为主的城镇和老工业中心里的古老足球俱乐部突然就成为全世界富豪们理想的投资目标。**

就连时运不济的西汉姆联也“中了大奖”。尽管有一群英国本土的超级球星，但西汉姆联打造英超王朝的计划失败了，球队最终降级，减价出售，并且在英冠联赛里苦苦挣扎了两年。不过，西汉姆联最终还是回到了顶级俱乐部之列，因为他们吸引了世界富豪榜上排名第 799 位的冰岛亿万富翁比约格佛·古德蒙德松（Björgólfur Guðmundsson）的目光。

冰岛是个小国家，古德蒙德松是该国最大的银行冰岛国民银行的董事会主席，这个位置让他得以通过廉价的外债、活跃的全球房地产市场，以及冰岛银行业的不可预测性来积累大量财富。2006 年 11 月，国际对冲基金开始买进信用违约互换，做空冰岛的银行。也就在这个时候，古德蒙德松拿出 8 500 万英镑控股西汉姆联。该俱乐部的球迷本该预见到泡沫即将破裂，但他们觉得古德蒙德松是位英雄，可以帮助西汉姆联发挥无穷的潜力。两年后，古德蒙德松宣布破产，他的身家也彻底归零。

哈洛德百货公司的老板穆罕默德·法耶兹（Mohamed Al-Fayed）在 1997 年砸下 625 万英镑收购了富勒姆足球俱乐部（简称富勒姆），当时他认为该队拥有无穷的潜力。富勒姆位于伦敦西部的一个富裕社区，拥有悠久的历史。它坐落在泰晤士河河畔，其主场是拥有 2.5 万个座位的克拉文农场球场，那是一座破烂不堪的老建筑物，名字源自球场上一幢皇家狩猎小屋。富勒姆对法耶兹来说具有很多优势：俱乐部的工资保持在中等水平，球迷中中产阶级占大多数，而且它是英格兰足坛里最友善的俱乐部。1997 年，俱乐部缺少的就是英超联赛的参赛资格，甚至是英冠联赛的参赛资格。事实上，在法耶兹收购富勒姆时，俱乐部刚刚从第四级别升至第三级别，而且主场观众数平均只有 6 000 人。出生于埃及的法耶兹

40 年来一直想通过花钱进入英国上流社会，哈洛德百货公司被称为女王的杂货铺，经营该百货公司肯定对他实现愿望有所帮助，但他两次申请英国国籍都以失败告终。如果经营足球俱乐部能有所帮助，那就着手干吧。

法耶兹不是一个含蓄的公众人物，他总是对一些百万富翁恶言相向。20 世纪 70 年代，他收购了巴黎的丽兹酒店。他在哈洛德百货公司强制推行着装要求，不允许身着短裤和脚穿人字拖的游客入内。在足坛，他承诺在 5 年的时间里带领富勒姆踢进英超联赛。令人难以置信的是，俱乐部在 2001 年就提前一年实现了目标，这让法耶兹成为英超联盟中第一个外国老板。俱乐部的其他人都认为他古怪反常，不仅是因为他生于埃及，而且是因为他口无遮拦。他喜欢同自己的球员和董事包厢里对手球队的高管开玩笑，尤其是“黄色玩笑”。

那种玩笑是法耶兹在心情好的时候开的，如果心情不好，他会让人更加不舒服。2010—2011 赛季，富勒姆在一连串比赛中表现不佳。他在球队训练时直接冲了进去，下令球队到会议室集合。在对球员们的表现斥责一番之后，他一把将主教练、精明务实的曼联前球员马克·休斯（Mark Hughes）拉到会议室的正中间，并用手指着他。

“我应不应该开掉他，”他咆哮道，“应不应该？”

房间里的人都保持沉默，他们低下头盯着地面。

“那么你呢？”法耶兹又指着富勒姆的队长丹尼·墨菲（Danny Murphy）叫道，“你是队长，或许我应该开掉的是你。”

法耶兹觉得，对待自己的球员就应该同对待自己在哈洛德百货公司的店员一样。休斯和墨菲最终熬过了那场自己一生中最尴尬的球队会议，只是休斯在那年夏季辞去了主教练一职。如果说他们想要证实自己的老板是个冲动的人，想法非常戏剧化，而且来得快去得也快，那次会议就是很好的证明。

法耶兹的古怪还体现在 2011 年春季送给球迷们的礼物上。俱乐部主席送给球队支持者的礼物通常是纪念围巾、打折门票或者前往客场的免费大巴，法耶兹却别出心裁。他在克拉文农场球场最喜欢的客人之一就是流行歌手迈克尔·杰克逊，他曾兴奋地招待这位客人观看了一场富勒姆与维冈竞技足球俱乐部（简称维冈竞技）之间的比赛。

2009 年，杰克逊逝世，法耶兹心碎不已。他深信富勒姆的球迷也同样悲痛万分。不管怎么样，这位流行天王曾经来过克拉文农场球场，球迷怎么会不为他的过世而动容呢？所以在 2011 年 4 月，法耶兹为一尊彩色的杰克逊雕像揭幕。雕像高 2.29 米，采用的是树脂和石膏材料，安放在一个 1.83 米高的底座上。雕像甚至戴着这位歌星标志性的亮片手套。富勒姆和迈克尔·杰克逊？大家通常不明白这两者之间的关联，球队支持者根本就不知道这是怎么回事。

“如果愚蠢的球迷不懂得欣赏天王给这个世界带来的这份重礼，那么他们应该下地狱，”法耶兹说，“我不需要这样的球迷。”

球迷更喜欢法耶兹把球队送入英超联赛这种礼物，但只要他继续给俱乐部投钱，他们就准备好了忍受几乎所有事情。

第 13 章

泰国前总理收购曼城，英超历史上最划算的交易

THE CLUB

英超语录

曼城拥有出色的球迷队伍，也有完善的基础设施，所以发展球队的工作不会太难。

他信

泰国前总理

英超启示录

如果俱乐部为了球场建设而背上债务，用于球队建设的资金就会吃紧。解决方法就是加强商业化，除了足球门柱外，一切都可以出售。

球场改造升级，加强商业化解决资金问题

当来自世界各地的新老板们争相在俱乐部董事会走马上任时，一切都变得明了。尽管这些新老板背景迥异，但他们的目标是一致的。

在收购利物浦后不久，汤姆·希克斯和小乔治·吉勒特宣布他们计划将球队主场从安菲尔德球场迁往一座有 6 万个座位的新球场，新球场将在“未来 60 天内”动工。在收购西汉姆联一周之后，比约格佛·古德蒙德松宣称他打算将球队主场迁往为 2012 年伦敦奥运会修建的一座新球场。在富勒姆，穆罕默德·法耶兹花了 500 万英镑请建筑设计师、律师和规划顾问来对克拉文农场球场进行规模宏大的改造工作，改造后球场的容量将增至 3 万人，富勒姆将成为“英格兰南部的曼联”。

这些计划没有一个真正取得成功，富勒姆甚至都没资格说自己是它所在市的曼联。事实证明，酋长球场投入使用后带来了英超联盟内的一波球场嫉妒潮。英格兰各地的球队老板对自己的球场进行调查，认为必须进行升级，其中很多球场自伊丽莎白女王登基以来就再未进行过任何改造和升级。曼联在 2007 年将老特拉福德球场的容量增加到近 7.5 万人，并且计划在未来进一步增加 1.2 万个座位。利物浦、莱斯特城足球俱乐部（简称莱斯特城）、斯托克城和沃特福德都纷纷效仿，实施了各种规模的改造项目，增大现有球场的容量。2017 年，切尔西也宣布计划投资 10 亿英镑对斯坦福桥球场进行改造，将容量增大到 6 万人，只是该计划后来取消了。

除此之外，其他俱乐部都选择搬家。2017 年，热刺决定离开待了 117 年的白鹿巷球场，修建一座新球场。他们希望此举不仅能大幅提高比赛日的收入，而且每个赛季都能举办流行音乐会和两场 NFL 比赛。热刺还决定将新球场的容量定为 6.1 万个座位，比伦敦北部的对手阿森纳的球场多整整 1 000 个座位。从这一点也可以看出，要想在英格兰足坛胜人一筹，已经不能局限于绿茵场上的厮杀了。

俱乐部为了球场建设而背负了更多债务，由此用于球队建设的资金就开始吃紧。他们的解决方法就是加强商业化，除了足球门柱，一切都可以出售。长久以来，球队的球衣上一直印着一流赞助商的名字，但很快，球衣上开始出现一些不那么体面的机构的商标，比如无名的能量饮料制造商和发薪日贷款公司。球场冠名权的降价出售让古老神圣的球场改了名字，名字也不再响亮。斯托克城有了 bet365 球场，纽卡斯尔联的球场则更名为 SportsDirect.com@ 圣詹姆斯公园球场。没有哪家俱乐部的市场化举措可以在复杂程度上同曼联相媲美，但这不是因为其他俱乐部没有去尝试。

不过，有一支球队没有花精力或资金去改造主场或将主场迁到新球场。1995 年秋季，在里克 · 帕里首次带头力争在英格兰西北部举办奥运会的十几年后，曼彻斯特举办重大国际体育赛事的梦想终于得以实现。那年 11 月，作为唯一的正式申办城市，曼彻斯特成为 2002 年英联邦运动会（Commonwealth Games）的举办城市。

诚然，说它是“重大国际体育赛事”未免有点儿夸大其词，毕竟英联邦运动会的项目还包括草地保龄球。但曼彻斯特这座城市在后工业时代经历了漫长且痛苦的衰退，现在迫切需要投资。所以对他们而言，英联邦运动会将改变这一切。要举办这场赛事，首先就要对曼彻斯特东部最贫穷的部分社区进行改造，那里恰巧就有一支有着 115 年历史的球队，而这支球队本身也需要一定的振兴。

投资曼城，获赠一座免费的球场

曼城成立于 1880 年，比牛顿希思地区铁路工人组建曼联前身要晚两年。100 余年来，曼城一直生活在曼联这个本地竞争对手的阴影之下。曼联不断斩获奖杯，崇拜者遍布全球，而曼城一直在英格兰足球最高级别的两个赛事里升升降降，赢得了“可爱的失败者”的名声。任何人只要想到曼城，就会浮现出那个印象。一路走来，曼城也拿到过一些联赛冠军和足总杯冠军，但多数情况下，让曼城出名的还是他们的笨手笨脚、屡吃败仗，以及令人惊奇的衰落。例如 1937 年，他们赢得了自己的首个联赛冠军，但在下一个赛季马上就被迫降级，那也是英格兰足球历史上唯一一次出现冠军竟然在下一赛季降级的情况。或者说，他们是唯一一支在同一个赛季里能进 100 个球也能丢 100 个球的球队。

20 世纪 80 年代，输球不再让人觉得可爱。10 年的时间里，曼城两次跌出顶级俱乐部之列，也先后炒掉了 7 任主教练。曼城不断搬起石头重重地砸自己的脚，“很曼城”（Typical City）这个词本意是因为疲乏而选择听天由命，现在也成为曼城非正式的座右铭。

如果说 20 世纪 80 年代让曼城变成了一个笑话，那么 20 世纪 90 年代则将它变成了一个沙袋。曼联发展成了英超霸主，曼城在 1995—1996 赛季里却从英超联赛中降级，并在下一个赛季里接连换了 5 位教练。从那时起，曼城就一直深陷困境。1998 年，在获得欧洲冠军的球队中，曼城成为首个降至第三级别的球队。①

曼城接着发生了一件非同寻常的事情，这也是一连串幸事中的第一件。这一连串事情改变了英格兰足球，让曼城成为国际强队。

① 具体来说，曼城获得的是欧洲优胜者杯冠军。——编者注

曼彻斯特英联邦运动会的组委会想起了他们此前为两次申奥起草的方案，可惜那两次申奥都失败了。该方案建议在名为东地（Eastlands）的地方修建一座有 3.8 万个座位的球场，那里曾经是煤矿。组委会需要找一个租客，能够在英联邦运动会结束后继续使用那座新球场。曼城举了手，而且这一次，曼联不会再挡他们的路，因为曼联此前已经决定扩建老特拉福德球场。所以 2003 年夏天，曼城离开了他们的缅因路球场。那座有着 80 年历史的老球场位于莫斯塞德（Moss Side），屋顶带有排水沟，两个角落处还有一些缺口，而 3.2 千米之外的曼彻斯特市体育馆却是一座漂亮、现代化的建筑。曼城前射手尼尔·奎因（Niall Quinn）形容说，缅因路球场相比之下“摇摇欲坠”。

准确地说，新球场并不真正属于曼城。那座球场是由地方纳税人和英国国家彩票共同出资的，所有权属于曼彻斯特市议会。市议会同意将该球场租赁给曼城，但租赁条件格外优惠，基本相当于赠送。交给市议会的租金主要用门票收入来支付。如果上座情况没有达到缅因路球场此前 3.2 万人的容量，曼城就不需要支付租金。如果上座情况超过了 3.2 万人，曼城只需要将超出部分的门票收入上缴一半。俱乐部唯一的大额支出就是一次性支付 2 000 万英镑来改造球场，主要用来拆除田径跑道，增加商务包厢、小吃摊和俱乐部纪念品店，让球场适用于足球运动。曼城由此得到了这座价值 1.1 亿英镑的球场的 250 年租约。

对曼城的潜在投资人而言，那可能是他们投资英超联盟的最佳赠品——现在就投资我们吧，我们将额外赠送一座免费的球场。

对任何在海外有一定资产，又喜欢民众吹捧的亿万富翁来说，这更是一个好机会。泰国电信巨头他信·西那瓦（Thaksin Shinawatra）曾经担任泰国总理，他第一个出手。他此前曾想收购利物浦和富勒姆，但未能成功，而现在只要出 8 200 万英镑的超低价，他就可以拥有自己的俱乐部。几年前，罗曼·阿布拉莫维奇购买了近乎破产的切尔西，当时的价格是这个数字的两倍。“曼城拥有出色的球迷队伍，也有完善的基础设施，”他信后来解释说，“所以发展球队的工作不会太难。”从他的话语中可以看出，那座球场的确对他购买该俱乐部的决定有着重要的影响。

尽管从严格意义上来说那座球场并不属于他信，但曼彻斯特市议会允许他根据自身的需求对球场进行改造。当地人对过去的老板已经失望，对他信似乎还比较欣赏。球迷们觉得新老板的名字不太好念，于是给他起了个绰号“弗兰克”。对曼彻斯特人来说，“西那瓦”这个名字听起来和美国歌手弗兰克·西纳特拉（Frank Sinatra）的姓差不多。

这位泰国前总理喜欢当众唱歌。就在收购该俱乐部后不久，他在曼彻斯特的艾伯特广场为 8 000 名球队支持者举办了一场派对。在派对上，他安排了泰式面条自助餐，并且邀请了一位泰国流行歌手进行表演。歌手表演结束后，他信亲自登场吟唱曼城的队歌《蓝月亮》（*Blue Moon*）。

这位 59 岁的老板魅力四射，怎么会让人不喜欢呢？

在 2006 年他信参加联合国大会期间，他在泰国的敌人发起了军事政变，罢黜了他。2007 年 5 月，他成功当选泰国职业高尔夫球协会的会长。一个月后，他着手收购曼城。他信成功通过了英超联盟针对俱乐部老板的合适人选测试。

英超联盟称，合适人选测试旨在调查经济上的违法行为，并不涉及其他。换言之，除非有人将他信关起来，否则他就可以自由地进行英超历史上最划算的交易。他信在曼城老板的位置上并没有待很长的时间。如果说这段故事让英超联盟得到了什么教训的话，那就是提供近乎免费的球场就像球门无人防守，基本上不会有人错失目标。

第 14 章

高薪加持横扫欧冠，英超变成了真正的超级联赛

THE CLUB

英超语录

我们应该保持沉默，任由那些富有的球队变得更加富有吗？这个赛季，有 4 支英格兰球队进入了八强，3 支杀入了半决赛，决赛也是在两支英格兰球队之间进行。欧冠联赛一直以来在商业运作方面非常成功，但同时也加大了国家之间的不均衡。

塞普·布拉特
国际足联前主席

英超启示录

在为了赚钱而冒险成立英超联盟十几年之后，其中的俱乐部已经有经济实力引进全球最昂贵的球员，从而将这些球员的技术与英格兰足球固有的速度和力量结合在了一起。

欧冠决赛中最刺激的一场

大雨不断地往弗格森的鞋子里面灌，他的衣服已经湿透。在卢日尼基球场的边线上，66 岁的弗格森感觉莫斯科的空气寒冷彻骨。在整个职业生涯里，他曾经数百次在更糟糕的状况下踢球或带队。不管怎样，他毕竟来自苏格兰。但现在是 5 月，而且已经过了午夜，这炼狱般的比赛还没有结束。这是 2008 年欧冠决赛，切尔西对阵他的曼联。

90 分钟的正赛结束，比分仍然锁定在 1 ∶ 1，于是又继续 30 分钟的加时赛。比赛紧张刺激，但双方仍然没能决出高下。曼联有一个球落在了门线上，切尔西射门时打中了横梁。整个过程中，肤色发红的弗格森一直在嚼口香糖，嘴巴就像有蒸汽机一样毫不停歇。

弗格森始终认为曼联在欧洲足坛应该取得更好的成绩。从英超联盟成立以来，曼联在英格兰始终保持着霸主地位，当时已经取得 10 次英超冠军和 4 次足总杯冠军，但俱乐部在他的任期内只赢得过一次欧冠冠军。在年复一年的海外征战中，曼联勇往直前的进攻风格并没能带来出色的成绩。同很多英国游客一样，他们只说英语，却不明白自己在海外为什么得不到应有的服务。

不过在 2008 年之前的那几个赛季，事情终于开始发生变化。改变的不只是曼联，还有切尔西、利物浦和阿森纳。突然之间，每次似乎都会有一两支英超球队杀入欧冠半决赛。这个欧洲足坛最负盛名的赛事似乎终将变成英格兰球队的天下。

“人人都觉得这将是最精彩的一幕，是欧冠决赛中最刺激的一场，”弗格森后来写道，“能成为这场表演的一分子，以这么良好的形象去展现英超联盟，的确让人感到开心。”

在 2008 年欧冠决赛的加时赛后，弗格森和助理教练卡洛斯·奎罗斯（Carlos Queiroz）在精疲力竭的球员身边来回踱步，当时弗格森脑子里想的可不是后来他写的那些。他可以看到 9 米开外，切尔西的球员们躺在地上，一动不动。两周前，曼联正是和切尔西争夺英超冠军奖杯。弗格森浑身湿漉漉的，嘴巴还在咀嚼不停，他检查了一遍自己的队伍，盯着每名球员的眼睛。他要从中挑选出 5 个人，而且要确保这 5 个人头脑仍然清醒，能够在今晚继续做出自己的贡献。这场欧冠决赛将通过最后的点球来一决雌雄。

弗格森明白自己可以相信手下这些球员。他们绷紧了神经，在半决赛中以一球淘汰了巴萨。但 30 年的经验也告诉他，在点球决胜负的时候，大赛压力可能会影响运动员的发挥。弗格森在这方面有过惨痛的教训，他领导的球队此前从未在重大比赛的点球大战中赢过。在担任阿伯丁主教练时，他输过 3 次点球大战，在曼联担任主教练期间也输过 3 次。如果弗格森要选个时间打破这个魔咒，那就是现在。他的手表嘀嗒作响，此时已经是凌晨 1 点了。

弗格森很快确定了参与点球大战的 5 名球员，排在中间的是欧冠联赛本赛季的最佳射手 C 罗，他在这一奖项的争夺中战胜了来自阿根廷的小个子里奥·梅西（Lionel Messi），而且踢进了曼联当晚唯一一个进球。

打头阵的是卡洛斯·特维斯（Carlos Tevez），弗格森前一年夏季从西汉姆联将这个阿根廷人挖了过来。特维斯大摇大摆地走向罚球点，球门后面坐的都是曼联的支持者。弗格森回到教练席坐了下来，奎罗斯依然站着。“我没有弗格森那么强大的内心。”他说。他们现在什么也做不了，结局不在他们的掌控之中。

然而，不管最终赢得比赛的是曼联还是切尔西，距离英格兰 2 414 千米之遥的卢日尼基球场当晚正在上演的故事还有另一层含意。重点已经划了出来：欧洲最佳球队与英格兰最佳球队之间的界限已经完全模糊。

英超给欧洲足坛掌权者拉响了警报

2008 年，英超联赛是全世界最精彩和最出色的足球赛事，这点已经毋庸置疑。这是英格兰足球的巅峰。

欧冠决赛在两支英格兰球队之间进行，大家竟然觉得这是意料之中的事情，这一点最令人吃惊。1999 年的巴塞罗那，弗格森带领球队杀入欧冠决赛，从那时开始到 9 年后的这个莫斯科雨夜，足坛恍如隔世。英超联盟已经成为一股势不可当的强大力量。

英超联赛每个赛季都会产生一支划时代的球队。阿森纳在 2003—2004 赛季曾经战无不胜，以一场不败的成绩赢得英超冠军。若泽·穆里尼奥在 2004—2005 赛季领导的切尔西以 93 分刷新联赛积分纪录，凭借只丢 15 个球的出色战绩获得英超冠军。此后就是弗格森领导的曼联，从 2006 年起连续赢得 3 次联赛冠军。为曼联做出巨大贡献的就是来自葡萄牙的 C 罗，一个自我感觉甚好的边锋。

英格兰足球俱乐部在 20 世纪 90 年代里的种种梦想终于变为现实。**巨额的商业收入和球场收入意味着英格兰的顶级俱乐部能向球员提供高额薪酬，几乎高于欧洲其他所有俱乐部。**球迷对球员阵容中的外籍球员也已经习以为常。“谁会相信巴西人能到英格兰来踢球？”超级经纪人皮尼·扎哈维说，“谁会相信其他南美人可以来英格兰踢球？但这一切就是发生了，变成了现实。球员们以前的梦想是到巴西或意大利去踢球，而不是去英格兰，可是梦想已经发生变化。”扎哈维正是外国人才的主要引荐者。

在欧洲和世界其他地方的人看来，英超联赛正是在这个时候变成了真正的超级联赛。

曼联在征战 1998—1999 赛季的欧冠联赛时表现得相当出色，但并不是因为技术和战术有多么优越，更多的是因为英格兰足球的热血、汗水、眼泪和艰苦训练。当时，曼联在对阵尤文图斯和拜仁慕尼黑时并不被人看好。此外，曼联在英格兰足球俱乐部中一枝独秀，其他英超球队尚不能同弗格森领导的球队一样，可以在春末时节同欧洲大陆的精英球队同场竞技。

欧足联的联赛排名也充分反映了这种情况。这个排名的结果是基于各国球队在欧洲赛场上的表现得出的，而英超联赛在 2003 年之前从未挤进前三，一直远远落后于西甲联赛和意甲联赛。

英格兰足球俱乐部知道，自己必须做些什么。

胜利最初来得比较缓慢，英格兰足球俱乐部处处受挫，此后情况开始稳步改善，而那些进步让人无法忽视。2003—2004 赛季，阿森纳长驱直入，在米兰圣西罗球场以 5 ： 1 碾压国际米兰，让欧洲为之震惊。2004—2005 赛季里，穆里尼奥带领焕然一新的切尔西淘汰了巴萨和拜仁慕尼黑。2005—2006 赛季，阿森纳先是淘汰了尤文图斯，然后在皇马的主场力克皇马，一路走到决赛。次年，曼联在老特拉福德球场以 7 ： 1 碾压罗马足球俱乐部（简称罗马）。

然而，真正亮眼的是利物浦。2005 年，在伊斯坦布尔那个疯狂的夜晚，一切从一开始就不对劲。一身红衣的利物浦在欧冠决赛中对阵 AC 米兰，比赛刚开始，意大利人就出其不意地凌空抽射，攻进一球。此后，AC 米兰在 6 分钟内再进两球。上半场结束之前，意大利人已经以 3 ： 0 领先，利物浦的球员明显感到压抑和恐慌。他们望向自己的西班牙主教练拉法·贝尼特斯，希望从他那儿得到帮助。贝尼特斯在教练席抓着自己的幸运万宝龙笔，开始在纸上草草地写着什么。

防线必须进行调整。贝尼特斯把四后卫改成三后卫，增加了中场的人数。他还换下了首发阵容中的一名球员。外面的喧嚣声此起彼伏，更衣室里大家也是不知所措，贝尼特斯一度疏忽，差点在下半场派 12 名球员上场，好在错误被及时发现。在列队上场的时候，球员们从教练处得到的指令是，当晚要对来现场支持球队的球迷有所表示，至少要踢进一个球。

利物浦表现得更好，他们踢进了 3 个球。在 6 分钟的时间里，史蒂文·杰拉德（Steven Gerrard）、下半场替补出场的弗拉基米尔·斯米切尔（Vladimír Šmicer）和哈维·阿隆索（Xabi Alonso）接连灌了 AC 米兰 3 个球，比分变成 3 ： 3 平。双方踢平之后，比赛继续进行，先是 30 分钟的正赛，再是 30 分钟的加时赛，可惜双方未能决出胜负。是时候让利物浦的波兰守门员来接手比赛了。耶日·杜德克（Jerzy Dudek）没有搭理教练席上关于该往哪个方向扑球的暗示，在球门线上上演了一段布鲁斯·格罗贝拉尔（Bruce Grobbelaar）式的摇摆舞蹈，在点球大战中扑出了 AC 米兰 3 个球。欧洲足坛成绩最好的英格兰球队再次将欧冠联赛的冠军奖杯带回了家。

杜德克说："我不知道我们是怎么做到的。"

尽管利物浦在点球大战中赢得冠军存在一定的运气成分，但英超联盟在欧洲足坛的成功不再只是侥幸。从 2005 年到 2009 年，在 20 场欧冠半决赛中，有 12 场是英超球队之间的对决，而且每场决赛中都有英超球队。就算这些英超球队不是年年赢得欧冠冠军，但不论哪支球队都知道，他们在通往冠军的道路上总会在某处遭遇英格兰球队，要同他们进行一场苦战。

"如果你想赢得欧冠冠军，就必须是欧洲最出色的球队，"巴萨时任主教练佩普·瓜迪奥拉在 2009 年说，“所以我们将接受挑战，与某支英格兰球队对战，品尝成功的滋味，这挺好的。”

在淘汰赛横扫对手的同时，英格兰球队也将数千万欧元的欧冠奖金收入囊中。他们的成功给欧洲足坛的掌权者拉响了警报，其中就包括全球足球运动管理机构在苏黎世的总部——国际足球联合会（简称国际足联）。时任主席塞普·布拉特（Sepp Blatter）最担心的就是那些强队将会赚得盆满钵满。

“我们应该保持沉默，任由那些富有的球队变得更加富有吗？”布拉特在 2008 年时问道，“这个赛季，有 4 支英格兰球队进入了八强，3 支杀入了半决赛，决赛也是在两支英格兰球队之间进行。欧冠联赛一直以来在商业运作方面非常成功，但同时也加大了国家之间的不均衡。”多年后，布拉特被指控在领导国际足联的几十年里中饱私囊。

为了改变这种状况，布拉特建议国际足联限定每支球队上场球员中外籍球员的数量。他的想法是将最高数量限定为 5 名，迫使比赛双方至少要派出 6 名本土球员，从而让各国的俱乐部在表面看来依然具有一定的民族性。但这份提议从未被采用，部分原因是该提议太过荒唐可笑，还有部分原因是它违背了《欧盟劳工法》。尽管该提议不合理，但它显示出，大家都明白英格兰球队的强大实力来自哪里。在为了赚钱而冒险成立英超联盟十几年之后，其中的俱乐部已经有经济实力引进全球最昂贵的球员，从而将这些球员的技术与英格兰足球固有的速度和力量结合在了一起。到 2005 年，金球奖（Ballon d’Or）票选排名前四的球员中有 3 名在英格兰踢球，分别是切尔西的弗兰克·兰帕德、利物浦的杰拉德和阿森纳的蒂埃里·亨利。相较于欧洲的对手们，英超球队此时规模更大、速度更快，而且通常技术能力也更强。随着英超联赛内战水平的提高，这些打进欧洲赛事的英格兰球队的外战水平也越来越高。

英超联赛已经拥有巨大的影响力，欧冠入场券的争夺成为每个赛季的焦点之一。2002 年，英超联赛前 4 名可以自动获得欧冠联赛的参赛资格。对那些野心勃勃的俱乐部而言，夺得前四成了最低要求。在伦敦北部，欧冠入场券几乎被当作与赢得联赛冠军一样的大事。阿森纳球迷们此前对欧冠入场券并不是特别在乎，直到其主教练阿尔塞纳·温格用它来替代联赛冠军。

“对我而言，每个赛季有 5 座重要的奖杯，分别是英超冠军、欧冠冠军、欧冠入场券、足总杯，以及联赛杯。”温格多年后对阿森纳的股东们说。

英超联赛前 4 名的争夺也给每个赛季的最后几周增添了几分热闹，甚至在冠军花落谁家早已经明了之后也是如此。媒体在报道时会用各种各样的排名来渲染紧张情绪，也总是不忘提醒球迷欧冠入场券意味着什么，它们会牵强附会地扯一下欧洲的荣耀，但更重要的是俱乐部一定能得到八位数的收入。那个金额足够当场就引进一名新射手。

在那段时期，常常在入场券边缘徘徊的球队包括埃弗顿和热刺。这两家俱乐部都拥有古老的球场和老派的俱乐部老板，转会预算也只有前 4 名球队的一部分。但征战欧冠联赛诱惑如此之大，外加他们能吸引到的人才的水平逐年提高，这些足以让这两家俱乐部去同排名第三和第四的俱乐部进行竞争，使他们在比赛中竭尽所能拼搏。除非他们吃坏了肚子，实在力不从心。

“千层面门”，调整战术适应欧洲足坛

在英超历史上，伦敦东部万豪西印度码头酒店的自助餐曾经成为故事的主角，那段故事后来被称为“千层面门”。

2005—2006 赛季的最后一天，对热刺来说，欧冠入场券终于第一次触手可及。他们现在位居神奇的第四，领先阿森纳一分。只要这场比赛与阿森纳获得同

样的积分，他们就可以获得征战欧洲赛场的机会，而如果能淘汰对手，那更是锦上添花。热刺将在厄普顿公园球场对阵西汉姆联，阿森纳将对阵维冈竞技。对热刺和阿森纳来说，战胜对手都不是太大的问题，尤其是那两个对手的积分都位居中游，根本就没什么动力去奋战。

比赛前一天，热刺像往常一样聚在万豪西印度码头酒店，为比赛做准备，明天可能成为热刺历史上最令人骄傲的一天。可事实证明，比赛前一天成了他们最痛苦的一天。

一整晚，球员们房间过道里的灯开关个不停，他们都忙着往厕所跑，因为晚餐吃的千层面有问题。次日上午，至少 7 名球员受到影响，整个球队 1/3 的人都中招儿了。热刺主席丹尼尔・利维慌忙致电英超联盟，希望能推迟比赛，但英超联盟没有同意，因为规则里面没有任何条款涉及食物中毒的应对措施。理查德・斯丘达莫尔告知利维，如果热刺不能上场，将会面临联盟的处罚。

主教练马丁・约尔（Martin Jol）现在最大的问题就是，他无法凑齐 11 名没有拉肚子且能在场上坚持 90 分钟的球员。那天早上，球队一半人在酒店都拉肚子了，然后到球场更衣室时又是如此。约尔平时赛前都喜欢抽上一根烟，大家注意到他那天没有像往常一样抽烟，所有人都知道自己遇到麻烦了。

那天，热刺在场上表现得相当糟糕，以1 ：2输掉了比赛，阿森纳则以4 ：2战胜了维冈竞技。对热刺来说，参加欧冠联赛的美梦破灭了。

一周后，热刺球员们听说千层面不是罪魁祸首，但他们没有感到任何慰藉。英国健康保护署经过测试发现，当晚的食物没有任何问题。真正的罪魁祸首是一种传染性肠胃炎，它在球队里传播开来，就像一条流言。

热刺此后花了 3 年的时间才摆脱痛苦，最终赢得欧冠入场券。与此同时，每年获得参赛资格的球队不仅从中汲取了要避免传染性消化道疾病的重要经验，而且懂得了如何调整自身战术，适应欧洲足坛。

120 分钟和 14 个点球，曼联第三次赢下欧冠

欧洲大陆的球队可能在体力上不及英超球队，但他们的球员通常对比赛的微妙变化有更深的理解。他们在比赛过程中更有耐心，对空间的使用也更加聪明，他们不会像英格兰球队一样全力进攻。“周六在英格兰对战博尔顿漫游者足球俱乐部（简称博尔顿）或沃特福德，然后周二再对阵巴萨，这时你不能采用同样的踢球风格，”曼联的奎罗斯说，“在欧冠联赛中应该采用一种风格，而在英格兰踢球时又是另一种风格。”

直到 21 世纪头 10 年，英超联盟的顶级俱乐部才开始教导自己的本土球员如何适应欧洲大陆风格，并且引进了足够多的欧洲大陆球员，助力自己主宰欧洲足坛。到 2008 年，他们用事实证明了自己在技术方面的精湛纯熟，英超联赛也被公认为欧洲的顶级联赛，在欧足联的排名超越了西甲联赛。

最能体现英超联赛水平提升的莫过于 2008 年在莫斯科举办的欧冠决赛，决赛的两支球队均来自英格兰。曼联和切尔西的首发阵容充分展现了现代英格兰足球的最佳阵容，核心球员均为英国人，其他球员则是技术精湛的外国人才。当晚的 22 名首发队员中，19 人曾代表其自己的国家参加最近举办的世界杯。令人诧异的是，这 19 人中有 5 名都来自西汉姆联的青训营，不过起点对任何人来说都不再重要，全球的足球精英最终都会被吸纳到英超联盟内最大且最富有的队伍中。

在欧洲足坛最闪亮的舞台上，登场的人物中唯一会让人感到些许吃惊的就是切尔西教练席上的那名男子。这人名叫阿夫拉姆·格兰特（Avram Grant），来自以色列。时年 55 岁的格兰特是位技术娴熟的主教练，在此之前，格兰特的职业

生涯让人根本看不出他会掌管像切尔西这样野心勃勃的俱乐部。在执教的头 30 年，他一直是在以色列的联赛中工作，赢得了大量冠军，并曾掌管以色列代表队 4 年。2006 年，他在朴次茅斯足球俱乐部（简称朴次茅斯）担任技术总监，初尝英超联赛的味道。他只在那个职位上待了一年，几乎没有其他英格兰足球俱乐部觉得那个职位有用或有必要设立。2007 年夏天，切尔西将他挖走，请他担任技术总监，负责俱乐部的球员转会。这份工作压力很大，但他有着成功所需的天时地利人和。切尔西刚刚接连获得联赛冠军，拥有英格兰最大的转会预算，而且他没有任何公众压力，所有这些都归功于穆里尼奥。

阿布拉莫维奇没有料到最特别的那一位在新赛季开始一个月后突然就离开了斯坦福桥球场。穆里尼奥同阿布拉莫维奇吵翻了，后者看到数周都没有赢球后深感失望。有传言称，穆里尼奥断定阿布拉莫维奇不敢开除自己，所以阿布拉莫维奇就开除给他看。俱乐部一直在竭力澄清这个传言，但又不愿意具体解释。

“穆里尼奥没有辞职，也不是被解雇，”这份奇怪的声明说，“不过可以明确的是，双方已经达成共识，俱乐部和穆里尼奥之间的关系已经破裂，尽管数月以来，双方一直真心实意地努力化解分歧。”

很显然，切尔西此前根本没有考虑过穆里尼奥的接班人问题。因此，这支卫冕的英格兰球队找来了格兰特，并把他扔进了同弗格森和温格之类的主教练作战的战场。那些人都拥有 30 余年的经验，曾经将 11 次英超冠军收入囊中。格兰特甚至都没有欧足联的教练证，但他有一点很适合切尔西主教练这份工作，只是这一点不会在任何简历上体现出来：他是阿布拉莫维奇的密友。

2008 年 5 月，弗格森在谈到格兰特时说：“他在这个国家基本上无人知晓，能从朴次茅斯一跃获得那个职位，的确不同寻常。我感觉在他前往切尔西担任技术总监后，事情可能就不那么简单了，而且事实也的确如此。他现在带领球队杀入了欧冠决赛。”

这是切尔西在阿布拉莫维奇时代首次进入欧冠决赛，而比赛场地就在莫斯科，实在是再合适不过了。阿布拉莫维奇正是在莫斯科成为亿万富翁的。2003 年，他曾经坐在老特拉福德球场的看台上观看曼联对阵皇马的比赛，当时他就梦想自己能登上这个舞台。也就是在那晚，他决定收购一支英格兰足球队。曼联这个拦路虎现在已经不怎么重要了，尽管曼联率先踢进了一个球，但切尔西在下半场的大部分时间里都是压着对手打。他这个奢侈的爱好即将迎来 5 周年纪念，他本人也会赢得自己觊觎已久的奖杯，阿布拉莫维奇设想着自己究竟要如何庆祝。

在加时赛中，兰帕德差点让切尔西梦想成真，但那个球砸中了球门框。接着，蓝军队长约翰·特里（John Terry）在点球大战中有了另一个机会来结束这场比赛。可是轮到他踢点球时，他脚下打滑，球打在了球门柱上。曼联那天晚上的运气绝对更胜一筹。

点球大战时，弗格森几乎全程沉默，一直坐在教练席上没有动，甚至在 C 罗第 3 个上场却没有射中时都没有动。他相信自己的手下已经给了球队门将埃德温·范德萨（Edwin van der Sar）一个秘密武器，可以帮助球队取得胜利。这个秘密武器就是一条毛巾，里面粘着一张纸条。只要取下手套，他就可以从那张纸条上找方法。这张纸条由曼联的分析部门准备，上面列举了切尔西每名可能上场罚球的球员的踢球习惯。

在前六轮点球中，那条毛巾里的攻略没有起到作用，范德萨一个球都没有扑住。好在切尔西自己射偏了一个点球，抵消了此前罗纳尔多罚丢的那个，即使是对手射偏的那个点球，范德萨也扑错了方向。现在轮到尼古拉·阿内尔卡上场了。范德萨虚张声势，左手一直指向阿内尔卡右侧，可实际上却扑向了自己的右侧。这位门将准确无误地扑出了阿内尔卡的球，胜负已定。

弗格森几乎站不起来了。在中圈，C 罗把脸埋到了草坪里，泪流满面。此前，在射丢自己的那个点球之后，他就一直待在那里。英超联盟两支最出色的球队已经证明了自己就是欧洲最出色的两支球队，他们足足花了 120 分钟和 14 个点球才决出胜负。现在，凭借最小的差距，也就是一条毛巾的宽度，曼联第 3 次赢得欧冠联赛冠军。

在英国，电视转播当然不会错过这场精彩的比赛。英国 6 200 万居民中有超过 1/4 的人收看了比赛，高峰期有 1 460 万人收看英国独立电视台的转播，另外还有 200 万人收看英国天空广播公司的转播。欧足联预计那场比赛在全球的观众数超过了 1.4 亿，远远超过当年的超级碗。

然而，在当晚的数亿观众中，大家轻而易举就能指出谁才是英超历史上最重要的观众。他的名字就是谢赫・曼苏尔・本・扎耶德・阿勒纳哈扬（Sheikh Mansour bin Zayed Al Nahyan），当时 34 岁，是阿布扎比统治者的弟弟。在观看曼联和切尔西决赛的过程中，他喜欢上了足球这项运动。

第 15 章

真正的土豪出手，
曼城成为阿布扎比的宣传工具

THE
CLUB

英超语录

当你进入这个行业，看到幕后的真实情况，就会明白我们真的是在朝着毁灭的方向发展，经纪人对我们的影响非常大，我们有很多钱都花在了经纪人身上。我们将俱乐部所有的资产都拿去贷款，换取现金。

加里·库克
曼城前首席执行官

英超启示录

1. 花钱购买俱乐部并不只是购买加入全球观众最多的足球联赛的资格，还是买下了一个合法的全球公关工具。

2. 在各个层面树立卓越文化。不断地向员工传达“同类之最”这句话，甚至连球场管理员都要参加“战略会议”。

不断加价，直到所有人都同意出售

如果一个野心勃勃的年轻人决定购买一支职业球队，口袋里又有数十亿美元，那么通常这个过程就会相当顺畅。如果你能轻松地证明所有这些钱都是合法所得，例如你来自拥有全球 8% 石油储量的国家，而且是该国的王室成员，那么购买过程就会更加简单。**你只需要选择一支在售的球队，然后不断加价，直到所有人都同意出售。**2008 年夏天，谢赫・曼苏尔决心购买一支英格兰足球队时，心里正是这样盘算的。

唯一的问题就在于那些能满足阿布扎比雄心壮志的顶级俱乐部都已经被卖掉了。谢赫・曼苏尔观看了曼联和切尔西的莫斯科决赛，而这两支球队在过去 5 年里都已经被亿万富翁买下来了。他还考虑过利物浦和纽卡斯尔联。阿森纳位于伦敦，而且已经有了新球场，是理想的购买对象，可是阿布扎比那边觉得英格兰不会将阿森纳卖给自己。此外，美国投资人斯坦・克伦克早已在增持阿森纳的股份，想让阿森纳加入他日渐庞大的球队资产。

谢赫・曼苏尔只能将目光放到别的地方。谢赫・曼苏尔才 30 多岁，手里的钱几辈子都花不完，这并不符合英超老板通常的形象，也不符合那些在 20 世纪 80 年代和 90 年代购买俱乐部的商人形象。他也不同于俱乐部后来的那些亿万富翁投资人，他是王室成员，一出生就有着享不尽的财富。

谢赫・曼苏尔的父亲共有 19 个儿子，他排行第五，隶属于复杂的阿勒纳哈扬家族中非常幸运的一个分支。阿布扎比的王储与谢赫·曼苏尔是同胞兄弟，谢赫·曼苏尔因此拥有了显赫的地位，在这个国家中扮演着重要的政治角色。当然，家族中的其他成员也都分散在重要的政治岗位上。

不过很显然，谢赫·曼苏尔并不适合担任那些政治职位。家族中很多人将自己的后代送到哈佛大学、普林斯顿大学和美国东海岸其他著名院校进行学习，而谢赫·曼苏尔在 1989 年进入圣巴巴拉城市学院学习英语。这所学院在加州海边，是一所两年制学校，以派对生活而闻名。该校最著名的校友不是诺贝尔奖得主，而是流行歌星凯蒂·佩里（Katy Perry）。美国情报网关于谢赫·曼苏尔的背景调查指出，他的“学习成绩相当糟糕”。

在提升美式英语的同时，谢赫·曼苏尔在某些事情上做得还不错。1997 年，他被任命为阿联酋总统办公室主任，该办公室由其父亲的顾问团组成，很有影响力。此后，他又成为阿联酋总统事务部部长，承担起其他责任，其中就包括担任第一海湾银行董事长和阿尔贾兹拉足球俱乐部主席。他还是阿布扎比投资委员会和国际石油投资公司的董事会成员。国际石油投资公司决定了阿联酋石油收入的用途。在阿联酋，谢赫·曼苏尔获得过国际关系专业学位。他娶了迪拜统治者的女儿，曾在全球金融危机中助力迪拜就 100 亿美元政府援助进行谈判，他在国际关系领域的知识或许在其中发挥了很大的作用。

谢赫·曼苏尔的运气不错，他对英格兰足球产生兴趣的时机也相当好。在距离阿联酋沙漠约 5 600 千米、英格兰最多雨的城市里，有一家俱乐部正举步维艰，他们在为自己的老板将碰到的问题而紧张——他信遇到了非常严重的经济问题。他信不是没钱，在泰国，他名下还有 14 亿美元的资产。但在那个时候，要拿到那些钱相当麻烦，因为泰国法庭已经冻结了他的银行账号。他信被指控滥用职权，并且因为参与不正当的土地交易，在缺席庭审的情况下被判入狱两年。

由于担心被捕，他信不能返回泰国。他也不想待在曼彻斯特，因为他并不怎么喜欢这个地方。他信自我流放到了伦敦和迪拜。2008 年 5 月底，他从耐克公司挖来一个英国人，并将曼城的运营工作交给了这位新任首席执行官。这个英国人名叫加里·库克（Garry Cook），脸部棱角分明，留着一头银发，在世界各地都有工作经验。此前数年里，库克曾经负责耐克旗下乔丹产品线的国际业务。至于足球方面的经验，他参与过英超联盟两个里程碑式的交易。1992 年，他在迈塔体育国际公司（Mitre Sports International）工作，该公司同英超联盟签订了官方足球的供应协议。11 年后，他参与了耐克为曼联提供球服的交易，当时该交易轰动一时。可以说在体育商业世界内，库克已经可以轻松应对各个领域的事务，至少在他来到曼彻斯特东部为泰国前总理工作之前是那样的。

曼城的财务黑洞

库克的工作从一开始就不怎么顺利。早期有一次接受采访时，他被问到对他信在地球另一端面临各种指控一事有何看法。库克想了想才回答，但还是失言了："他卷入了一场政治斗争，我选择不插手此事。"他对《卫报》（*The Guardian*）记者说，"他是个好人吗？是的。他是个适合一起打高尔夫球的人吗？是的。他有足够的金钱来经营足球俱乐部吗？是的。我只关心这 3 件事。至于他在泰国是否有罪，这一点我不操心。虽然我必须知晓这件事，但我的工作是经营足球俱乐部。"

事实证明，经营俱乐部同驾驶船只一样棘手。他信任由曼城在英格兰西北部逐渐走向毁灭。"俱乐部就是一个财务黑洞。"库克说。在那个赛季，曼城至少有两次不得不向其前主席约翰·沃德尔（John Wardle）借款 200 万英镑。俱乐部同时还有两笔过渡性借款，每笔都是 2 500 万英镑，一笔是银行贷款，另一笔是希腊船运巨头的借款，这位船运巨头恰好是他信的朋友。这两笔借款的抵押物是未来的电视转播收入和门票收入。后来人们发现，他信投入俱乐部的转会资金大部分也是贷款，而不是老板的直接投资。这些债务中有一部分的利息超过了 11%，与其这样，曼城还不如刷信用卡来向球员支付工资。

2008 年 5 月 31 日，上一个财年结束，虽然英超联盟支付给各俱乐部的奖金刷新了此前的纪录，但是曼城宣布亏损 2 970 万英镑。

“当你进入这个行业，看到幕后的真实情况，就会明白我们真的是在朝着毁灭的方向发展，”库克说，“经纪人对我们的影响非常大，我们有很多钱都花在了经纪人身上。我们将俱乐部所有的资产都拿去贷款，换取现金。”

库克放眼望去，感觉另一场灾难似乎也在酝酿之中。库克上任 6 周，他信只给了他一个建议：“尽快脱手，这个东西将会垮掉。”

把俱乐部当作有形的资产

2008 年 6 月 28 日，他信明确通知库克要开始寻找买家，但不是那些排队等着俱乐部最终垮掉的买家。库克要价 1.5 亿～ 2 亿英镑，可是这个烂摊子已经没有什么东西算是优质资产了。买家买下曼城后，马上就要承担起英超联盟中最不成比例的薪酬。从房地产投资的角度来说，曼城也没什么价值，因为球场是从曼彻斯特市议会租来的。库克说：“当然，人们还都认为我们活在曼联的阴影之下。”

任何理智一点儿的买家都不会去冒险尝试。曼城需要某位亿万富翁、某个财团或者天外救星，他能够承受庞大的经济压力，而且或许有着足球之外的其他赚钱方式，因为这家曼彻斯特排名第二的球队在足坛并没有能让其他球队闻风丧胆的实力。库克推销了一个多月的时间，但没有成功。

恰在此时，通过熟人的熟人的引荐，库克在伦敦同两位潜在投资人见了面，这两位投资人分别是阿曼达·斯特夫利（Amanda Staveley）和阿里·贾西姆（Ali

Jassim）。斯特夫利在金融圈里常常为来自海湾地区的资金担任中间人并因此出名，而贾西姆是谢赫·曼苏尔的顾问。他们俩正准备帮谢赫·曼苏尔花一大笔钱。在打听曼城的同时，斯特夫利和贾西姆也正准备在全球金融危机之际，帮助谢赫·曼苏尔用数十亿英镑收购面临困境的巴克莱银行的股份。那年秋天，谢赫·曼苏尔最终支出了 35 亿英镑。

第一次同斯特夫利和贾西姆碰面时，库克并不知道他们俩还在盯着其他大项目。但既然阿布扎比王室派这两名助手前来调查曼城的情况，库克自然认为自己可能已经找到了曼城的救星。

8 月 24 日，在曼城即将主场对战西汉姆联之前，在曼彻斯特市体育馆的会议室里，库克进行了 45 分钟的介绍，解释为什么购买曼城并不疯狂。他告诉斯特夫利和贾西姆，1.5 亿英镑的价格只是次要问题。花钱购买俱乐部并不只是购买加入全球观众最多的足球联赛的资格，还是买下了一个合法的全球公关工具。球队每年会在数百万观众前踢 50 场比赛，这是无价的。对于当下非常注重形象的亿万富翁，英超球队就像一种必不可少的配饰。

“此前从来没有人听说过阿布拉莫维奇，但在他买下切尔西后就不一样了，”库克对那两人说，“如果你们正在发展自己的国家，希望它在世界舞台上表现亮眼，球队将代表这个国家的形象。”

当时，阿联酋比曼城的主教练还年轻 9 岁。阿拉伯联合酋长国在 1971 年才成立，但其所属地区与英国之间的关系源远流长。17 世纪时，当地人仅靠打渔、采集珍珠和做海盗来维持生计。当时英国船只经常在那里被攻击，水手们因此称波斯湾的那一段是“海盗海岸”。1853 年，英国和当地部落签署了《海上永久和平条约》（*Treaty of Maritime Peace in Perpetuity*）。当地部落希望英国能够在至关重要的珍珠采集季里维持该地区各部落之间的和平。该协议后来发展成为独家贸易协议，海盗海岸在被纳入英属印度之后很快就被称为特鲁西尔酋长国。当时没有人会想到渔业和珍珠采集业最终会变得不再重要。

直到 20 世纪 30 年代，人们才开始从沙漠中找资源，期间简直将该地区翻了个底朝天。60 年代，阿布扎比开始从地下抽取石油。此后，此前割据各块土地的酋长们马上懂得了自己脚底下有什么。现在只有如何处理同英国之间的关系这个小问题了。

第二次世界大战之后，英国一直在为各地区的独立而头痛。但与英国的其他附属国不同，酋长们非常享受有英国人在身边的日子。他们自己维持地方边界，维护各个王室的统治，而英国人帮助酋长们维持权威性。但问题在于，英国人不想继续留在那里了。海湾地区的其他地方不断暴发反殖民起义，英国时任首相哈罗德·威尔逊（Harold Wilson）认为英国留在特鲁西尔酋长国不再有利可图。1968 年，他下令所有英国军队撤出该地区，这让酋长们相当气恼。他们提出自行承担英国军队每年 1 200 万英镑的费用，可是英国无意出租自己的军队。丹尼尔·耶金（Daniel Yergin）在其有关全球石油史的著作《奖赏：石油、金钱与权力全球大博弈》（*The Prize: The Epic Quest for Oil, Money & Power*）一书中提到，巴林的统治者曾经问道："是谁让他们离开的？你要知道，我们和海湾地区的所有人都想让英国军队留下来。"

沙漠里的统治者们不得不问："现在该怎么办？"这是该地区历史上最大的问题。他们迫切地想要填补权力空缺，在接下来的 3 年里一直紧张地谈判，讨论要如何处理与邻国沙特阿拉伯的边境问题，更重要的是要如何管理从地底下冒出来的黑色财富。1971 年，在与英国最后的行政管理关系结束时，他们得出了解决方案：6 个酋长国合并，成立阿拉伯联合酋长国。次年，第 7 个酋长国哈伊马角也加入了阿联酋，但特鲁西尔酋长国中的卡塔尔和巴林无意加入。

毫无疑问，阿布扎比和迪拜在新成立的阿联酋中是主要成员。阿布扎比没有铺面化道路，只有少量永久性建筑，但拥有阿联酋 84% 的陆地面积，控制了该国 90% 多的石油和天然气。阿布扎比也明白，为了能快速发展，成为现代化国家，靠石油赚来的钱不能只用于王室消费，而且要用来建设自己的国家。

在 40 年的时间里，阿布扎比成了玻璃和钢铁组成的闪闪发光的绿洲。正因为年轻但拥有巨大的财富，也因为这个只拥有 50 万居民的国家有着不成比例的影响力，所以阿布扎比非常注重自身在全球的形象。她不希望其他国家把自己当作不负责任的暴发户，一个胡乱挥霍的石油国家。只是阿布扎比也明白，要想在世界舞台上得到重视，就要承担巨大的信誉风险。同阿布扎比做生意的西方国家不会忽略一个不容忽视的问题，即该酋长国的人权纪录很糟糕。

阿布扎比在 2006 年前后发起了一轮魅力攻势，希望让自己的形象变得更加柔和。其计划是将自己树立成一个建立在海湾地区传统价值之上、紧跟世界潮流、不断发展变化且热情友好的国家形象。阿布扎比在两份文件里描绘了这幅图景，这两份文件分别是《2007—2008 年政策议程》(*Policy Agenda 2007–2008*)和《阿布扎比 2030 年经济展望》(*The Abu Dhabi Economic Vision 2030*)。文件表示，阿布扎比将从多个方面打造自身的软实力，其中有 3 个重要的工具。

首先是阿布扎比旅游局，该局的成立旨在“提高酋长国的国际声誉”。旅游局最初手握每年 1 000 万到 2 000 万英镑的广告宣传预算，在伦敦和法兰克福设立了闪亮的新办公室，而其唯一的目标就是将阿布扎比描绘成一个合适的旅游地，因为那里现代化的便利设施应有尽有，而绝不是一个鲜为人知的、靠着空调才能生活的绿洲。

其次是阿布扎比自己的国际化航空公司阿提哈德航空公司。该航空公司实质上就是在向全世界输出阿布扎比的名字和声望，同时将业务带回国。自 2003 年创立以来，该公司一直亏损经营，但没有人在乎这一点，那并不重要。在正式全年运营的第一年，该航空公司只有 6 架飞机。到 2008 年，公司建立了一个由 42 架飞机组成的机群。也就在 2008 年，阿提哈德航空公司宣布从空客和波音两家公司订购 100 余架飞机，预计总费用达到 200 亿美元，超过了英超联盟所有球队市值总和的两倍。

最后是在国际体坛上寻找存在感。这不是指谢赫·曼苏尔曾经主持过的保龄球锦标赛这类体育赛事。在对曼城产生兴趣之前的两年里，阿布扎比举办过一场国际高尔夫锦标赛，成功地申请到举办 2009 年和 2010 年国际足联世界俱乐部杯的资格，成为举办 F1 方程式赛车锦标赛的一站，而且修建了一座以法拉利为主题的游乐园。这座法拉利主题公园宣称拥有众多游乐设施，其中包括世界最快过山车罗萨方程式和适合孩子的哈利勒洗车场。2008 年夏季之后，他们并没有停下脚步。谢赫·曼苏尔在体育世界里到处寻找机会，扩大个人影响力。2009 年，他成为阿联酋赛马管理局的主席。该管理局每年举办奖金高达 1 000 万美元的迪拜世界杯，这是全球奖金最高的赛马活动。

谢赫·曼苏尔究竟有多关心足球运动和英超俱乐部的命运呢？这点不得而知。了解他的人都认为，他只是把俱乐部当作阿布扎比在全球的一项有形资产，并不在乎曼城究竟采取 4-4-2 阵型还是 4-2-3-1 阵型这么错综复杂的问题。

不管原因是什么，谢赫·曼苏尔派代表去观看了曼城对战西汉姆联的那场比赛。在听取了代表的反馈后，谢赫·曼苏尔同意收购曼城。这次不是由阿布扎比的主权财富基金出资收购，而是由谢赫·曼苏尔自掏腰包。

在接下来的几天里，双方并没怎么谈判。出面购买俱乐部的机构是阿布扎比财团，在该财团内，没有人觉得有必要去深挖曼城的账本。事实上，当时基本上没有进行尽职调查，这项工作后面才进行。在库克于曼彻斯特市体育馆做完介绍 6 天之后，也就是在 8 月 30 日晚上，他信的得力助手派罗·皮姆庞格桑特（Pairoj Piempongsant）将库克叫到伦敦，告知了他进展。派罗此前曾经在泰国政府担任高级顾问，他说，他信已经与阿布扎比达成秘密协议，将曼城出售，俱乐部背上的那块债务巨石很快就可以消失了。

这笔交易还有一个极不寻常的附加条件：曼城必须立即签下一名超级球星。派罗告诉库克，否则阿布扎比财团会考虑退出收购。至于这名超级球星究竟是谁并不重要，只要他足够有名，能够匹配阿布扎比的野心。库克和派罗必须马上着手处理这件事情，因为转会窗口将在 24 小时内关闭。

在 24 小时内签下一名超级球星

8 月 31 日早晨，库克和派罗坐在他信位于老公园巷的办公室里，不顾一切地要把一堆钱花出去。他们只需要找到另一家愿意接受这笔钱的俱乐部。库克在办公室里踱来踱去，派罗则脱了鞋躺在沙发上，两人试图找出哪个国际球星能用阿布扎比的钱买下。

他们列出了一个清单，上面是一些著名的球星，他们认为海湾地区的新老板没准儿会满意。当然，这些球星都是射手。花 3 000 万或 4 000 万英镑购买一名后卫可能并不会引起人们的关注。库克和派罗整个上午都在忙着打电话给经纪人和俱乐部高管，而曼彻斯特市内的俱乐部办公室也在忙着向全欧洲的俱乐部发报价传真，那是一系列近乎荒谬的报价。外界没有人能明白那两位曼城的管理者究竟承受着多大的压力。

就在一筹莫展之际，库克接到俱乐部的电话，询问他是否要继续针对巴萨的梅西报价。库克感到困惑不解，这是他第一次听说这件事情，但派罗显然已经同意了。于是库克没有多想，做出了肯定的回答：“当然，报价吧。如果能成功，那就太好了。”

接着，他转向派罗说：“这太不可思议了。”

“是的，”派罗躺在沙发上回答说，“真的是乱七八糟。”[①]

“你说什么？”

库克突然意识到发生了什么。由于大家是在电话里大声沟通的，派罗说话带有口音，俱乐部办公室那边的人又处于慌乱之中，所以有人误解了指令。曼城刚刚针对那位全球最出色的球员报出了5 000余万英镑的价格，这完全是一场意外。巴萨马上就否决了那个报价。

不过，混乱才刚刚开始。当天将近中午时，媒体已经开始在传阿布扎比财团将收购曼城的流言。到中午时，该消息得到确认。俱乐部已经签署了一份将曼城出售给阿布扎比财团的备忘录，后者代表的是阿布扎比的某位王室成员。在这场收购中，出面的负责人是31岁的苏莱曼·阿尔·法希姆（Sulaiman al-Fahim）。他是一名房地产开发商，国际象棋冠军，也是阿联酋电视台一档类似于《飞黄腾达》（*Apprentice*）的真人秀节目的主持人。他的口号就是：“快打动我！”

然而，最能打动法希姆的似乎只有法希姆本人。法希姆非常喜欢“爱社交的英超球队新老板”这个角色，尽管他并不拥有该球队，也不一定听说过联盟中半数以上的球队。他很快就宣布：“我们的目标就是让曼城成为全英格兰甚至全世界最出色的球队之一。为了实现这个目标，我们将竭尽所能。”

库克心想，太好了，现在人人都知道可以对曼城敲竹杠了。法希姆也告知天下，曼城正在力争瓦伦西亚足球俱乐部（简称瓦伦西亚）的大卫·比利亚（David Villa）和斯图加特足球俱乐部的马里奥·戈麦斯（Mario Gomez）。欧洲其他人并没有意识到，曼城必须在当天完成交易，那是足球历史上最混乱的一天。转会窗口关闭日变得就像在平安夜的超市里四处寻找商品，只是现在所有的“火鸡”都有自己的经纪人。

① 此处一语双关，“乱七八糟”的原文是 messy，发音与梅西的发音有一点儿相似。——编者注

英国天空广播公司体育新闻频道位于伦敦奥斯特利区，对这里的工作人员来说，曼城此刻的情景实在是太妙了。多年来，电视台制作人一直在思考，在报道转会交易的最后一天时，究竟要如何让报道显得更加有趣。“我们要把它当作大事件来报道。”执行编辑安迪·凯恩斯（Andy Cairns）对手下说。他希望最开始是个俯拍镜头，镜头里，桌上摆着两部电话，然后切换镜头，转向派往英国各地的摄影人员。在他心里，这天完全可以当作大选之夜来对待，他设想：记者站在球场和训练场外进行现场直播，突发新闻不断涌来，其间还伴随着大量干扰因素。凯恩斯说：“要有幽默感。”

不过在 2008 年之前，英超联盟从未有足够多的转会窗口关闭日阴谋来支持这种报道方式。8 月 31 日，情况发生了变化。

时间从下午走到了晚上，在向欧洲各俱乐部进行地毯式轰炸般的报价之后，曼城的目光聚焦到了两名球员身上。首先是热刺的保加利亚射手迪米塔尔·贝尔巴托夫（Dimitar Berbatov）。高大的贝尔巴托夫偶尔会偷偷抽烟，但他技术精湛，瑕不掩瑜。其次是皇马的巴西边锋罗比尼奥（Robinho）。这两人的转会问题都在于其他俱乐部早已经抢在曼城之前报价挖人了。

在那个夏季的多数时间，曼联都在力劝贝尔巴托夫离开热刺，而且贝尔巴托夫已经搭乘飞机来到英格兰西北部。曼城的计划是先进行报价，而且报价达到了 3 400 万英镑，刷新了英格兰的纪录，同时派人在机场蹲守，在最后一刻展开“绑架”行动。所有人都清楚，在足坛，只有球员在俱乐部大楼里面对着摄像头举起球队的球衣，转会才算数。如果没有这一步，任何协议都可能中止。

至于罗比尼奥，切尔西已经同皇马谈判数周。切尔西时任首席执行官彼得·凯尼恩 8 月 29 日从马德里飞回英格兰，深信自己已经做足了工作，罗比尼奥的签约已经是板上钉钉的事，这名球员很快就能来到伦敦。很快，英国广播公司的转会窗口关闭日实时博客源源不断地放出关于该交易的信息片段，这些最新消息来自英国各地，来源存疑，让人无从验证。有消息说："我表妹是英国航空公司的地勤工作人员，她刚刚为罗布松·德·索萨（Róbson de Souza），也就是罗比尼奥预订了下午 4 点从马德里出发的航班。"另外还有消息说："我在斯坦福桥球场的球衣销售柜台工作。今天早上我接到通知，要为罗比尼奥准备 8 号球衣。"

曼彻斯特很快传来一条坏消息。曼联已经针对贝尔巴托夫报出和曼城一样的价格，不仅如此，这位本地的竞争对手还组织了一支欢迎队，到机场迎接贝尔巴托夫。欢迎队由弗格森亲自带队。库克推测，要让贝尔巴托夫在机场直视着弗格森，告诉他自己打算签约曼城，贝尔巴托夫没有那么勇敢。

派罗和库克只能最后一搏，他们和罗比尼奥与一小群代表进行谈判，而这群代表一整天都没有直接给出答案。他们向皇马报出了 3 250 万英镑的报价，向罗比尼奥做出了难以做到的承诺，同时祈祷其他俱乐部的进展在某个地方卡壳。曼城告诉罗比尼奥和那群代表，如果能达成共识，将会有一架私人飞机在马德里待命，马上送罗比尼奥和俱乐部代表来伦敦。

如果这个 24 岁的巴西年轻人不在西班牙登上那架飞机，库克就只能眼睁睁地看着同阿布扎比财团的协议在自己面前作废。电话再次响起，交易达成了。

在足球历史上，此前从未出现过这种暴发户。巴西的边锋就像玛莎拉蒂，没有多少人知道要怎样正确使用，但如果看上去不太好，人们就会骂人。到晚上 11 点，一切都已经明了。皇马时任主席拉蒙·卡尔德隆（Ramón Calderón）在西班牙的广播中表示："我们同意出售该队员是出于人性化的考虑，是为了足球的发展，也是因为对方能付一大笔钱。"

脚刚踏上英格兰的土地，价值 3 250 万英镑的罗比尼奥就被快速送到伦敦市中心，完成转会交易，最重要的是必须拍照证明。晚上 11 点 30 分左右，罗比尼奥在老公园巷的办公室里举起了曼城的天蓝色球服。库克和派罗都不清楚，罗比尼奥在此之前是否知晓自己要同哪家俱乐部签约。

收购达成，商业精英入队

但那已经不重要了，曼城终于有了自己的招牌球员。警报已经解除，阿布扎比可能将彻底颠覆英超联盟，罗比尼奥只是一个开始。如果你相信法希姆的话，就会这样认为。

这位曼城新任首席执行官此前犯了个错误，只要足球记者找他要电话号码，他都爽快地给。当这些足球记者给他打电话时，他会抓住机会给出煽动性回答。他最初承诺曼城将至少引进 18 名新球员，不仅有那些曼城在转会市场上询过价的经验丰富的老球员，而且有那些曼城在转会窗口关闭日报价的知名球员，包括西班牙前锋费尔南多·托雷斯（Fernando Torres）、大卫·比利亚、荷兰前锋鲁德·范尼斯特鲁伊、韦恩·鲁尼，以及 C 罗。C 罗当时膝盖受伤，体重快速增加，但在法希姆看来这都不是事。

“C 罗说过，他想在全球最大的俱乐部踢球，所以我们将在 1 月和他确认，看他这番话是否是认真的，”法希姆说，“皇马估计他的身价为 1.6 亿美元，但对于他那种球员，要想真的挖来，花的钱要比那多得多。我想可能会要 2.4 亿美元，为什么不呢？”

法希姆将欧洲的大型俱乐部和自己在英超联盟的对手当作迪拜的超级购物中心，以为自己可以在其中一家一家地逛奢侈品店，然后带着它们最昂贵的商品离开。在库克看来，法希姆的做法让数天之后举行的该赛季首次英超老板会议变得“有点尴尬”。

法希姆的种种狂言并没能持续多久，应阿布扎比王室的要求，俱乐部悄无声息地用另一个人取代了他，这个人很快就成为整个曼城最核心的人物。他就是卡尔杜恩·阿尔·穆巴拉克（Khaldoon Al-Mubarak），一个土生土长的阿联酋人，戴着窄边眼镜，蓄着整洁的胡须。阿布扎比在国际前线安排了一众精明的企业家，这些人的任务就是为国家争取朋友，发挥国家的影响力，穆巴拉克就是其中的代表。同谢赫·曼苏尔一样，穆巴拉克也是在美国接受的教育。但不同于自己的老板，穆巴拉克并没有把大学时光用来享受加州阳光，他在波士顿的塔夫斯大学就读经济学和金融学，然后成为穆巴达拉投资公司的首席执行官。穆巴达拉投资公司是一个战略投资基金，资产超数百亿美元。穆巴拉克投资修建了世界上最大的铝冶炼厂，铺设了从卡塔尔到阿布扎比的 370 千米的输气管道。对于一个习惯于投资大型项目的人，花 2 亿美元购买一家足球俱乐部只是一件小事。例如就在加入曼城之前，穆巴拉克签字同意穆巴达拉投资公司收购凯雷投资集团（Carlyle Group）7.5% 的股份，其交易额是购买足球俱乐部的 7 倍。凯雷投资集团是一家国际私募股权公司，曾经邀请多位美国前总统和英国前首相担任顾问。但穆巴拉克知道，曼城将给阿布扎比带来一定的国际曝光率，这是其他大部分资产难以做到的，毕竟绝对不会有 5 万人去购买一家冶炼厂的季票。

曼城董事会内还有两位从未接触过足球俱乐部的成功人士，但同谢赫·曼苏尔亲手挑选的俱乐部主席一样，这两人懂得如何在国际商业世界里施展拳脚。阿布扎比财团在纽约聘请了律师马蒂·埃德尔曼（Marty Edelman），他帮助美国物业大亨斯蒂芬·罗斯（Stephen Ross）以 5.5 亿美元收购了迈阿密海豚 50% 的股份。在阿布扎比，他们请来移居海外的英格兰公关专家西蒙·皮尔斯（Simon Pearce），皮尔斯对风险和声誉的管理能力众所周知。皮尔斯来自博雅公共关系公司，该公司是导向性陈述和危机管理方面最著名的企业。

作为阿布扎比行政事务部的成员，皮尔斯竭尽所能为阿布扎比工作。行政事务部由 15～20 位非选举产生的官员组成，针对各种战略性问题为政府提供建议。他们会评估风险，研究全球局势，帮助阿布扎比在全球找到最佳定位。皮尔斯曾经参与编写阿布扎比的愿景文件。但无论是皮尔斯还是阿布扎比，都从未使用过像曼城这种宣传工具。旅游局和航空公司都是不错的宣传工具，但在覆盖面、覆盖频次和可靠性上都无法同曼城相媲美。足球是全世界人气最旺的体育运动，而英超联盟又是其中人气最火爆的联盟。

了解整个购买过程的人表示，购买英超球队的决定实际上并不是哪个人的一时兴起。阿布扎比的统治者在决策前都会让深受信任的核心团队从战略角度进行讨论，也会分析决策对该酋长国声誉的潜在影响。不过在购买足球队这种公开事件里，能够有个名义领导者出面还是大有裨益的。

2008 年 9 月底，双方办理了收购曼城的正式手续，阿布扎比财团也已经成功通过合适人选测试。很快，谢赫・曼苏尔向“亲爱的曼城球迷们”发布了一封公开信，言辞谦逊，但稍微有点刺耳。他写道：

我是一个足球迷，我希望大家很快能看到，我现在成了曼城球迷。我们为俱乐部制定了远大但合理的目标。我们明白，打造一支能稳坐英超联赛前四并赢得欧冠冠军的球队，这需要时间……我们对曼城的历史了解甚少。我们希望能引进世界上最出色的球员，但也希望能看到青训营继续培养人才，以便让马克・休斯能为球队引进本土球员。我们在为球队的未来发展组建合适的架构，而不只是打造一支全明星球队。

如果使用冷冰冰的商业术语，我们可以说英超联赛是全世界最出色的娱乐产品，我们也认为它是最优秀的商业投资对象。

谢赫・曼苏尔在两年之后才亲自来查看这个娱乐产品。2010 年 8 月，他飞到英格兰观看曼城与利物浦之间的比赛，因为俱乐部需要他本人出现在曼彻斯特市体育馆的画面。他在董事包厢里向球迷们挥手，他的身边是穆巴拉克和库克。他似乎看球赛看得很开心，只是此后再未到现场看过第二场球赛。对此，俱乐部的官方申明是他不想那么麻烦，而批评者则认为他压根儿就对足球没兴趣。

不想麻烦对谢赫·曼苏尔来说或许没错，但真正负责管理该俱乐部的人就不能这样说了。

在曼城树立卓越文化，成为“同类之最”

曼城从第一天起就致力于营造良好的氛围，它信守承诺，对曼彻斯特的东部进行投资，与市议会合作在东地修建了一个占地约 81 万平方米的体育休闲综合体，成为该地区最主要的雇主。所有这些都掩盖了一个事实，即该俱乐部拥有巨大的野心，或者说其目的并不局限于周六下午的球场。曼城 1880 年由一家教堂创立，旨在让那些脾气暴躁的人在周末远离暴力和酒精，而该俱乐部现在将成为一家跨国公司。

“我们不是一家足球俱乐部，我们实际上是一个体育娱乐传媒公司，”库克在新老板掌管曼城后在内部说，“所以我们必须制作内容。我们必须举办活动，必须创造节目，必须制造戏剧性事件。我们必须成为新闻，成为头版和封底的一部分。我们是在与路那头的另一家足球俱乐部曼联竞争，还是在同迪士尼和亚马逊竞争？”

库克曾经在全球顶级运动品牌工作，也曾经是一名优秀的篮球运动员，这些经历影响了他为曼彻斯特名气第二的足球队做出的每个决定。在美国时，球场内的自动取款机曾经让库克震惊，那算是便捷消费的小型纪念碑了。在英格兰，“如果在足球场里能找到一个可以正常使用的厕所，那就已经算运气好了，”他说，“看着美国的体育运动，我会说：‘这才是娱乐消遣，我很开心。’”

在曼城，售票处的员工常常庆祝球队在足总杯被淘汰，因为那意味着他们的工作量可以减少。他们还要花点时间才能理解那个全球娱乐产品的观点。曼城的新老板们遇到的文化障碍要比他们此前预料的更多。他们手中持有的是一个因为历史而背负心理创伤的俱乐部，除此之外，这个俱乐部还因为同曼联同处一座城市而痛苦。

正因为如此，曼城早已经懂得如何在没有曼联的世界里自娱自乐，换言之，就是满足于自己的平庸。库克在俱乐部的每个部门都可以直接看到那种心态。他在上任后的那个赛季前往球场纪念品店进行巡查时，更是深刻感到了曼城球迷的这种心理。在巡查过程中，他询问柜台的员工该赛季最畅销的商品是什么，当时他认为可能是球衣或者围巾。

“今年的 DVD 销量不错。”

“你说的 DVD 是指什么？”

销售人员用手指了指一排货架，说道：“与曼联在主场和客场比赛的 DVD。”尽管在阿布扎比财团收购曼城之前的那个赛季，曼城只获得联赛第 9 名，但他们 38 年来首次在同一场联赛中两次击败自己的宿敌。球迷们看不够，这种胜利是他们此前想都不敢想的。

球迷们尚未明白，他们对曼城的期望值可以更高了。法希姆行事比较粗鲁，曾经公开宣称曼城要在英超联盟内建立统治地位，而打败曼联是实现该目标的必由之路。库克和穆巴拉克有一点很相似，他们有着同样的野心，只是他们知道不能把这种野心显露出来。

“如果你们担心俱乐部未来的发展，也是正常的，”库克对员工们说，“因为此前没有人有过与我们一样的发展方向，没有人做过我们所做的这一切。”在高管的季度会议上，库克从阿布扎比收到了相当明确的指示：在各个层面树立卓越文化。阿布扎比方面不断地向他们传达“同类之最”这句话，听起来似乎是在描述某台豪华轿车。为了提升士气，甚至连球场管理员都要参加“战略会议”。

“为了跻身联赛前四，你们要怎么做？”库克问他们。

俱乐部到处找灵感，没有什么体育运动项目能够从虚空中发展。曼城找来了布赖恩·马伍德（Brian Marwood）担任足球运营总监。马伍德曾经也是足球运动员，此前同库克在耐克公司一起共事过。他曾在澳大利亚体育学院学习棒球、篮球、音乐，还学习奥运会项目。在此期间，他借阅大量图书，了解如何培训出优异的成绩。要想培训出优异的成绩，就某些情况来说意味着要对破旧的设施进行改造，而在其他情况下意味着要为球员提供后勤保障，让他们训练回家后能像正常人一样生活。从海外签约了大量球员后，翻译、育儿和住房等方面的协助也成为必要的举措。所以马伍德聘请了 4 名全职员工，专门负责满足球员及其家人的需求。这个部门在阿布扎比财团收购俱乐部之后才成立。

“不要再找借口。”马伍德说，“我们要营造一流的环境，但我们先要懂得一流是什么样的。”

马伍德曾经游历全球，他知道不用到太远的地方寻找答案。他每天会在曼城的 3 个地方来回跑，分别是曼彻斯特市体育馆内的办公室、普拉特巷（Platt Lane）的青训营，以及卡灵顿的训练场。在来回跑的过程中，他常常会特意绕道老特拉福德球场。他不是为了欣赏风景，而是为了提醒自己什么是卓越。

在一个没有比赛的周末，马伍德视察了训练场的翻修情况。该训练场此前看上去就像地方上的折扣健身俱乐部，现在已经配备了各种全新的一流设备。曼城也竭尽所能对训练场的外围快速进行了各种美化。如果说有人懂得训练场的外观也具有一定意义的话，那就是该俱乐部的新老板了。

“我们铺了一些不错的草皮，种了一些漂亮的树木，”马伍德说，“这让人感觉身处乡村俱乐部。”在内部管理上，他们彻底提升了运动营养、球员健康和俱乐部运营等方面的水平。曼城有史以来首次有了真正的人力资源部门。曼联、阿森纳和后来的切尔西在 20 世纪 90 年代经历了种种转变，那些转变都是财源滚滚且腰包鼓鼓的英超俱乐部的标志，这些转变终于在曼彻斯特东部上演了。可是在这种种工作之中，曼城很快就遇到一个此前从未考虑过的问题：卓越真的是球迷们想要的吗？

曼城的部分球迷还记得俱乐部跌入过第三级别的联赛，只要球迷们的记忆力比果蝇强点就不会忘记，毕竟那次惨痛的经历只是发生在 6 年前。对他们来说，阿布扎比财团对曼城的这次收购让他们百感交集。一方面，俱乐部的新老板富可敌国。另一方面，俱乐部是否会因此永远失去自己的特色呢？有了富豪老板，有了大型球场，而且有了著名的国际航空公司而不是传真机公司做赞助商，曼城现在同曼彻斯特的另一支球队有什么区别吗？

曼城一直以自己比曼联更能体现曼彻斯特的精神而自豪。老特拉福德球场通常挤满了游客，客场球迷们因此唱道："我们要把你们踢回伦敦。"与此同时，曼城的球迷队伍中有绿洲乐队这样的球迷，那是曼彻斯特除棉花外最出名的"出口产品"。曼城非常棒。是的，他们的球踢得不行，但他们气势很足。如果说曼联一切向钱看，观众都是吃着对虾三明治去赶时髦的人，那么曼城就像一个灯光昏暗的夜总会，球迷置身于烟雾缭绕的环境中。曼城的球迷本质上信奉宿命论，他们最爱的口头禅就是"终身支持曼城"，其次就是"很曼城"。

对于曼城的变化，对手俱乐部的球迷既嫉妒又震惊。看到倒霉的曼城一夜之间跻身世界足坛的顶层，他们马上攻击曼城忘了自己的根。对手球队的球迷们唱道："你们不是曼城，你们不是曼城，你们不再是曼城。"一些曼城的球迷也持同样的看法，有些人甚至把自己的季票退了。

世故的阿联酋人根本不去想曼城过去的球技有多么糟糕，他们关心的是未来。

在新老板上任后的头 5 个转会窗口里，从 2008 年夏季的最后一天到 2011 年的夏季，曼城花了 3 亿多英镑引进了 23 名新球员。如果包括那些出租后返回的球员和从青训营提拔上来的球员，球队增加的球员数超过了 40 人。“你肯定会见到很多新人。”后卫文森特·孔帕尼（Vincent Kompany）说。在为俱乐部培养新基因的过程中，曼城选择全盘照搬仰慕对象的做法，难怪其最早签约的 23 名球员中有 5 人曾经效力于阿森纳。马伍德说：“这太吓人了。在我看来，我们还没有砌墙，就已经安装屋顶了。”

库克的话更加直接：“没有人知道我们到底做得对还是错。”

这在外人看来像竭泽而渔，实际上曼城对这种策略进行过认真研究。每次购买球员前，马伍德会制作 30 ～ 40 页的文件，采用彩色标记，内容包括 SWOT 这种从美国企业借来的经典分析方法。SWOT 分析法是指采用直观的方法来分析商业计划的优势（strengths）、劣势（weaknesses）、机会（opportunities）和威胁（threats）。曼城认为这种方法能够帮助自己选择合适的球员，比如新的左后卫。

2009 年 1 月，曼城的计划之大让库克诧异万分。当时他正同自己的妻子一起收看英国广播公司新闻频道。突然，两人精神一振，因为妻子看到库克的名字出现在屏幕上的滚动新闻条中，新闻称他指责 AC 米兰搞砸了巴西中场卡卡（Kaká）的转会。但让人吃惊的还不是这个，真正让他们惊讶的是，滚动新闻条中，这条新闻竟然被放在当天另一条重要的新闻之前，那条新闻是奥巴马宣誓就任美国总统。

“欢迎来到英格兰。”他对妻子说道。

曼城想要引进的球员并不一定都是热门人物。他们花 2 200 万英镑购买了巴西前锋若奥（Jô），他在球队出场次数达到了 21 场，可惜只进了一个球。多哥前锋埃曼努埃尔·阿德巴约（Emmanuel Adebayor）虽然出场 34 次且进了 15 个球，但事实证明他带来的麻烦远超其 2 600 万英镑的转会费。罗比尼奥最终在俱乐部只出场 41 次，不过他在曼彻斯特夜总会的露面纪录是无可匹敌的。不过，俱乐部引进球员的能力在缓慢提高。加雷斯・巴里（Gareth Barry）和帕特里克・维埃拉这样的球员增加了球队的经验，其职业精神和工作态度提高了整个球队的职业标准。年轻的人才也开始加盟球队，例如后卫孔帕尼。

2009 年夏季，曼城烟花齐放。

曼城在曼彻斯特的管理层被告知一个既定事实：通过复杂的经纪人网络和传说中谢赫・曼苏尔的关系，他们签下了著名的阿根廷射手卡洛斯・特维斯。在过去的两个赛季里，他一直在曼彻斯特另一头的那支球队效力。曼城内部没有针对他的分析档案，甚至没有人确信能签下他。但当他以据说 4 700 万英镑的转会费加入曼城的球员名单时，整个俱乐部下定决心要好好利用一下这件事情。于是，曼彻斯特最繁华的商业街上竖起了一块广告牌。在广告牌上，特维斯身着天蓝色的球衣欢庆着进球，下面是一行硕大无比的字："欢迎来到曼彻斯特。"

在该俱乐部的现代史上，曼城第一次有足够的胆量去挑衅曼联。他们有了幸灾乐祸的资本，尽管这种幸灾乐祸完全有悖于曼城球迷的本意。曼联的球迷一直是这种感觉吗？他们要花点时间来适应。

在曼联，弗格森根本不为所动。

"他们认为从曼联挖走了特维斯就是一种胜利，可怜的家伙呀！"弗格森嘲笑道。他在乎的是，在英超联赛的冠军数量上，两队的比分仍然是 11 ：0。"0 是曼城的成绩，对吧？他们是一家小俱乐部，眼界和意识都很狭窄。"

接着，弗格森再次补充了一句话："他们眼里盯着的只有曼联，他们摆脱不了这种想法的。"

THE
CLUB

第四部分
英超帝国的超级商战

那么紧迫，那么混乱，你要么表现出某种真实，要么就变成其中之一。

兰迪·勒纳

阿斯顿维拉前老板

第 16 章

8 000 万英镑卖掉 C 罗，权力结构正在转移

THE CLUB

英超语录

你今年不能走，不能在卡尔德隆以这种方式处理问题的情况下离开，我知道你想去皇马，但是我现在宁愿一枪打死你，也不会把你卖给那个家伙。如果你表现出色、不胡来，当有人来付给我们一笔创造世界纪录的转会费时，我们会让你走的。

弗格森

曼联前主教练

不惜一切代价挖来 C 罗

弗格森可以接受卡洛斯·特维斯转会曼城这个事实，因为在 2009 年夏天，还有一桩令他更头疼的转会，而且已经折磨他一年多了。他不得不面对这个现实：世界上最好的球员已经厌倦了在老特拉福德球场的生活。

C 罗即将离开曼联，这家俱乐部把他从一个懵懂少年变成全球的“足球之神”，这支球队在他的带领下连续 3 次夺得英超冠军，2 次闯入欧冠决赛。然而，弗格森对于他的离开无能为力。

当初，抢先把 C 罗带到曼联是 10 年内最重大的转会突袭之一，历经了一年多的密谋。弗格森私底下听说了一个来自马德拉群岛的少年，马德拉群岛是摩洛哥海岸之外的葡萄牙群岛的一部分。这个孩子跑得很快，对训练很狂热，总能把那些更年长的防守球员甩在身后。所有看到他在里斯本竞技踢球的人都对他赞不绝口，就好像他们看到了一个 15 岁的莫扎特。

“他在比赛中什么都不怕，”他的青训营教练莱昂内尔·庞特斯（Leonel Pontes）说，“他参加比赛时仿佛在说：‘这是我的地盘，这是我的领地。’”

为了让 C 罗相信他真正的领地是在伦敦的西北方向，弗格森找到了一个完美的同谋——卡洛斯·奎罗斯，他是里斯本竞技前主教练，对葡萄牙足球了如指掌。奎罗斯 2002 年加盟曼联，担任弗格森的助理教练，尽管他们的背景截然不同，但奎罗斯很快就觉得自己好像已经和这个脾气暴躁的老苏格兰人相处了一辈子。他说，这种联系“很奇妙”。弗格森是一名造船工人的儿子，来自格拉斯哥的工人阶层，当年是一名成功的足球前锋。奎罗斯比他小 11 岁，出生于莫桑比克，有一段短暂而平淡的守门员生涯。但是，这两人作为教练在训练场上并没有什么区别，一个唱白脸，另一个也唱白脸。很快，他们就习惯了每天黎明在卡灵顿共进早餐。

来到英格兰时，奎罗斯与弗格森最早的话题之一自然是关于成长在葡萄牙的天才球员。在广袤的足球世界中，每一个有一定资历的教练都被看作当地球员的活字典。奎罗斯对弗格森提到了里斯本竞技的两个孩子：里卡多·夸雷斯马（Ricardo Quaresma）和 C 罗。曼联的招募部门问奎罗斯更偏爱哪一个，奎罗斯说得很清楚。“毫无疑问，”他说，“两个都要。”

直接向里斯本竞技的青训系统下手，只为了赌两个葡萄牙少年？曼联对此感到不解。最后，俱乐部被迫选定了一个，正是那名更年轻的球员，他戴着牙箍，有几缕染成金色的头发，他的名字叫 C 罗。

弗格森并不是唯一知道这个男孩的人。到 2002 年，C 罗的才华和志向已经在欧洲消息最灵通的球探中传开了，这是一个充满天赋、令防守者感到畏惧的孩子。他渴望成为最好的球员，在里斯本，他已经游刃有余了。很快就会有人把 C 罗抢走，他自己已经感觉到了。无论走向何方，为了准备好他职业生涯的第一次重大转会，C 罗聘请了一个经纪人，这个人叫豪尔赫·门德斯（Jorge Mendes），曾经是夜总会投资人和录像带商店老板。

门德斯立刻开始四处兜售这名少年。他在意大利向国际米兰介绍 C 罗。2002 年 11 月，他带着年轻的 C 罗参观了阿森纳的伦敦科尔尼训练基地，并在那里见到了阿尔塞纳·温格。门德斯曾差点和瓦伦西亚、利物浦和尤文图斯签订协议，他还曾努力让 C 罗进入皇马的视线。

那么，曼联是怎样在所有人眼皮子底下抢先一步的呢？他们有一个非常详细的计划。

2002 年，借助奎罗斯的人脉，曼联与里斯本竞技建立了“战略关系”。这一合作使两家俱乐部能够分享教练建议和各种最佳训练方式。这里没有什么阴谋，曼联也没有摆明要挖走里斯本竞技最优秀的年轻球员。按奎罗斯的说法，里斯本竞技和曼联都是各自联赛中拥有传奇历史的杰出俱乐部，他们希望有一些思想交流。C 罗的名字从未被提及。由于这层合作关系，里斯本竞技向曼联请求帮助。2003 年夏末，里斯本竞技计划在里斯本新建一座球场，于是询问曼联是否愿意前来一同为场地揭幕并踢一场友谊赛。对曼联来说，参加这场比赛并不方便。那个时候，他们正好从美国的季前赛之旅中疲惫归来，而从美国费城回到曼彻斯特的路上也不会途经葡萄牙。但是为了与里斯本竞技保持亲密关系，曼联同意了。于是在那年 8 月，他们不顾烈日曝晒和时差反应，飞抵里斯本。

奎罗斯没有搭乘那架飞机，他只在曼联待了一年就离开了，随后接手了皇马主教练的职位。他给皇马主席的第一个建议就是，不惜一切代价挖来 C 罗。

弗格森已经料到，奎罗斯在西班牙可能会那样做。那个时候，曼联已经在与里斯本竞技的谈判中取得了一点儿进展，他们希望能完成 C 罗的交易，然后至少再让他留在葡萄牙打磨一个赛季。但是有两个因素改变了弗格森的想法，一个是他知道像奎罗斯这样的“鲨鱼”正在周围游弋，另一个是 C 罗在里斯本友谊赛的上半场的表现。

C 罗简直“谋杀”了曼联。那天晚上，C 罗对面那个可怜的家伙是曼联 22 岁的爱尔兰右后卫约翰·奥谢（John O’Shea）。他完全防不住 C 罗。整个上半场，奥谢被这个满脸青春痘的小将戏耍得晕头转向，以至于每次接近 C 罗的时候，他都只能犯规。45 分钟的折磨之后，曼联回到更衣室，弗格森受到两名老将里奥·费迪南德和罗伊·基恩的怂恿。“签下这个孩子，”他们说，“现在就把他签下来。”

“我已经搞定了。”弗格森回答说。他捏造了一点儿事实，他还没有完全搞定，但很快就会了。弗格森让装备员把曼联时任首席执行官彼得·凯尼恩从管理层的包厢里请出来，以便在比赛结束前就赶紧敲定C罗的转会。“奥谢已经被折磨得偏头痛了，”弗格森冲着凯尼恩大声说，“快让C罗签字！”

赛后，C罗还没来得及冲个澡，凯尼恩和弗格森就把这孩子及其经纪人叫到了球场内的一间办公室。曼联的其他人都在大巴车上等待，如果没有C罗的签字，弗格森是不会离开里斯本的。凯尼恩说，让C罗在里斯本多待一年的计划现在取消了。弗格森承诺，这名17岁的球员下个赛季至少会在英超联赛首发6次。无须再等，好时光就要来了。

在其他人，尤其是奎罗斯掺和进这笔交易之前，曼联雇用了一架私人飞机将C罗和他的母亲送到了英格兰。形势进展得如此之快，以至于C罗连一套换洗的衣服都没带。他以为自己会被介绍给媒体，然后飞回家做其他准备。而弗格森有别的想法，他希望C罗第二天早上就来训练场报到。

接下来的12个月将重新定义C罗的职业生涯。

创世界纪录的8 000万英镑转会费

在习惯了卡灵顿的氛围后，C罗，这个爱卖弄的少年开始在他的比赛中添加更多的内容。他更壮实了，而且提高了自己的传球技术。穿着贝克汉姆空出来的7号球衣，他在第一个赛季就出场40次，远超原本承诺的6次。听到弗格森谈论父亲和英格兰北部的职业理念时，这个来自马德拉群岛的年轻人不知为何产生了共鸣，正如多年来弗格森与组成曼联阵容的英超老将们产生的共鸣一样。“如果你的队里有基恩，”奎罗斯说，“那就没有开玩笑的余地，没有娱乐的空间了，每一次训练课都要全力以赴。”奎罗斯在皇马度过一个不愉快的赛季后，于2004年重返曼联。

弗格森非常信任奎罗斯，让这名葡萄牙教练成为 C 罗训练时的主要照料人。在关于比赛的方方面面，奎罗斯都与弗格森合作密切。弗格森后来写道，奎罗斯“与我关系无比紧密，他不是主教练胜似主教练”。在弗格森与英国广播公司长年不和期间，奎罗斯甚至有时在赛后代替弗格森接受采访。他过于忠实地保持了弗格森的风格，后来因侮辱裁判而受到英足总的谴责。这两人最欣赏 C 罗对足球这项事业倾尽全力的表现。尽管他总在球场上显摆自己，也总在镜子前臭美，还弄了那么多酷酷的发型，但 C 罗几乎就要住在训练场了。

在早晨 7 点吃早餐时，弗格森和奎罗斯发现，C 罗是每天第一个到达卡灵顿的球员，紧随其后的是比他小 8 个月的韦恩·鲁尼。训练还有至少一小时才正式开始，但是少年们已经迫不及待地想要马上训练起来了。他们玩足球、网球和自己发明的其他游戏，用奎罗斯的话来说，他们有自己的“行动小王国”。

教练们看得出来，C 罗拥有与其他伟大球员一样的品质：他们从不急于回家。“他们洗完澡，然后去健身房。”奎罗斯说，“当我看到这些的时候，我开始觉得自己正经历着特别的事情。对他们而言，回家根本没有比赛重要。”训练结束后，如果 C 罗在卡灵顿待得太久，奎罗斯就不得不把他从某块场地上赶走。C 罗想留在外场地练习他的带球技术和任意球，任意球是对埃里克·坎通纳这名曾经的 7 号球衣拥有者的传承，而曼联的工作人员只想回家。

“我见过很多伟大的职业球员，但其中有些人比别的人更伟大，”奎罗斯比喻道，“同样是蓝，也分为深蓝和浅蓝。”

接下来的 4 年里，曼联把 C 罗打造成了世界上最伟大的足球运动员。作为回报，C 罗把俱乐部重新带回统治地位。2006—2007 赛季，曼联结束了他们在英超历史上最长的“冠军荒”，举起 4 年来的首座联赛冠军奖杯。C 罗出场 53 次，踢进 23 球。接下来的赛季里，他理所当然地爆发了。作为一名边锋，他在 49 场比赛中踢进 42 球，帮助曼联夺得英超冠军并闯入 2008 年莫斯科欧冠决赛。但他们一到莫斯科，麻烦就来了，弗格森和奎罗斯早就知道这一天会到来。“我们能留住 C 罗多长时间？”这是他们之间经常提到的一个问题。不过他们也意识到，能留他 5 年已经算得上成功了。

C 罗到处发出转会暗示，与此同时，他的经纪人门德斯做了经纪人该做的事。门德斯不只给出了暗示，而且让足坛的相关人物都得到了消息。媒体捕捉到了这些转会传闻，但一切仍然只是流言，事实被小心翼翼地遮掩着，消息来源也不透明，直到欧冠决赛的那天早上。那一天，公认的皇马非官方喉舌、西班牙体育日报《马卡报》（*MARCA*）在头版高调宣布，C 罗将前往西班牙。接下来的 10 天里，有关 C 罗可能转会皇马的报道占据了《马卡报》8 天的头版，而消息来源则扑朔迷离。

西班牙的足球俱乐部在发表关于想签下哪名球员的重要言论时总是广而告之，原因在于它们的组织方式。皇马、巴萨以及其他西班牙俱乐部的主席要凭借规划未来愿景来竞选职位。通常来说，这个愿景建立在体育界最简单的竞选承诺之上，即在超级明星身上挥金如土。当球员与竞争球队仍在合约期内时，用这种方法引诱球员是粗鲁而卑鄙的，但这正是 21 世纪初期皇马组建“银河战舰”的方式。到了 2008 年，皇马主席拉蒙·卡尔德隆需要组建自己的“银河战舰”，他的目标只能是 C 罗。

尽管 C 罗几次牵强地公开承诺自己想留在曼联，但创世界纪录的 8 000 万欧元转会费的流言还是持续了好几个月。所有当事人都知道，那不是真的。格雷泽家族对皇马的态度是“让他们见鬼去吧”，曼联不会卖掉 C 罗，这使弗格森对老板的印象大为改观。卡尔德隆到处宣扬，C 罗被“扣留”在曼彻斯特，被迫违背自己的意愿工作。

C 罗的肥皂剧是足坛的热门话题。在这项运动的权力结构顶端，塞普·布拉特支持卡尔德隆。这位国际足联时任主席称，C 罗正被当作“现代奴隶”来对待。

当时年薪约为 800 万英镑的 C 罗同意这个说法。

这种形势显然无法持久，任何一方只要开口，他的话就会变成耸人听闻的新闻头条。C 罗和弗格森需要坐下来，在私底下一劳永逸地解决这个问题。奎罗斯在欧冠决赛之后离开曼联，接管葡萄牙代表队，他成功促成了那两个人的会面。

由于感到对 C 罗的“动力、担当和快乐”负有责任，奎罗斯在 2008 年 7 月安排了一次会面。为了避开来自曼彻斯特和马德里的窥视，地点被安排在奎罗斯在里斯本郊外的家中。大卫 · 吉尔 2003 年接替凯尼恩成为曼联首席执行官，他与弗格森一起代表曼联阵营搭乘飞机前来。门德斯代表球员一方。至于 C 罗，他试图在最后一刻抽身，他编造借口称自己已经约好身体理疗，希望能避免与弗格森正面接触。奎罗斯坚称，就在那时，他行使了所谓的“父亲般的教练权威”。

最后，C 罗还是赶来了，奎罗斯把英格兰足球历史上荣誉最多的教练和这个星球上最好的球员送进了自己的客厅。“当这次会面结束时，”奎罗斯对他们说，“你们需要为双方都找到一个解决方案。”说完他就走了出去，让弗格森和 C 罗平和地待在里面。他出去和吉尔、门德斯一起等待，除了给弗格森送了一次水外再未打扰。一小时过去了，房间里面，主要是弗格森在说话。“你今年不能走，不能在卡尔德隆以这种方式处理问题的情况下离开，”他对 C 罗说，“我知道你想去皇马，但是我现在宁愿一枪打死你，也不会把你卖给那个家伙。如果你表现出色、不胡来，当有人来付给我们一笔创造世界纪录的转会费时，我们会让你走的。”

弗格森解释说，他只是不想让人看到自己在卡尔德隆的欺辱手段之下认输。“如果那么做，我所有的荣耀将不复存在，我将失去所有。我不在乎你是否被迫待在看台上，”弗格森说，“我知道事情不会发展到那种地步，但我必须告诉你，今年我是不会让你离开的。”

C 罗理解弗格森。弗格森对他来说就像父亲，尤其是在 C 罗亲生父亲因常年酗酒而早逝后的这 3 年里。他不愿令弗格森失望，所以 C 罗同意再给曼联一个赛季。2009 年，皇马还会在那里的。

弗格森和 C 罗达成了秘密约定，但谣言仍在继续满天飞。随着赛季的进行，“他会转会”“他不会转会”的戏码在反复上演。卡尔德隆被弗格森的强势所激怒，利用《马卡报》的头版谴责这位苏格兰人，称他是独裁者，同时也影射他老迈过时。弗格森很有头脑，他以抬高 C 罗的身价为己任。“你不会认为我们要和那个暴徒签合同吧？”他在 2008 年 12 月说，“我连根毛都不会卖给他。”

然而，最终的结果无法改变。弗格森可以推迟 C 罗转会，但他无法阻止。包括巴萨在内的其他俱乐部都试图从这场僵局中获利，提出自己的报价制造声势。但是，C 罗已经做出决定。

当曼联最终在 2009 年夏天做出让步时，皇马被迫支付了 8 000 万英镑，这使 C 罗成为当时足球史上最昂贵的球员。即使以足球运动的标准来衡量，这也太惊人了。皇马前不久才打破转会费的世界纪录，以 5 600 万英镑的价格签下了巴西人卡卡。而现在，就在同一个月，他们再次打破纪录。在整个足坛，专家们都担心事情的发展会失去控制。但布拉特不担心，他支持皇马，毕竟俱乐部刚刚授予他荣誉会员的称号。

欧洲足坛一场更大的权力结构转移

“10 年前，毕加索的《蓝色时代》(*Blue Period*) 在伦敦苏富比拍卖行拍出了 1 亿多英镑，”布拉特说，“毕加索的这幅画后来怎么样了？人们把它藏在某个地方，没人能把它偷走，也没人能看到它。但是作为一名足球运动员，你每周都可以看到他一两次，他就在那儿，他是一个明星。”

C 罗在马德里亮相的那天，8 万名球迷来到伯纳乌球场，目不转睛地看着他，仿佛他就是米开朗琪罗的《大卫》。他从通道里小跑着出来，登上球场中的礼台，与皇马新当选的主席弗洛伦蒂诺·佩雷斯（Florentino Pérez）以及俱乐部另两位年迈的传奇人物同台。此刻，C 罗第一次穿上了著名的纯白球衣，所有人的眼睛和几十个镜头都对着他。

这一切的缔造者门德斯小心翼翼地待在一旁，几乎被所有人忽略了，但当事人都知道他是整个事件的关键人物。一年多来，是门德斯把世界上最富有的两家俱乐部系于一线。权力正从俱乐部转移到球星和他们的经纪人身上，如果有人还不明白，这就是例子。

然而，C 罗从曼彻斯特到马德里不仅说明了一个西装革履的经纪人有多大的影响力，而且暗示了欧洲足坛一场更大的权力结构转移。这在当时几乎没有人察觉，但在随后的几年里，它变得显而易见。这件事标志着球星的势力从英格兰转移到了西班牙。

C 罗转会西甲联赛之后，英超联赛再也不能宣称世界上最好的球员受雇于他们的俱乐部了。一方面由于人才进步和人才流动的自然规律，另一方面由于各个联赛的格局不同，相较于英超联盟各球队实力相对接近，德甲联赛是“一家独大”，西甲联赛是“双雄称霸”，所以德甲联赛和西甲联赛中的顶级俱乐部对于吸引绝对的精英球员拥有一定的优势。在那里，像 C 罗和梅西这样的球员几乎每个赛季都有把握捧起一两座奖杯。而在竞争激烈的英格兰足坛，大家要拼个你死我活。

现在，问题变成了：英超联盟需要 C 罗吗？如果英超联盟的球员足够优秀，呈现的内容足够精彩，球队吸金的能力不受影响，那么就算最优秀的球员越来越多地被交易到其他地方又会怎样呢？英超联盟仍在轻松地大把赚钱，要想阻止英格兰足球的成功，C 罗的离开是远远不够的。

第 17 章

肮脏伎俩，超负荷运转的转会市场

THE CLUB

英超语录

在英格兰，你一遇到问题，人们就想让你花钱。现代足球越来越被追求自由的球员所定义，同时伴随着越来越多的个人主义，我们如今的处境是，就连 1 月的窗口期都会在俱乐部内部引发“地震”。一旦球员的个人利益与球队利益不一致，他就会非常烦躁。

阿尔塞纳·温格
阿森纳前主教练

英超启示录

1. 英超联盟转会的基本步骤：
   第 1 步，俱乐部确定一个它可能需要的球员；
   第 2 步，见球员；
   第 3 步，出价；
   第 4 步，与球员在个人条款方面达成一致。

2. 第三方所有权有两个主要问题：一个问题是它扭曲了转会的动机；另一个问题是整个“经济权”市场完全不受监管，暴露于欺诈、逃税和洗钱的乱象之中。

转会，体育界的终极自由市场

像 C 罗转会这样的事情不仅发生在最高级别的市场上，在忠诚和数字更高的支票之间做选择时，球员、经纪人和俱乐部的紧张关系存在于各级职业联赛的每一家俱乐部中。总有人尝试离开，总有人需要签约。这一切最显而易见的解决方案就是转会。

阿尔塞纳·温格总是说："在英格兰，你一遇到问题，人们就想让你花钱。"

球员在足球俱乐部之间的流动完全是一种交易。"如果我们想要你的人，就会甩给你钱，直到你愿意撕毁他的合同。"合同基本上是没有意义的。球员如果察觉到有转会至更大俱乐部的机会，就可以通过经纪人来对老板施压，从而达成目的，只要在转会窗口期内完成转会就行了。这就是体育界的终极自由市场。

这并不是说没有一个公认的做生意的规矩，以下是英超联盟转会的基本步骤，也是足坛所有人都不断试图按照自己的意愿去歪曲的框架（剧透警告：经纪人总是会赢）。

- 第 1 步：俱乐部确定一个它可能需要的球员。这通常需要查阅一些来自欧洲各地的不知名比赛的报告，这些报告是通过头发花白的球探们在各地的现场看球得来的。如今，这一过程往往始于一间简朴的办公室和一群数据追踪者，他们带着笔记本电脑和大量素材，在详尽的球员数据表格中进行筛选。他们的算法吐出一个名字就意味着要派遣一名球探到这个球员接下来的 1 ～ 6 场比赛中进行评估，要开始调查该球员的性格，以确保他不是一个无法调教的刺头。一个高规格的英超联盟球探部门每个月会筛选超过 200 份球探报告。“去观看真正喜欢的球员比赛之前，有相当多的背景工作要做，”拥有 20 年英超联盟球员招募经验的史蒂夫·沃尔什（Steve Walsh）说，“这是为了降低风险……如果有人跟你说他们与球员签约时已经有了百分之百的把握，那他就是个骗子。”

- 第 2 步：俱乐部方面亲自出人考察球员。当兴趣升级到一定程度，俱乐部就会派一名教练或者球探主管去观察球员本人。为了避免看台上的教练被电视镜头在第一时间发现，要提醒他准备一顶棒球帽。
- 第 3 步：俱乐部报价。与所有谈判一样，最初报价应该降到俱乐部实际准备支付价格的 50% 左右。买卖双方按照惯例持续讨价还价，与此同时，两家俱乐部公开否认双方存在任何接触。谈判可能只需要几小时的时间，但当卖家的胃口被吊起来之后，则可能需要一整个赛季。
- 第 4 步：俱乐部与球员在个人条款方面达成一致。一旦解决了这个问题，就意味着转会已经实际完成。剩下的手续只有 3 个：一是买方俱乐部对球员进行体检，以确保他们没有买来一个残次品；二是双方在合同的虚线上签字；三是球员手持球衣微笑着拍一张照片。

至少在一切顺利的情况下，事情就是这样运作的。不过，关于转会的方方面面，从价格到周围环境的敌视程度，都会受到某些因素的影响，包括解约条款和球员现有合同剩下的时间，以及经纪人费用这个小问题。曼联的大卫·吉尔在 21 世纪初曾试图在全联盟范围内引入一项规定，迫使球员支付自己的经纪人费用，而不是指望俱乐部掏钱。但很多受经纪人影响的俱乐部反对，于是英超联盟发现自己陷入了这样一种境地：根据欧足联的数据，经纪人的佣金占到英格兰所有转会支出的 13%，这一数字相当于每个赛季花费数千万英镑。

另外，1995 年的《博斯曼法案》也将权力转移到了球员身上。自由球员市场的存在在合同有效期内创造了一个奇怪的新拐点：合同期满前 18 个月。虽然这从未直接点明，但正是在那个时刻，俱乐部会意识到他们需要起草一份新合同以便让球员安心留队。在某种程度上这是必要的，否则就要面临合同到期时将球员白白放走的可能性。

在过去，转会在一年四季都会发生。买卖双方俱乐部在何时达成交易是没有限制的，球员一直处于待售状态。从 20 世纪 90 年代初开始，英超联盟就试图限制这一点，热刺前主教练特里·维纳布尔斯（Terry Venables）一马当先。

“维纳布尔斯的想法是，主教练是教练员，应当花时间与球员在一起，而不应该四处寻求新球员，不应该需要提防经纪人，也不应该被迫应对那些不安定的球员。”英超时任首席执行官里克·帕里说。

然而，引进特定的球员交易窗口期的提议，在当时联盟各俱乐部老板的投票中以微弱的劣势被否决了。反对意见来自一些小俱乐部，他们希望拥有在赛季中期可以出售球员的选择，以便他们应对需要快速筹措资金的情况。只不过，事情没有就此结束。

在《博斯曼法案》导致转会市场过度活跃之后，英超联盟再次提议对长久开放交易期导致的不稳定影响加以控制。帕里的继任者、英超时任首席执行官彼得·利弗（Peter Leaver）在 1998 年说：“这会对那些不断兜售球员的经纪人有一定的限制，我认为俱乐部也必须开始适当做出提前规划了。”

此后，欧足联同意并推行了一项计划，把球员的流动限定在两个特定的窗口期，一个在夏天，一个在 1 月。当欧洲大陆提出意见时，英超联盟各个俱乐部改变了立场，他们在这件事上没有什么自己的看法。2002 年，欧足联把两个规范化的转会窗口期在整个欧洲推行开来。俱乐部和球员都知道了自己在很长一段时间里的境况，在一年当中大多数时间里不用再担心转会，而是可以专注于手头的工作。然而，他们错了。

“现代足球越来越被追求自由的球员所定义，同时伴随着越来越多的个人主义，”温格说，“我们如今的处境是，就连 1 月的窗口期都会在俱乐部内部引发‘地震’。一旦球员的个人利益与球队利益不一致，他就会非常烦躁。”

在一边煽风点火的正是对转会新闻垂涎欲滴的八卦小报。

传媒界的“流言产业”创新

几十年来，转会流言一直是小报记者的传播内容，那是一个比英超联赛本身还要古老的产物。回顾过去，你会发现转会传闻和英超联赛有共同的金主。当这位金主介入英超联赛的时候，他正坐在国际传媒帝国的头把交椅之上。然而，在 1969 年，他只是一个来自澳大利亚、怀有野心的报社老板。

鲁伯特·默多克那会儿刚刚收购落魄的《太阳报》，他面临着一个统筹问题，这是他生命中第一个由足球引发的问题。由于英国缺少印刷机，《太阳报》的第一期必须在所有晚场比赛结束前付印，对一个希望瞄准英国广大足球球迷作为报纸受众的人来说，这是一场灾难。

因此，《太阳报》决定用一种“高热量、低营养”的填充物来代替足球新闻，从而满足那些需要用标题来刺激眼球的读者。它开始传播流言蜚语。从古到今，没有比流言蜚语更受欢迎的了。

接下来的几十年，足球界的“流言产业”出现了更多创新。正如成人电影产业总是处于视频技术前沿一样，“流言产业”拥抱任何可以利用的新媒介。在互联网出现之前的 20 世纪 90 年代初期，英国各个广播公司的电视图文资讯系统里充满了小报上的最新流言，付费电话服务诱使球迷花高价来打听哪位“世界杯球星”会与他们热爱的俱乐部签约。后来，“流言产业”转移到互联网，在那里，谣言会引起轰动。如今，英国广播公司网站上的“转会流言”专栏是每天阅读量最大的网页之一。仅凭在转会方面偶尔的精准播报，记者就能在社交媒体上建立起庞大的粉丝群体。对于转会炒作这种贯穿全年的娱乐消遣行为，建立转会窗口期几乎对它没有起到任何抑制作用。报纸上有关转会的报道中，几乎任何事情都可以被当作球员即将转会的信号。

例如，如果记者问某球员他是否愿意在英格兰踢球，这名球员用平淡的语调回答：“它是世界上最好的联赛，谁都想在那里为合适的俱乐部踢球。”那么这句话就会被篡改得面目全非，变成某中场球员对英超俱乐部发出“快来签下我”的恳求。

然而，在英国媒体对转会进行报道的同时，他们还被另外一个重要的事实困扰着，那就是媒体几乎没有任何采访渠道。对于媒体每天都想报道的那些人，在英超联盟的限制下，媒体只有短暂一瞥的机会。通常在一周当中，主教练会在每场比赛之前召开一场新闻发布会，然后赛后再次接受媒体采访。另外，一些球员在比赛结束离场时有可能“屈尊”与几名记者聊上片刻。这几乎就是全部了。广播公司的机会多一点儿，他们转播比赛前会有独家采访，但他们要为这些权利支付数百万英镑。

这就引发了一个现象，即使是那些相互竞争的日报，它们的记者在每场比赛或每次新闻发布会后也都会进行一次认真的讨论。这个媒体同盟聚在一起谋划，共同确定最刺激的情节。“如何讲这个故事？”他们努力就这个问题达成共识。最终的主线也许是比赛中的红牌，或者是主教练的暗示，比如俱乐部正在市场上寻找一名射手。唯一可以肯定的是，记者们第二天的报道基本都会采用相同的视角，因为他们事先已经达成一致了。

媒体同盟还有一个聪明的把戏，用来制造他们似乎随时都在采访的假象，那就是发稿限令。任何特定的新闻发布会或采访都可以被划分成两到三个环节。以一个典型的周日比赛的主教练赛前新闻发布会为例：它会在周五召开，前 10 分钟对报纸和广播公司等媒体开放，以供即时使用；然后摄像机被勒令关闭，第二个环节专供日报和网站，这些报道必须等到当晚 10 点半之后方可发布，这样记者们就不必陷入“抢新闻”的比拼之中；最后，第三个环节为周日的报纸预留，当然，这部分内容周六深夜之前禁止发布。同样，一两名球员赛后在所谓的“混合区”接受采访时所说的所有内容也受制于发稿限令。发稿限令的决定权不在于俱乐部，而在于媒体同盟的资深成员。

只要按照规则行事，媒体同盟就会通过电子邮件发送采访引语和素材，所以你不会错过什么。如果违反规则，你就有可能被排挤，会有专业人士在 Twitter 上愤怒地发布一段文字，在末尾指责你“辜负了这个行业”，并告诉你应该“羞愧地低下头”。当然，如果你有独家新闻，那就另当别论了，那时候所有规则都无效了。例如，一个经纪人或者俱乐部高管给一名记者发了一条未知真假的短信，提到了关于一名球员未来计划的只言片语。这些短信的发送时机往往与该球员下一份合同的谈判时机惊人地接近。随后，它会迅速变成一条消息来源不明的报道，比如这家俱乐部“正在权衡一笔转会运作”或对某人“有兴趣”，抑或是计划“在 1 月”向敌对俱乐部的球星“发起猛攻”。每天的封底竞争中，唯一有用的就是一个加粗的或者有时用金色字体写成的大标题，以及一个价签，上面带着一连串的“0”。这些滑稽的行为点燃了英超联赛的气氛，为每场比赛掺入了更多的阴谋论。换句话说，“流言产业”不仅为英超联赛吸引到更多的关注，而且帮助英超联盟挖掘了潜在的市场。

然而，诡异的是，有时这些转会还真的发生了。

“财诱”带来的道德恐慌

在这样的背景下，2010 年前后，残酷的英超联盟转会市场出现了比以往任何时候都更加狂热的球员买卖现象。2011 年夏天，英超联盟各俱乐部一共花费 4.85 亿英镑，比上一年增长 33%，这看起来很反常。事实上，这只是一场群体性歇斯底里的开始，英超联盟此后 5 个赛季每年总支出都大幅增长，并在 2016 年的一场混战中达到顶峰，当时英超联盟 20 家俱乐部的总支出首次突破了 10 亿英镑的大关。

然而，大家千万不要以为，这种世界级的资金流动会消灭转会市场上那些廉价的伎俩。如果说有什么不同的话，那就是俱乐部、经纪人，甚至球员在强行达成交易和欺诈竞争对手方面变得更有创意、更加离谱了。绅士之间文雅的口头约定和握手都被抛诸脑后。转会市场中的运作历来都像在充满食人鲳的鱼缸里游泳，而现在，好像有人又额外引入了一群脾气暴躁的魔鬼鱼。

几年前，英超联盟首次注意到这一点。当时，罗曼 · 阿布拉莫维奇的切尔西终于成功挖走了阿森纳的一名顶级球员。最后，从伦敦北部转会到伦敦西部的不是蒂埃里 · 亨利，而是后卫阿什利 · 科尔（Ashley Cole）。蓝军对阿什利的兴趣是有充分道理的，这名 25 岁的球员是世界顶尖的左后卫之一，是英格兰代表队的中坚力量，其职业生涯正值巅峰，但令人惊讶的是他们签约的过程。2005 年 1 月 27 日，各方聚集在皇家公园酒店的大厅里，这家酒店位于 10 年前英超联盟成立地点兰卡斯特盖特酒店的附近。阿什利带来了他的经纪人乔纳森 · 巴尼特（Jonathan Barnett），若泽 · 穆里尼奥和彼得 · 凯尼恩组成切尔西代表团。无处不在的超级经纪人皮尼 · 扎哈维也在场，过去 10 年里的几乎每一次重大转会他都在场见证。

大家喝着饮料，吃着零食，大致讨论了阿什利与切尔西的合同金额、他的场外要求，以及他将如何融入穆里尼奥的球队体系之中。所有这些都是转会谈判的标准内容，除了一个小细节：阿什利与阿森纳的 5 年合同刚过一半，而阿森纳也没有收到切尔西接触阿什利的请求。这使整个会面完全违反了英超联盟的规则。捕风捉影的小报报道这次秘密的转会谈判的时候，将之形容为“财诱”（tapping up），大多数球迷第一次听说这个词，它指的是为了让球员改换门庭、为未来转会铺平道路而实施的违规行为。这种行为当然不会是最后一次。

当英超联盟对这件事展开调查时，阿什利的经纪人试图平息事态，断然否认了与切尔西有过任何会面。但是他忽略了一个目光敏锐的酒店服务员，这个服务员签署了一份法律宣誓书，确认他在当天下午为凯尼恩、穆里尼奥和阿什利提供了饮料。

那年夏天，切尔西、阿什利和穆里尼奥都被判违反了英超联盟的规则。蓝军收到了 30 万英镑的罚单，并被扣除 3 分联赛积分。同时，阿什利和穆里尼奥分别被罚款 10 万英镑和 20 万英镑，这些罚款后来都减少了数额。然而，这只是推迟了阿什利转会切尔西的时间。这名后卫在 12 个月后加盟蓝军，结束了漫长的转会过程以及与阿森纳老板的争执，他指责阿森纳以 5.5 万英镑的周薪“羞辱”了他。在加盟切尔西后不久，他在出版的一本离经叛道的自传中写道：“当我听到巴尼特转述 5.5 万英镑这个数字时，我差点儿驾车冲出马路。”这些考虑不周的言论令阿什利成为全英国奚落的对象，并从阿森纳球迷那里得到了“卡什利”（Cashley，此处讽刺阿什利拜金）的绰号。两支球队在那个赛季晚些时候相遇时，阿森纳球迷拿着 20 英镑的假钞朝阿什利挥舞。

在英国足坛，财诱远非一个新现象。更早之前，布赖恩·克拉夫（Brian Clough）在担任诺丁汉森林主教练时就曾用这个词形容他们招揽球员的做法。然而，切尔西在人来人往的酒店大厅中央引诱阿什利，这种方式令球迷和竞争对手的主教练都感到惊诧。“他们怎么不在 M25 高速公路中央会面呢？”温格得知对方与他的球员以如此公开的方式接触之后悲愤地说，“那样每个人都能知道他们见面了。”

对于阿什利激起的民愤，蓝军无动于衷，以至于在 2009 年，他们又涉入了另一桩财诱事件。当时他们被指控诱导 16 岁的中场球员盖尔·卡库塔（Gaël Kakuta）撕毁与法国朗斯足球俱乐部的合同。切尔西后来停止了这一不正当的行为，与对方俱乐部达成了和解。

财诱带来的道德恐慌让人感觉这是一个更加没有负罪感的时代。不道德的行为变得如此随处可见，以至于很快就被默许，被视为做生意的固有成本。**如果说残酷的现代转会市场给了人们什么教训的话，那就是除非球员签名的墨迹干透了，合同复印了，并一式三份提交给了英超联盟，否则任何约定都是不可靠的。**

西汉姆联为这个教训付出了昂贵的代价。2010 年，俱乐部与来自巴萨的冰岛老将、前锋埃杜尔·古德约翰森（Eiður Guðjohnsen）达成了签约协议。古德约翰森抵达之后，西汉姆联把他送到当地一家医院进行例行体检，随后将他送至位于金丝雀码头的一家酒店。在那里，他可以洗个澡、换身衣服，然后去球场完成签约的正式手续、拍照并告诉全世界，有机会加盟铁锤帮（西汉姆联的昵称）是美梦成真。然而，当俱乐部官员来到酒店准备带古德约翰森去球场时，他们的计划却遇到了意外的障碍。西汉姆联的老板之一戴维·沙利文（David Sullivan）回忆说："他从酒店里消失了。"几个小时之后，古德约翰森重新露面。他拿着一件热刺的球衣，告诉全世界，有机会加盟热刺是美梦成真。西汉姆联无法相信这一切。就在古德约翰森完成体检之后，在合同虚线处正式签字之前，热刺时任主教练哈里·雷德克纳普与古德约翰森完成了接触，并使他改变了主意。对沙利文来说，这都不能算是在婚礼礼台上被抛弃，而是在婚宴进行到一半时被离婚。西汉姆联甚至还要为古德约翰森的机票、酒店和医院消费账单支付 5 000 英镑。

"我们认为协议已经达成了，球员甚至已经完成了体检，"沙利文非常恼火，"我对热刺感到非常失望，他们会遭报应的。"

至少这一次，沙利文的判断被证明是准确的，因为报应在 3 年后降临了。当时，热刺官员正忙于在利物浦之前签下巴西边锋威廉。俄罗斯安郅马哈奇卡拉俱乐部（简称安郅）的老板、石油大亨苏莱曼·克里莫夫（Suleiman Kerimov）受够了自己作为个人为球队出资，因此将威廉出售。与安郅在价格上达成一致之后，热刺把威廉接过来大张旗鼓地进行体检。伴随着一连串的拍摄，威廉来到热刺训练场，顺利通过了一连串测试，而热刺的官员则在隔壁房间准备签约所需的文件。一切都进行得非常顺利，直到他们试图把威廉领进那个签约的房间，他一动不动。

“对不起，我要去切尔西了。”威廉对他们说。

结果表明，围绕威廉体检所发生的喧嚣都在提醒切尔西，他们有机会与安郅进行交易。而克里莫夫恰好与切尔西老板阿布拉莫维奇关系密切，私下是好友，这在当今的英超联盟是很大的优势。两名俄罗斯寡头之间一通及时的电话就可以让切尔西从同在伦敦的竞争对手眼皮子底下偷走这名球员。此时刚刚重返斯坦福桥球场执教的穆里尼奥在这件事情上极为得意，他在当天晚些时候召开的新闻发布会上说：“这就是签合同之前进行体检的危险所在。”接着，他“仁慈”地为热刺提供了一些免费的建议：“你们最好偷偷地做体检。”

然而，对大多数英超球队来说，新的转会经济不是闹着玩的。持续升级的秘密行动和恐慌迫使俱乐部寻找捷径，争先恐后地促成交易。2012 年，布莱克本主教练史蒂夫·基恩（Steve Kean）在转会窗口关闭日宣布，他签下了 3 名他从未看过其比赛的球员。当时，疯狂的购买行为成为转会市场的主题。

经纪人戏份的暴涨进一步增加了转会市场的混乱程度。随着豪尔赫·门德斯、扎哈维等人的权力日渐增长，越来越多的经纪人希望从买卖球员的业务中获取丰厚利润。据估计，截至 2014 年，仅在欧洲工作的注册足球经纪人就有大约 15 万。这个数字太荒唐了，这就是为什么国际足联在那一年决定完全废除持证经纪人的概念。结果，英超俱乐部准备购买球员的时候时常要面对四五个经纪人或中间人，他们都声称代表同一名球员。“你都不知道该跟谁打交道，”一名英超俱乐部的老板说，“他们都想得到报酬。他们会说‘我有英格兰的独家代理权’‘我有他所在俱乐部的官方授权’，等等。当讨论一笔巨款的时候，威胁也会随之而来。我就遭受过人身威胁，我的家人也遇到过暴力威胁。这很可怕。”

混乱之中，有些英格兰足坛声誉良好的俱乐部也会难以平衡收支。英超联盟的创始成员之一埃弗顿在大卫·莫耶斯（David Moyes）的率领下，曾连续多次踢出优异成绩。俱乐部有一座古老的球场古迪逊公园球场（Goodison Park），曾经举办过 1966 年世界杯半决赛。俱乐部老板是比尔·肯赖特（Bill Kenwright），其身家不算高，个人财富主要来自伦敦西区剧院的戏剧制作。俱乐部发现他们跟不上那些财大气粗的竞争对手了。在 2011 年的一次见面会上，肯赖特曾向埃弗顿的球迷们解释，为什么俱乐部卖掉南非中场史蒂文·皮纳尔（Steven Pienaar）所得的 300 万英镑没有用来购买新球员。他说：“当莫耶斯要开始买新球员的时候，我告诉他：‘我没有钱了。’对我来说，我每天都不得不跟银行做斗争，它们是不择手段的。”阿斯顿维拉和纽卡斯尔联因为缺乏可支配资金而陷入了类似的困境。其他一些俱乐部陷入癫狂，到处花钱，比如朴次茅斯，它在 2009—2010 赛季中期欠下了高达九位数的债务，而且没钱支付球员的薪资。

即使是阿森纳这个英格兰最谨慎的购买者之一，也无法躲开转会市场的灾难。由于建造酋长球场的沉重债务负担和温格保守的财政策略，枪手认定只要他们不参与其中，就不会在这个超负荷运转的转会市场上遭受损失。阿森纳在 2006 年之后签约的球员质量急剧下降，这并不是因为温格突然丧失了对天才的洞察力，而是因为他不愿意为了签人而把俱乐部逼到绝境或者牺牲自己的原则。这就是为什么阿森纳自称与世界足坛几乎每名超级球星都差点签约，C 罗、里奥·梅西、兹拉坦·伊布拉希莫维奇……他们早在青少年时期就被温格盯上了，但最终都去了别的地方。在这个无畏的新世界里，温格在市场上的行动太缓慢了，所以当他最终以一个他能接受的价格认定一名球员时往往为时已晚。2014 年，阿森纳终于从莫斯科斯巴达克足球俱乐部通过租借合同得到金·卡尔斯特罗姆（Kim Källström），但他当时已经是“残次品”，因为卡尔斯特罗姆是带着背伤来的。

对阿森纳来说，相较于无法招揽到世界级球员，更糟糕的是被迫失去他们现有的世界级球员。温格发现，在枪手无法跟上其他竞争对手提出的报价时，从后卫阿什利到中场球员塞斯克·法布雷加斯（Cesc Fàbregas），球员们都匆匆离开了。由此，阿森纳的目标从赢得联赛冠军微妙地转为争夺前 4 名。“经纪人都知道我们不得不出售球员，因为我们没有其他俱乐部那样的财力，”温格说，“正因如此，我们只能招来一些年轻球员，这就是我们的生存方式。我们有优秀的梯队，但我们不够成熟，因为比起切尔西和曼联，我们的球员太年轻了。”

精明的交易谈判人，热刺在新经济中占据高位

在伦敦北部，有一家俱乐部发现这种反复无常的转会经济很合他们的心意，没人比热刺更能在这个充满欺骗和肮脏伎俩的世界里生存了。为此，他们要感谢毕业于剑桥大学的丹尼尔·利维，利维戴眼镜，还有些秃顶。

利维看上去腼腆而好学，不太像一个足坛最令人畏惧的谈判者。利维 2001 年加入热刺，此前热刺在各方面的表现都不太像一个令人畏惧的俱乐部。在英超联赛早期，热刺被视为软柿子。俱乐部以 20 世纪五六十年代的华丽足球风格闻名，后来演变成对技术型球员的极度推崇。那些球员往往享受高薪，却几乎无法满足英超联赛一个赛季的体能需求。最能体现人们对这家俱乐部普遍看法的是弗格森在一场对阵热刺的比赛之前发表的“演说”。据罗伊·基恩透露，“演说”只有一句话：“小伙子们，这场对阵热刺。”热刺当时是无足轻重的。

然而，当热刺被乔·刘易斯（Joe Lewis）收购之后，这种情况开始慢慢改变。刘易斯是一名搞货币投机的亿万富翁，善于从英国日渐衰落的金融体系中

获利。在收购热刺之前，他最出名之处在于，作为乔治·索罗斯（George Soros）的合作者之一在 1992 年押注英镑将退出欧共体的汇率机制。在那一次金融动荡中，英国财政损失了大约 34 亿英镑。

刘易斯出生在伦敦东部的鲍（Bow），距离白鹿巷球场只有 10 千米。在买下热刺的时候，他早已搬到免税圣地巴哈马群岛了，这意味着他需要找人在伦敦帮他管理俱乐部，那个人就是利维。

利维的父亲是折扣男装零售店拜瑞特先生（Mister Byrite）的创始人。利维在剑桥大学获得了经济学学位，在 1995 年加入英国国家投资公司之前，他曾管理和拥有过 10 门零售生意。英国国家投资公司是一家由刘易斯出资的离岸投资公司，最初涉足纺织业。利维很快就崭露头角。他最初的运作之一是向一家名叫 Autonomy 的英国互联网初创公司投资 600 万英镑，收购其 4% 的股份。3 年后，英国国家投资公司以 1.5 亿英镑的价格售出了这部分股份。很快，利维发现了另一个投资机会，他相信他们可以得到类似的回报。“我们选择足球，因为它是地球上最受欢迎的运动项目，也是最大的摇钱树。”利维后来回忆说，“我们不仅是在寻找一个每年增长 10% 的生意，而且是在寻找一些令人兴奋的东西。”

1997 年，英国国家投资公司开始涉足足球产业，斥资 4 000 万英镑收购了格拉斯哥流浪者足球俱乐部 25% 的股份，利维进入俱乐部董事会。接下来，他们收购了意大利维琴察足球俱乐部、瑞士巴塞尔足球俱乐部、捷克共和国的布拉格斯拉维亚足球俱乐部和希腊的雅典 AEK 足球俱乐部的股份。1998 年，他们试图收购热刺，但被断然拒绝了。不过在 2000 年 12 月，热刺老板艾伦·休格同意将 29.9% 的股份以 2 200 万英镑的价格出售给英国国家投资公司，利维高兴坏了。这笔交易每股 80 便士，这比他们 18 个月之前提交的报价便宜了 20 便士，而当时休格拒绝了那份报价。

利维随后就被任命为热刺主席，并立即接管了俱乐部的转会事务，此时大笔的钱正浪费在无所作为的球员身上。“过去几年，俱乐部花的钱比阿森纳还多，但为我们带来了什么呢？”当时他质问道，“继续不停地买进球员很容易，但如果他们不能发挥作用，我们最终就会白白花费成百上千万英镑。”

利维决定采取的方案是，把买卖球员的事务交给更有经济头脑的人，而不是那个穿着运动服坐在教练席上的家伙。这个举动并没有带来什么不利影响，因为利维在担任俱乐部主席的前 8 年里，换了 5 个主教练。“英格兰风格的主教练上任之后总是赶走一半的球员，然后引进自己想要的球员，”利维在接受《星期日泰晤士报》采访时说，“所以俱乐部白白花掉几百万英镑，亏本出售球员，再重新买进新球员。”于是，利维采取双层管理结构，聘请一名主教练来训练球队，再聘请一名体育总监来监管俱乐部的转会事务。这种模式在英格兰足坛受到广泛嘲笑，但在欧洲其他地方是非常普遍的。利维先是找来荷兰埃因霍温足球俱乐部前首席执行官弗兰克·阿尔内森（Frank Arnesen）担任这个职务，随后是法国球探达米安·科莫利（Damien Comolli），最后是意大利人佛朗哥·巴尔迪尼（Franco Baldini）。

然而没过多久，利维就认定，监管俱乐部转会事务的最佳人选就是他自己。“我觉得人们过于关注工作头衔了，”他说，“从管理俱乐部的角度来说，无论一个人被称为足球总监、体育总监、首席球探还是招募主管，他的工作最终都是协助主教练找到高质量的球员。至于头衔是什么，真的无所谓。”

事实证明，他是正确的。很快，利维就在谈判中以蛮横闻名。这表现在，如果一份协议不能让他收获成功，他就绝不让步、绝不接受。2008 年 8 月 31 日，曼联最终以 3 075 万英镑的价格签下迪米塔尔·贝尔巴托夫，此时距离这位保加利亚射手第一次告知热刺他想去老特拉福德球场已经过去超过 12 个月了。弗格森表示，与利维的谈判“比我的髋关节置换手术更痛苦”。然而，发起一场艰难的谈判远不是利维的最终目的，伴随着一次次艰难的交易，他慢慢地把热刺变成了英超精英球队行列中的固定成员，他一次又一次地在转会市场上击败对手，随后在球场上又击败他们。

作为一名足球方面的门外汉，利维对于转会的惯例几乎一无所知，但他并不为此烦恼，因为他根本不理会它们。2011 年 7 月，切尔西把热刺的组织核心卢卡·莫德里奇（Luka Modrić）视为他们夏天的主要交易目标，于是向热刺提交了一份 2 200 万英镑的报价。利维完全拒绝进行谈判。一周之后，莫德里奇宣布自己想加盟切尔西，并且透露他与利维有过“君子协定”，利维应该同意他加盟更大的俱乐部。利维否认他们有过这样的约定。8 月 31 日，转会窗口期的最后一天，利维的冒险策略奏效了。切尔西为莫德里奇提交了一份 4 000 万英镑的新报价，几乎以最初报价两倍的价格为这名一心出走的中场球员铺平了奔赴斯坦福桥球场的道路。然而，新的报价仍被拒绝，莫德里奇被迫留在热刺，不情不愿地多待了 12 个月。第二年夏天，他以大约 3 000 万英镑的价格被卖到了皇马。

“他是一个很有心计的家伙，总是做好一等再等的准备，”科莫利说，“这就是他总能赢的原因。”

利维漠视的不只是转会惯例。热刺曾在 2012 年与里昂足球俱乐部（简称里昂）达成协议，买下法国门将雨果·洛里斯（Hugo Lloris），据里昂主席让－米歇尔·奥拉（Jean-Michel Aulas）所说，利维频繁地无视自己之前已经同意过的合同条款和规定。“他说了很多，然后又背弃我们已经达成的书面协议，”奥拉抱怨说，“与这位热刺管理者的谈判是我 25 年来所经历的最艰难的谈判。”利维还拒绝与他认为有直接竞争关系的俱乐部做交易。有一次，他无视顾问的劝阻，在最后时刻插手，阻止了伊曼纽尔·阿德巴约（Emmanuel Adebayor）以租借的方式加盟西汉姆联，因为他认为帮助竞争对手获取联赛前 4 名席位是不明智的。西汉姆联最终以第 12 名的成绩结束了那个赛季。

然而事实证明，利维不仅仅是一个顽固的交易谈判者。当其他俱乐部主席对转会市场的波动感到困惑时，利维稳步前行。这位热刺主席是最早在新的市场环境中发现低效问题的人之一，他发现年轻的本土球员，尤其是持有英国护照的球员，相较于其他球员身价更高。早在大多数球队还没有意识到这一点之前，利维就已经把目标锁定在拥有巨大转卖价值的青少年球员身上。他在热刺替补席上储备了一批潜力无限的英格兰年轻天才，并频繁地与他们重新谈判合同，以使球员的合同有效期永远不会进入最后的 18 个月。最后，在出售球员方面，利维就像香榭丽舍大街上的奢侈品商店，从来不会廉价抛售任何东西。即使是那些在热刺的表现有失水准的球员，利维也会在公开市场上索要高额转会费。利维解释说："最好的收购对象应该是那些很多人还没有听说过或者还没有被高价买入的球员。"在 2017 年夏天，热刺甩掉了 5 名替补球员，他们在英超联赛总共才出场 117 次。利维从这些"累赘"身上赚回的总金额达到惊人的 4 600 万英镑。

在极少数情况下，利维会同意与他最珍视的球员分道扬镳。售出加雷斯·贝尔（Gareth Bale）时，他毫不动摇的谈判方式足以让任何人妥协，包括皇马。2013 年夏天，皇马把贝尔当作他们的首要目标，就像 4 年前他们把 C 罗作为首要目标一样。利维已经看到了结局，因为没有人会拒绝伯纳乌球场而选择白鹿巷球场。但如果贝尔想要离开白鹿巷球场，那就必须由热刺说了算，利维已经把热刺放在了最有利的位置上。据一名俱乐部内部人士透露，贝尔在热刺的 6 年里，合同重新签订了 7 次之多，这保证了他们最出色的球员能够全额兑现他的价值。皇马为贝尔提出了一份 5 500 万英镑的公开报价，利维认为这太低了，但他没有立即拒绝这份报价，而是照章办事，两次搭乘私人飞机飞赴西班牙，与皇马主席弗洛伦蒂诺·佩雷斯讨价还价。在谈判过程中，皇马官方坚持贝尔转会的价格不能超过 9 600 万欧元，这是他们从曼联买来 C 罗的价格。他们解释说，C 罗是他们的当家球星，如果他们花更多的钱买其他球员，肯定是不合适的。这是一个决定性的战术失误，皇马不经意间向利维泄露了他们预期的最高价格。

皇马、利维和贝尔的经纪人乔纳森·巴内特（阿什利·科尔加盟切尔西这一交易的缔造者）通过电话和短信不断谈判，持续了整整一个夏天。转会窗口关闭之前的最后 48 小时里，两家俱乐部达成了协议。热刺将以 9 100 万欧元的价格卖掉贝尔，至少官方价格是这样的。后来外界得知，当皇马试图用分期付款的方式支付这笔钱时，利维拒绝了，他想一次性拿到全款。因此，当那年最大的交易可能在他们面前崩盘时，皇马为了能分期付款被迫同意为贝尔支付创造世界纪录的 1.008 亿欧元，但前提是不能公开承认修改后的价格。利维又成功了一次。

第三方所有权，英超联盟的另类融资

不是每个人都像利维那么精明。英超联盟各俱乐部的首席执行官草率地相互攀比，他们从任何可能的地方为转会筹集资金。如果银行知道俱乐部的运营有多么不靠谱，那么它们绝对不愿意贷款给球队，它们会反问："你们打算拿走这 1 000 万英镑的贷款，然后挥霍在一个不知道从哪儿来的小子身上？"而且，在 2008 年次贷危机冲击英国之后，银行就没有那么多钱可以提供给他们了。足球俱乐部唯一能够提供的保证，就是来自英超联盟的分红会在可预见的未来一直发放。这种信用对于一些监管措施弱于伦敦普通银行的金融机构来说已经足够了。

在英超联盟的全力支持之下，各俱乐部开始在转会时向私人基金借款，并以英超联盟未来的分红偿还。球队会从像英属维尔京群岛的维布拉克这样的公司那里获取资金，换取一张本票，并表明在下一轮的分红当中，英超联盟会将该俱乐部的分红直接返还给维布拉克公司。由于英属维尔京群岛的银行保密相关的法律，谁也不知道维布拉克公司背后的资金来自哪里。英超联盟的俱乐部只知道自己手头上又有现金了，可以继续他们的足球消费习惯了。

这一切尽管看上去就像英格兰足球在借高利贷，但都是合法的。更极端的是，21 世纪头 10 年的中期，一种名为"第三方所有权"的融资方案从南美洲漂洋过海登陆英超联盟。这套系统很简单：某家俱乐部有一名球员登记在案，他们需要迅速筹集一笔钱，又不想出售这名球员，因此为了不完全失去这名球员，俱乐部把这名球员"经济权"的一部分卖给任何愿意为之掏钱的第三方。这可以是个人，可以是投资基金，偶尔也可能是卢森堡的某家信箱公司。作为投资回报，俱乐部出售该球员时，第三方有权获得转会费中的相应份额。也就是说，如果以 100 万欧元的价格买来这名球员 30% 的份额，那么当这名球员以 1 000 万欧元被卖出时，这些份额的价值就变成了原来的 3 倍。根据国际足联的数据，截至 2015 年，第三方所有者每年大约赚取 3.6 亿美元，约占所有转会费的 10%。

对很多俱乐部来说，尤其是在西班牙、葡萄牙和南美洲，第三方所有权都是一个重要的财务支撑。债务堆积如山的马德里竞技足球俱乐部就曾在 2014 年凭借一整套建立在所谓另类融资之上的完整阵容，闯入了欧冠联赛的决赛。

然而，第三方所有权这个系统有两个主要问题。

一个问题是它扭曲了转会的动机。从另一家俱乐部为这名球员提出报价的那一刻起，投资方对他们的潜在回报就有了一个具体的数字。从伤病到状态突然下滑，由于有许多潜在的损害球员价值的因素存在，所以投资方更倾向于尽早套现，于是他们会向俱乐部施压，让其赶紧出售这名球员。这就是困扰国际足联和欧足联的问题，因为除了俱乐部和球员，他们不希望任何人对人才流动有发言权。一位第三方基金的知名投资者否认了这个说法，他表示自己没有对任何球员的售卖施加影响。但他的辩护词反而更令人觉得可怕，他说："我甚至没有见过我所拥有的 95% 的球员！"

另一个问题是整个"经济权"市场完全不受监管，暴露在欺诈、逃税和洗钱的乱象之中。这些资金的确切所有权和财务支持在一堆空壳公司中隐形了，这些空壳公司分布在避税天堂或者逃税胜地之中，包括卢森堡、爱尔兰和加勒比海地区。有些基金极力想要保持无法被追踪的状态，因此把自己设立为不记名股票公司，这意味着它们的老板可能是任何恰好持有那张纸质凭证的人。

在英超联盟总部，"第三方所有权"一词首次被提及是在 2000 年前后，当时的首席执行官理查德·斯丘达莫尔从一个比他更了解英格兰足球转会市场的人那里听说了这个词。皮尼·扎哈维向他解释了整个系统，扎哈维当然深知它是如何运作的，这名以色列经纪人是其最忠实的用户之一。

事实上，正是第三方所有权帮助扎哈维和门德斯在此后 10 年中，直接和间接地通过各种投资方式变得更有影响力。一家欧洲大俱乐部的主席曾表示，如果你认真去看，就会发现欧洲大陆上的每笔交易在某种程度上都涉及“扎哈维和门德斯”。最终，有一笔交易无疑导致第三方所有权在英超联盟宣告终结，那就是卡洛斯·特维斯和哈维尔·马斯切拉诺（Javier Mascherano）的转会。

2006 年，这两名阿根廷球星在巴西的科林蒂安足球俱乐部踢球。马斯切拉诺是一名拼抢凶狠的防守型中场，特维斯刚刚在 38 场比赛中攻入 25 球。对这种级别的球星来说，西汉姆联并不是一个理想的归属地，他们俩未来在曼联、曼城、利物浦和巴萨的职业生涯也很清楚地证明了这一点。然而，有一个无法抗拒的商业因素把他们带到了位于伦敦东部的西汉姆联。他们的经纪人和“经济权”拥有者参与了以色列商人、酒店老板埃利·帕普沙多（Eli Papouchado）对西汉姆联的收购竞争。

特维斯和马斯切拉诺必须在收购实际完成之前签约西汉姆联，因为转会必须在转会窗口期内完成。所以转会交易匆忙完成，特维斯和马斯切拉诺降临西汉姆联，相关文件也送到了联盟办公室。其实这些文件是不全面的，因为在他们的合同中隐藏了一个西汉姆联没有透露给英超联盟的条款，这项条款赋予了拥有球员转会权的公司不应有的控制权，而在这家公司的投资者当中，只有扎哈维说了算。“很明显，只要球员取得巨大成功，我就能赚钱，”扎哈维当时以这番话来澄清自己的角色，“这里的成功不只是说他们将来离开西汉姆联之后，而是指他们在西汉姆联就表现出色。”

然而，当收购行动失败，西汉姆联被卖给冰岛投资者的时候，特维斯和马斯切拉诺被困在了西汉姆联。事情在 2007 年 3 月变得更加复杂，当时英超联盟发现了第三方的安排，指控西汉姆联违规注册这两名阿根廷球员，并最终以 550 万英镑的罚款惩罚了该俱乐部。

如果特维斯不是一个如此优秀的球员，这一切可能就此结束了。但他在西汉姆联那个赛季最后 10 场比赛中攻入了 7 球，使俱乐部免于降级。取而代之被降级的谢菲尔德联足球俱乐部（简称谢菲尔德联）愤怒了。铁锤帮被一个他们从未料想能得到的球员拯救了，谢菲尔德联立即提起诉讼。这件事花了两年时间才得以解决，两家俱乐部以超过 1 000 万英镑的价格达成庭外和解。这起案件也使英超联盟在国际足联采取行动多年之前就禁止了第三方所有权。

对西汉姆联来说最重要的是，他们为了努力追赶英超联盟其他球队，以经济节省的方式做了笨拙的努力，俱乐部最终得以留在英超联盟。他们在转会市场上所经历的再多窘境都无法磨灭这一点。

第 18 章

曼城打劫曼联，
疯狂的购买行为产生回报

THE
CLUB

英超语录

坐在球员面前时，我没有一个摆满奖杯的展示柜，只有一些钱和一个愿景。我说："兄弟们，让我们一起创造历史吧！"

布赖恩·马伍德

曼城前足球运营总监

英超启示录

仅靠吸纳所有能得到的天才来让自己变得更强是不够的，还要故意削弱竞争对手的实力。

挖走对手最好的球员

有了阿布扎比财团的初期投资，曼城不需要第三方所有权那种走后门的球员融资方案。在被阿布扎比财团收购的头 4 年里，俱乐部在转会市场上花费了超过 5 亿英镑。曼城前足球运营总监布赖恩・马伍德在谈到俱乐部的挥霍行为时说："坐在球员面前时，我没有一个摆满奖杯的展示柜，只有一些钱和一个愿景。我说：'兄弟们，让我们一起创造历史吧！'"

对曼城来说，为了创造这段历史，仅靠吸纳所有能得到的天才来让自己变得更强是不够的，他们还计划着故意削弱竞争对手的实力。所以从一开始，曼城就确定了哪些俱乐部最有可能威胁他们的欧冠席位，然后着手挖走这些俱乐部最好的球员。从阿森纳，曼城在 3 年时间里撬走 4 名关键球员，引发了"枪手只是曼城后备俱乐部"的笑谈；从埃弗顿，曼城带走了俱乐部的年度最佳后卫乔里昂・莱斯科特（Joleon Lescott）和中场杰克・罗德韦尔（Jack Rodwell）；从阿斯顿维拉，曼城抢走了最可靠的职业球员加雷斯・巴里和詹姆斯・米尔纳（James Milner）。"我们毁了阿斯顿维拉。"曼城前首席执行官加里・库克回忆说。

在曼城更衣室中，随着俱乐部文化的慢慢变化，疯狂的购买行为开始以微妙的方式产生回报。经验丰富的老将和在其他地方赢得过奖杯的球员为更衣室定下了基调，这些球员中甚至包括没有多少上场机会的阿森纳前队长帕特里克・维埃拉，当时他的膝盖受伤严重。首个奖杯回报是在 2011 年，阿布扎比财团的曼城捧起了足总杯，那是他们 35 年来捧起的第一座重要奖杯。然而，真正的高潮在一年后到来，这也是英超联赛最胶着的一次收官之战。

从曼联手中夺走冠军

2011—2012 赛季的前半程，曼城几乎不可撼动。2012 年 1 月下旬，他们以 3 分的优势领先曼联。几十年来的第一次，曼城终于被认为是冠军争夺者了。然而，曼城的老毛病很快就又犯了。在随后的 3 个月里，他们从积分榜的榜首位置跌落。4 月初，他们输给了阿森纳，由此落后曼联 8 分。曼城球员心想，那就这样吧。在还有 6 轮比赛的情况下落后 8 分意味着竞争结束了，曼联是不会丢掉这些领先优势的。

输球之后，曼城的更衣室里气氛紧张，主教练罗伯托·曼奇尼（Roberto Mancini）比平时更加失控了。他不喜欢现在这支队伍，而且毫不掩饰这一点。就在这时，神秘莫测的曼城主席卡尔杜恩·穆巴拉克走了进来，罕见地向球队发表了讲话。他没有提高音量就平息了输给阿森纳后的队内紧张情绪，他提醒大家，曼城还没完蛋，还有时间。

球员们并没有完全相信他，直到曼联自己陷入微小的崩溃。到 4 月底，双方的差距已经完全抹平。这两家曼彻斯特的俱乐部在赛季的最后一天再次达到相同的积分，曼城还有微弱的净胜球优势。

曼联将不得不前往客场挑战排在第 11 名的桑德兰，桑德兰当时陷入了中场乱局之中，本赛季显然早已没有什么追求。曼城在与女王公园巡游者的对阵中就不那么占优势了。虽然女王公园巡游者排在第 17 名，但如果他们输了，而其他比赛的结果对他们又不利的话，俱乐部仍然有降级的危险。没有人愿意面对一支为自己的命运而战的球队，即使那是联赛中客场战绩最差的球队。

2012 年 5 月 13 日那个周日下午，故事情节发展得很曲折，曼彻斯特的每一个球迷，无论他们是曼联球迷还是曼城球迷，都在这狂热的两小时里一次又一次地感到慌乱、兴奋、煎熬和伤心。即使在他们最疯狂的梦中，英超联赛也不可能有任何相似的剧本，那实在太夸张了。

那个煎熬和疯狂的下午是这样的：

- 下午 3 点整，在曼彻斯特东部、桑德兰（此处为地名）以及其他英超俱乐部的所在地，赛季最后一轮的 10 场比赛同时开球。
- 下午 3 点零 1 分，几乎在开赛哨声刚刚吹响的那一刻，曼联的韦恩·鲁尼就破门得分，曼联一只手已经触碰到冠军奖杯。消息立刻传回阿提哈德球场（曼城主场），随之而来的慌乱感遍布球场四周。
- 下午 3 点 39 分，在阿提哈德球场，巴勃罗·扎巴莱塔（Pablo Zabaleta）为曼城得分，比分变成 1 ∶ 0。如果两场比赛在这种情况下结束，曼城就会凭借净胜球优势获得冠军。
- 下午 4 点零 3 分，下半场刚刚开始不久，曼城就被对手扳平比分，相当于把奖杯又拱手让回到曼联手中。事实上，英超联盟当晚准备了两个奖杯，一个在曼彻斯特，另一个在桑德兰。
- 下午 4 点 21 分，曼城 1 ∶ 2 落后于女王公园巡游者。这次真的没希望了。
- 下午 4 点 37 分，曼城进入伤停补时阶段。被女王公园巡游者攻入第二球之后，曼奇尼把埃丁·哲科（Edin Džeko）派上了场，哲科给主队球迷带来一丝希望，他将比分扳为 2 ∶ 2 平。
- 下午 4 点 39 分，在桑德兰，终场哨声吹响，曼联 1 ∶ 0 获胜。英国天空广播公司体育频道的转播进入一个分屏界面。屏幕右半边，曼联球迷正在欢笑，他们知道曼城那边是 2 ∶ 2。他们感觉第 20 个冠军头衔近在咫尺。转播画面切换到一个球迷身上，他正把手机放在耳边。屏幕左半边，曼城在中场控球。“在桑德兰进行的比赛已经结束，”这个声音来自解说员马丁·泰勒（Martin Tyler），他话语中的紧张情绪在增

> 强，“曼联已经做了他们所能做的一切。鲁尼的那个进球足以为他们全取 3 分。”曼城把球带到女王公园巡游者的禁区前沿，马里奥·巴洛特利（Mario Balotelli）控球，这时他 1.88 米、轮廓分明的身躯向后倒去，他尽力把球传给了右侧的塞尔吉奥·阿奎罗（Sergio Agüero）。比赛进行到第 93 分钟，表上的时间显示距比赛结束还有 20 秒。“曼城仍然在坚持……巴洛特利……阿奎罗！”

阿奎罗右脚接球射门，皮球正中网窝，曼城 3 ∶ 2 领先。阿根廷人脱掉球衣庆祝，阿提哈德球场内的 47 000 人顿时失去了理智。

“我发誓你们再也不会看到这样的事情了！”泰勒吼道，“所以，看吧，陶醉吧……他们已经收到光明球场的消息。曼城凭借伤停补时阶段的两粒进球，把冠军从曼联手中一把夺走了。”

如果在 4 年前提出让曼城完成“把冠军从曼联手中一把夺走”这样的任务，那么只能说这种想法太过疯狂了。如今，这位吵闹的邻居拥有了英超联赛最非凡的赛季收官、一个真正卓越的足球时刻，它可以用来支撑和维护整个被慷慨投资的事业。

在波斯湾，谢赫·曼苏尔和他的兄弟，也就是阿布扎比的统治者，一起庆祝曼城的胜利。一辆小推车上面有一个白色磨砂质感的蛋糕，蛋糕上有两个版本的曼城标识，中间还有一个用油酥点心制成的约 30 厘米高的奖杯，看起来跟英超冠军奖杯一点儿也不像。

复仇，弗格森亲自致电温格买下范佩西

弗格森不得不咬牙切齿地祝贺曼联的同城对手。

“这是一个夺冠难度很大的联赛，”他在光明球场接受赛后采访时说，“我们知道这一点，因为我们已经体会到了，我们在净胜球上输了。”他只能用 30 秒的时间来展示自己的风度，随后就表明了自己是如何真正看待这个世界的。

“他们可以继续想干什么就干什么，”弗格森接着说，“这也是你们所期待的，但我们俱乐部的实力使我们遥不可及。他们的实力要达到我们的水准还需要一个世纪。”

下个赛季，弗格森不可能任由曼城再次打劫他。他立刻开始计划复仇，没有多想，他就决定用更强大的火力解决问题。2012 年夏天，英格兰足坛最致命的武器是那个赛季的头号射手、阿森纳的荷兰前锋罗宾·范佩西（Robin van Persie），38 场联赛打进 30 球。这令弗格森非常满意。

从曼联与阿森纳开启谈判的那一刻起，枪手就处于劣势。范佩西仅剩一年合同，而且拒绝再签一份新合同。阿森纳可以在法律层面上强制执行，让这名前锋在俱乐部不情愿地再待一年。但如果那样，他就会在第二年夏天被白白放走，浪费枪手 2 000 万英镑以上的潜在回报。温格还在为阿森纳的财政状况发愁，他根本无法承受范佩西这样的世界级球员全盛时期的巨额薪水。但也许更糟糕的事情在于，范佩西已经告知温格，他想离开。在这种时候，主教练别无选择，只能尽力将范佩西卖一个好价钱。弗格森也清楚这一点，他准备向阿森纳施压，就像当初皇马在 C 罗转会事件中所做的那样。

谈判进展并没有像弗格森期望的那么快，曼城和尤文图斯也在觊觎范佩西，而且温格更倾向于把这名射手卖到国外去，而不是卖给在英格兰的直接竞争对手。在与阿森纳一次又一次的会面、一次又一次的通话中，曼联时任首席执行官大卫·吉尔无力降低枪手过高的要价。最终，他受够了，他告诉弗格森，这次转会必须用老派的方式去解决了，那就是主教练与主教练直接谈判。

8 月 15 日，弗格森拿起电话，拨通了温格的私人电话。温格正在一辆汽车里，车子飞快地行驶在法国巴黎到布列塔尼的 A13 高速公路上。温格要赶往勒阿弗尔，参加法国与乌拉圭的友谊赛，他是以法国电视台第一台（TF1）嘉宾的身份去参加那场比赛的。

“阿尔塞纳，我是亚历克斯[①]……”

英超联盟的转会交易早就不是这样进行的了，温格已经不记得上次直接和另一位主教练进行重大转会谈判是什么时候了。尽管多年来与弗格森有过很多摩擦和冲突，但他还是很慎重地对待对方的这次来电。这两位老绅士打算好好处理这个问题，不过一开始，弗格森试图虚报低价。

电话并没有打很久。在汽车的噪声和 A13 高速公路上的车流声中，温格将弗格森的出价不断抬高，直到抬至 2 400 万英镑。最终的报价是 2 250 万英镑，如果曼联和范佩西在接下来的4年里赢得英超冠军，就再加上另外的150万英镑。

就这样，事情敲定了。弗格森后来说，温格讨价还价的本事“足以让他在戈万（弗格森的家乡）经营一所扑克学校了。他把球员卖了个好价钱，而我们也很高兴事情终于了结了”。既然交易已经敲定了，那就没有必要保密了。温格抵达勒阿弗尔后，在比赛过程中，他就在法国的电视上公开承认了这笔交易。

“这总是令人伤心的，但我们需要照顾到经济现状和球员的意愿，”温格遗憾地说，“如果你不能在球员还剩一年合同时与他续约，那就别无选择，只能让他离开了。”

---

① Alex，弗格森的名字亚历山大的简称。——编者注

第 19 章

美国老板涌入英超，
利物浦的算法亟待改进

THE
CLUB

英超语录

我们为胜利而来。我们承诺，胜利是首要任务。利物浦有胜利的底蕴。今天，我们想让利物浦的支持者们知道，这就是我们想带给这个伟大的俱乐部的答案。

约翰·亨利

利物浦老板

英超启示录

1. 外国的老板们似乎都想要同样的东西，即现代化的球场、全方位的商业赞助，以及稍贵一点儿的门票。

2. 把波士顿红袜队打造成棒球冠军的模式是不可能全盘照搬到英格兰足球身上的，但通过数据分析的方法来推动球队建设的策略，可能会收到类似的效果。

3. 如果你身处一个不理性的环境中，那么理性的运作方式就不会给你带来什么好处。

英超联盟首席执行官鼓励美国投资者入局

如果英超球迷购买了一件背后印有球员名字的球衣，那么这件刚刚花了他们 70 英镑的衣服，保鲜期可能比最新款的 iPhone 还要短，这已经成为一种行业弊端。

英超球队队服的设计每年都在变，它的基本配色方案和样式也在微调，而超负荷的转会市场也意味着球员们总是处于不断流动的状态。名字还赫然印在球衣背后的明星球员可能转眼间就被取代，被送到其他地方，接替他们的则是球队以大手笔从西班牙、德国或者意大利签来的新球员。

与离开英格兰的球员相比，英超球迷更关心的是从英格兰之外涌入的老板和高管。从罗曼·阿布拉莫维奇到阿布扎比财团，外国的老板似乎都想要同样的东西，即现代化的球场、全方位的商业赞助，以及稍贵一点儿的门票。到 2012 年，世界各地的买家蜂拥而至。意大利商人控制了沃特福德，印度家禽业大亨拿下了布莱克本，泰国免税零售业巨头收购了莱斯特城。占全球人口 1% 的亿万富翁中的 1% 莫名其妙地把英格兰足坛变成了他们最大的游乐场。他们发现，如今相较于“赌城”蒙特卡洛和“世界最佳餐厅”斗牛犬的专用餐厅，英超联盟是更奢华的所在。

只有中国投资者似乎对进军英超联盟异常矜持，但他们并不缺少邀约。2010 年，中国企业曾经参与对利物浦的收购，后来一家中国公司购买了曼城的部分股权。不过，来自北京和上海的资金潮并没有如许多人预期的那样出现。2017 年，商人高继胜收购了南安普顿 80% 的股份。早于他一年，另一名企业家赖国传收购了西布罗姆维奇足球俱乐部（简称西布罗姆维奇）。在众多来自中国的足球投资者中，赖国传的做法很典型：他雇用一家当地公司，咨询市场上在售的最好的英超俱乐部是哪家，然后被介绍到这个伯明翰规模第二的俱乐部，于是他支付大约 2 亿英镑完成收购。事情就这么简单。

然而，由于政策影响，到 2018 年，中国资本对更多英超俱乐部投资的前景变得黯淡。中国投资者更愿意把钱花在英冠球队身上，以图他们升入英超联赛，或者在英超球队的球衣上做广告，抑或把薪酬超高的球员带回中国的联赛。

就这样，在 2018 年之前的 10 年里，这为美国人的进入留下了巨大的空间。

世界上没有哪个地方像美国那样对英格兰足球俱乐部着迷。2005—2012 年，有 7 家俱乐部落入美国人之手。新老板们横渡大西洋而来，他们这样做当然不是为了浪费时间。曼联是获得头奖的球队，在格雷泽家族的杠杆收购中被抢先买走。2006 年，在伯明翰，阿斯顿维拉被信用卡巨头美信银行的主席、亿万富翁兰迪·勒纳收购。2007 年，两个得克萨斯人收购了利物浦。英超联盟的领导层对所有这些动态没有任何异议。事实上，英超联盟时任首席执行官理查德·斯丘达莫尔鼓励美国投资者入局。因为他信任他们做生意的准则，他知道他们的钱来自哪里，而且相信他们哪怕经历一个糟糕的赛季之后也不会落荒而逃。对这些已经被华尔街预先审查过的人物来说，合适人选测试只是走走过场。

这些有钱人对接管英格兰这些古老足球俱乐部的兴趣如此强烈，以至于出现了多位亿万富翁运作同一家俱乐部的情况。这就是阿森纳 2007 年的境遇。枪手是英超联盟中最具吸引力的资产之一，他们拥有一个精明的主教练、一座崭新的球场，而且当时他们的奖杯展示柜中还没有落上多少灰尘。然后俱乐部发现，他们被卷入了一场两个人之间的冷战，而此前他们从未听说过这两个人。一个是斯坦・克伦克，保守的美国中西部人，他一开始从事房地产行业，在娶了沃尔玛的一名继承人之后才算发家致富；另一个是乌兹别克斯坦金属大亨，名叫阿利舍尔・乌斯马诺夫（Alisher Usmanov），他个人对击剑有着狂热的兴趣。这两人买进了他们所能买到的所有阿森纳股份。克伦克迅速增持了俱乐部 67% 的股份，乌斯马诺夫增持了 30.4% 的股份，其中包括戴维・戴恩此前控制的那部分。两人几乎在所有事情上都有分歧，从让乌斯马诺夫抓狂的阿森纳稳健的财政政策，到如何处理阿尔塞纳・温格的未来。

克伦克完全满足于俱乐部在自我维持模式之下的稳健运转，就像他在美国拥有的 4 支职业体育队：NBA 的丹佛掘金队、北美职业冰球联赛的科罗拉多雪崩队、NFL 的洛杉矶公羊队，以及美国职业足球大联盟（MLS）的科罗拉多急流队。如果你意识到在克伦克掌控这些球队共计 54 个赛季的时间里，它们总共只得到过两个总冠军头衔，就很难否认以下公众对克伦克的指责：他优先投资的是这些球队的办赛场馆，而不是竞技层面的实际成功。科罗拉多雪崩队曾赢得一次斯坦利杯，急流队举起过美国职业足球大联盟冠军奖杯，但在克伦克治下，阿森纳还没有接近过英超冠军奖杯。

“对现实情况睁一只眼闭一只眼，继续臆想我们与皇马、切尔西、曼城和巴萨处于同一水平，这是毫无益处的。”乌斯马诺夫在 2012 年写给阿森纳董事会的一封公开信中措辞严厉，“为获得成功，也就是赢得奖杯，我们需要在方方面面与他们匹敌，其中包括财政，哪怕这不是最重要的。”

乌斯马诺夫从一开始就支持希望温格下课的球迷派系，但克伦克似乎非常支持温格，克伦克常常使这个法国人看起来不可动摇，温格的帅位就像克伦克支持修建起来的球场一样牢固。

从 2007 年开始，“乌斯马诺夫 - 克伦克之战”持续了 10 年，丝毫没有缓和的迹象。这场争端本来可以在 2017 年结束，克伦克公开提出 7.3 亿美元的报价，计划收购乌斯马诺夫在俱乐部的股份。虽然乌斯马诺夫正在公开出售这些股份，但他还是明确表态，自己只会考虑名字不叫斯坦·克伦克的买家。直到 2018 年夏天，他失去了耐心，突然改变主意，在一笔对阿森纳估值 18 亿英镑的交易中，将自己的那部分股份卖给了克伦克。[①]

与此同时，斯坦·克伦克坚守由曼联的格雷泽家族所创立的模式，他保持沉默。在这方面，下一个追随格雷泽家族来收购英格兰足球俱乐部的美国人则与众不同。因为体育界的沉寂对于约翰·亨利从来不是问题，从他买下波士顿红袜队的时候就不是问题了，当他 2009 年把目光锁定利物浦时就更不是问题了。

英格兰足球需要一些美式创新

亨利是一个身材瘦长、头发花白的商人，他熟知如何从拥有庞大的球迷基础、著名球场和长期冠军荒的传奇球队身上赚钱。作为波士顿红袜队的老板，他为球队带来了 86 年来的第一个世界职业棒球大赛冠军。他对英格兰足球几乎一无所知，直到他收到一条来自波士顿红袜队销售部门员工乔·亚努谢夫斯基（Joe Januszewski）的文字信息，那是一个单纯的请求："救救我的俱乐部！"

总之，这个请求点明了主题。在后续的电子邮件中，亚努谢夫斯基概述了利物浦的危险处境。这家 20 世纪最成功的英格兰球队在 1990 年之后再也没有获得过联赛冠军，并最终落入时任老板汤姆·希克斯和小乔治·吉勒特手中。他们对俱乐部的收购又是一次杠杆收购，这导致利物浦背负了令人目瞪口呆的 3.51 亿英镑债务，其中包括苏格兰皇家银行的一笔 2.37 亿英镑的贷款，而这笔贷款几周内就会到期。无力承担债务的利物浦此时面临着真正的破产风险。随着还款截

① 乌斯马诺夫的股份卖出了 6 亿英镑的价格。作为阿森纳的第二大股东，他的股份变现后，其他小股东的股份被强制出售给克伦克，克伦克得以全面收购阿森纳。18 亿英镑是这次交易的总额。——编者注

止日期临近，俱乐部的借贷已经被转移到苏格兰皇家银行的不良资产部门，安菲尔德球场的董事会也陷入公开的冲突之中。两位老板不再维持表面上的友好，俱乐部顶着希克斯的强烈抗议，在 3 人董事会的运营之下，与 4 位有兴趣的下家展开谈判，准备将球队卖给其中之一，希克斯在免提电话中徒劳地嚷嚷着要解雇他们所有人。

在利物浦的支持者看来，这场不体面的争吵对于他们挚爱的俱乐部的未来不是一个好兆头。然而，对一个目光敏锐的投资者来说，这正是一个诱人的机会。"如果有人能够向苏格兰皇家银行提供资金证明（但目前还没有任何一家有意收购方做到这一点），表示可以偿还全部债务，那么希克斯和吉勒特在这件事上将别无选择，只能接受，"亚努谢夫斯基在写给亨利的电子邮件中解释说，"银行将可以合法地推动完成这笔交易。"

亨利心动了。棒球也许是他的激情所在，但他对美国体育的兴趣并不局限于波士顿红袜队。他与好莱坞资深制片人汤姆・沃纳（Tom Werner）合作，在 2002 年一同创立了芬威体育集团，这家公司持有美国运动汽车竞赛协会中劳什芬威车队 50% 的股份，并持有一家地区性体育频道 80% 的股份。而现在有一个机会，他可以把这家公司变为全球化运营的公司。"在我看来，这将是 21 世纪最重要的一笔交易，"亚努谢夫斯基在电子邮件中写道，"利物浦是世界前五的体育品牌，只需要在全世界足球狂热爱好者中进行恰当的推广和营销。"

在马丁・爱德华兹把曼联变成商品的时候，利物浦错过了英超联赛的第一次市场化。但亚努谢夫斯基是对的，这家俱乐部表现出来的坚韧的本性和古老的传统，让全世界的英超联赛新球迷都为之疯狂。球迷们梦想登上 Kop 看台，这个看台在 100 多年前由一名当地体育记者命名，他认为这片宽阔的单层看台与南非的斯皮温山（Spion Kop）非常相似。斯皮温山是南非的一座山丘，也是第二次布尔战争中的战略要地，这个看台的命名正是为了纪念在这场战争中阵亡的利物浦士兵。如今世界上没有哪支球队还能把自己的历史弄得如此晦涩难懂。

一旦球迷来到这座位于斯坦利公园南面的安菲尔德球场，就会做同样的事情：伴随词作家理查德·罗杰斯（Richard Rodgers）和曲作家奥斯卡·汉默斯坦二世（Oscar Hammerstein Ⅱ）创作的流行曲调一起歌唱。《你永远不会独行》（*You'll Never Walk Alone*）已经成为世界上最著名的足球圣歌，震撼人心的合唱在每场比赛前都会响起。其他俱乐部都非常羡慕这一点，包括多特蒙德足球俱乐部（简称多特蒙德）和东京足球俱乐部，于是他们把这首歌放进了自己球队的赛前仪式中。

对于任何一个在市场上寻找某种标杆的英超投资者，利物浦就是他们想要的。2010 年 10 月 15 日，也就是亚努谢夫斯基的电子邮件发到亨利收件箱 66 天之后，亨利成为利物浦的新老板。

完成对俱乐部的收购之后不久，亨利在英国皇家法院的台阶上宣布："我们为胜利而来。我们承诺，胜利是首要任务。利物浦有胜利的底蕴。今天，我们想让利物浦的支持者们知道，这就是我们想带给这个伟大的俱乐部的答案。"

没过多久，亨利就意识到，胜利可能还要再等一段时间。他发现，芬威体育集团用 4.87 亿美元收购这家俱乐部，买来的是一堆棘手的问题。希克斯和吉勒特留给利物浦的是一套平庸而老化的阵容、一个非常不受欢迎的主教练罗伊·霍奇森（Roy Hodgson），以及球队传奇主场安菲尔德球场的不确定的未来。亨利要么重新开发这座球场，将其提升到现代的运营标准，要么废弃它，去建造一座全新的球场。

尽管如此，亨利也没有自乱阵脚。他刚去波士顿红袜队的时候，也面临过类似的问题。当他从利物浦和更广阔的英国足球文化中学到更多时，他开始确信，自己在波士顿用过的招数在这座 6 400 多千米以外的寒冷北方城市中也会同样奏效，这座城市拥有狂热的忠诚球迷，还有一个 90 年历史的球场。"这对我来说很明显，利物浦和波士顿红袜队这两个球队之间有很多相似之处，它们所在的城市就有相似之处，两队的球迷构成也很相似。"亨利说。他认为，英格兰足球需要一些老派的美式优秀创新。

亨利的第一个挑战是在球场上提升利物浦的成绩。波士顿红袜队的老板们在波士顿是如何提高球队成绩的，这已经不是什么秘密了。事实上，他们当时正在拍摄一部关于这个内容的好莱坞电影。

电影《点球成金》（*Moneyball*）根据迈克尔·刘易斯（Michael Lewis）的作品改编，由布拉德·皮特主演，严格来说，这部电影讲的不是波士顿红袜队的故事，而是奥克兰运动家队和他们的数据控总经理比利·比恩（Billy Beane）的故事。但是在美国职业棒球大联盟当中，没有哪支球队比波士顿红袜队更严谨、更成功地坚持电影的核心论点，即通过数据分析的方式来发现他人错过的价值。亨利买下波士顿红袜队之后的第一个动作就是试图聘请比恩，但他没能说服比恩离开加州北部前往波士顿红袜队所在的美国东北地区。后来，西奥·爱泼斯坦（Theo Epstein）得到了这份工作，他用相对低廉的价格买来一堆球员，第二年就帮助波士顿红袜队赢下世界职业棒球大赛冠军。

亨利知道，把波士顿红袜队打造成棒球冠军的模式是不可能全盘照搬到英格兰足球上面的。但他觉得，通过数据分析的方法来推动球队建设的策略，可能会收到类似的效果。因此，当需要聘请一名主管来监管利物浦的球员招募工作时，亨利对这个人是谁早已胸有成竹。

这个人当然是比利·比恩。

“比恩一直在深入研究英超联赛，”亨利说，“他在我收购完成后不久就打来电话，推荐了达米安·科莫利，这是一个在棒球上与他有类似观点的人。”

这就是科莫利为什么在芬威体育集团完成收购后不久，就成了利物浦的足球总监。

有了科莫利负责招募球员，利物浦还需要有人来执掌教鞭。俱乐部在2009—2010赛季开局惨淡，霍奇森也败光了球迷的好感。亨利急于赢回球迷的支持，所以用一位真正的传奇人物替代了霍奇森，他请来了肯尼·达格利什。大约20年前，达格利什在希尔斯堡球场惨案发生后不久离开了利物浦，如今他作为主教练重返俱乐部。

比赛方面的事情落实后，亨利终于可以把他的注意力转到俱乐部的商业运作上了，他觉得这部分工作非常需要美国的体育知识。虽然在全球范围内有大量追随者，但利物浦在世界范围内的赞助和商业收入远远落后于曼联和阿森纳，甚至切尔西。芬威体育集团的营销机器能够把波士顿红袜队的帽子戴到美国新英格兰的每个孩子头上，但他们能在“欢乐老英格兰”[①]甚至世界上其他地方卖掉多少利物浦球衣呢？亨利意识到，这其中最好的一点是，他们可以独占所有赚回的钱。这不同于棒球，在美国职业棒球大联盟中，他们要把利润分给所有30支球队。利物浦将从芬威体育集团的专长中直接受益。“在美国职业棒球大联盟，我们的经营推广工作只被局限于新英格兰地区。”亨利解释说，“我们认为我们可以在利物浦获得大量利润，并努力使球队达到与曼联同一竞技水平。”更重要的是，亨利对扭转利物浦的颓势信心十足，因为他相信自己的决策过程。其他英超球队老板往往缺乏耐心、做事散漫，但亨利将按照他一贯的深思熟虑和分析方法行事。毕竟，这使他成了一名亿万富翁级别的商业操盘手，获得了两枚世界职业棒球大赛冠军戒指，而足球在他看来是一个简单的游戏。

然而这一次，事实证明亨利犯了一个小错误，这让他付出了不小的代价，但他很快就发现了这一点。他认识到，如果你身处一个不理性的环境中，那么理性的运作方式就不会给你带来什么好处。多年来，人们对英格兰足球有很多看法，但从来没有人因为它的不理性而指责过它。不久后，亨利意识到了自己的失误。

---

① Merry Olde England，指英国从中世纪到工业革命发生之前普遍存在的一种田园牧歌的生活方式和乌托邦观念。这里指的是英国。Olde 是 Old 的旧式写法。——译者注

英超联盟是个“疯人院”。

利物浦的奇妙算法需要改进

收购利物浦的那几天，希克斯指控亨利精心策划了一场“史诗级骗局”，他向达拉斯的一家法院提出了索赔 10 亿英镑损失的诉讼。在英国天空广播公司新闻频道的一系列采访中，希克斯的情绪完全失控，他坚称，网络暴民发动了一场运动，将他从利物浦老板的位置上赶下来，而俱乐部董事会则忙于在他背后有组织地密谋出售球队。然后他抛出一个令人极为震惊的谴责，质疑利物浦独立主席马丁·布劳顿爵士（Sir Martin Broughton）的诚信。希克斯气愤地说：“他是一名切尔西球迷，他甚至都不是利物浦球迷。”布劳顿立即反驳：“他只是想成为赶走美国人的那个人。”

希克斯的索赔被驳回了，但没过多久，亨利就发现自己陷入了更难摆脱的争议当中。在 2011 年与曼联的一场对阵中，利物浦的路易斯·苏亚雷斯（Luis Suárez）对曼联后卫帕特里克·埃弗拉（Patrice Evra）做出了种族歧视的行为，7 次使用了歧视性称呼，然后捏他的皮肤，仿佛在强调这一点。几乎所有人都认为这是卑劣的行为。但利物浦的球员和教练却强有力地支持这名乌拉圭前锋，而不是谴责他的行为。“我们支持这个小男子汉，”事件曝光后，达格利什说，“我们俱乐部和俱乐部的所有人都完全、绝对地站在苏亚雷斯身后。”生怕有人不知道，达格利什还要求球员们在下一场赛前的场地热身时穿上声援 T 恤，支持他们这位失礼的队友。

在波士顿，亨利的心情很复杂，他怀着惊讶和沮丧的心情关注着事态发展。他的明星球员是科莫利早先在转会市场上的成功操作之一，现在却对另一名职业球员进行种族歧视。他请来俱乐部传奇人物运作球队，这位传奇人物对利物浦的意义相当于利物鸟[①]，现在似乎还积极支持球员的歧视行为。亨利在波士顿红袜队已经见过不少离谱的事，但棒球生涯并没给他什么经验帮他应对这种恶劣局面。

事情的发展显而易见。这起令人遗憾的事件又莫名其妙地拖延了 4 个月，从英足总的调查、随之而来的指控、7 天的听证会，到苏亚雷斯的 8 场禁赛和 4 万英镑罚单，最后是英足总发布的关于此事的 115 页调查报告。但令人诧异的是，这些都没能使达格利什、苏亚雷斯，以及声势渐增的少部分利物浦球迷改变观点，他们认为苏亚雷斯是整个事件中被冤枉的一方。

在这期间，亨利默许着这支插曲持续奏响。它本可能一直响到今天，但 2012 年 2 月 11 日，终于有人迫使亨利去了结此事。那一天，利物浦在事件发生以来首次对阵曼联；也正是在那一天，苏亚雷斯认定，这是向暗暗燃烧的争端之火中泼入煤油的最佳时机，因此他在开球前拒绝与埃弗拉握手。《纽约时报》的报道使亨利不得不严肃对待此事。关于最新的"苏亚雷斯－埃弗拉丑闻"的头版报道是这样写的："如果芬威体育集团准备像在棒球界那样，成为足坛一个负责任的老板，就需要掌控好他们在英超联盟中的利物浦，尽快修复它的全球形象。"需要指出的是，《纽约时报》持有芬威体育集团 7% 的股份。报道发出去不到 24 小时，达格利什、苏亚雷斯以及利物浦时任总经理伊恩·艾尔（Ian Ayre）就对自己在此事中的行为发表了公开道歉。插曲结束了。

然而，它并没有被遗忘。达格利什在赛季结束时被解雇，3 年期合同只履行了 12 个月。客观地说，他在苏亚雷斯事件中的表现是亨利决定解雇他的主要原因。但同样现实的是，他们的比赛成绩也不怎么样。这个事实至少在一定程度上要归因于一个令亨利不满的发现，那就是，足球转会市场比旷日持久的种族主义争论更难驾驭。

---

① 利物鸟是一种现实中并不存在的"神鸟"，是利物浦这座城市的象征，也是利物浦这支球队的象征。它的形象出现在利物浦队徽上。——译者注

波士顿红袜队之所以能赢得总冠军，是因为它洞察了球员交易市场的低效之处。比利·比恩和西奥·爱泼斯坦发现，棒球中的某些数据被低估了，尤其是球员上垒的能力。为了实践这种思路，他们用相对便宜的合同签下了一群精于此道的球员，他们的俱乐部因此赢下了大量的比赛。在亨利入主后的两年间，利物浦也努力从英超联盟发掘类似的被低估球员，但这变得像一个代价高昂的错误。

被芬威体育集团收购之后的两年内，利物浦开始了一场 1 亿英镑的消费狂欢，这是他们为数据分析方式押上的昂贵赌注。苏亚雷斯以 2 400 万英镑签约；中场球员斯图尔特·唐宁（Stewart Downing）和乔丹·亨德森（Jordan Henderson）分别以 2 000 万英镑和 1 600 万英镑的价格加入；苏格兰球员查里·亚当（Charlie Adam）花费了 750 万英镑；前锋安迪·卡罗尔（Andy Carroll）的转会费是创纪录的 3 700 万英镑，这使他成为有史以来最贵的英国球员。

这些交易涉及的金额的确令人吃惊。令竞争对手更吃惊的是，利物浦会为卡罗尔花这么多钱，因为卡罗尔在其职业生涯中只在英超联赛踢了 18 场比赛。但这些运作背后的策略似乎很明确，甚至有些简单。利物浦在被收购后的第一个赛季取得联赛第 6 名，部分原因是在 38 场比赛中只进了 59 球，于是在第二个赛季，利物浦招募了一些英格兰足坛最擅长创造射门机会的球员。俱乐部的内部数据显示，唐宁、亚当和亨德森在上赛季制造射门机会方面都排在前 8 名，而且比这份榜单中排在他们身后的很多球员更加廉价。如果说波士顿红袜队是靠让球员上垒赢得比赛的，那么利物浦的想法则是希望通过创造射门的机会来赢得比赛。

这一切理论上听起来很不错。汤姆·沃纳在赞扬那年夏天的转会交易时甚至提到了爱泼斯坦的名字。“毫无疑问，科莫利和爱泼斯坦是穿同一条裤子的。”沃纳说。

但几个月后，事实证明，利物浦的“奇妙算法”需要一些改进。俱乐部提高射门数量的计划最终的结果是，利物浦创下了俱乐部在英超联赛中单赛季最少进球纪录。赛季结束时，科莫利被解雇，在达格利什之后离开了球队。“他并不是那种真正相信《点球成金》这类方法的人。”亨利回忆说。

在英超，合同没有太大意义

亨利开始明白，在美国体育、商业、金融乃至基础数学等领域起支配作用的规则，往往不适用于英格兰足球。即便有适用的，也不太符合亨利的喜好。就拿球员合同来说，利物浦得到苏亚雷斯之后，与他签订了 5 年期合同。利物浦是准备在整个合同期内付他工资的，无论他是否受伤、状态下滑或突然咬人，[①] 但如果苏亚雷斯决定在这份合同快到期时离开，基本上也是没有问题的，当然利物浦会得到一笔转会费。但在足坛，当一名球员或者他的经纪人认为是时候离开时，合同法就被抛诸脑后了。没有哪家俱乐部能够长期留住一名想离开的球员，他们最后都会走，他们总能走。

亨利对这种现象不以为然，所以他决定做点什么。2013 年夏天，苏亚雷斯认为是时候离开了，他的首选目标是阿森纳。阿森纳在 12 个月前忍痛放任罗宾·范佩西加盟曼联，现在正在市场上寻求一名新的中锋。而利物浦不想失去苏亚雷斯，尤其不想把他送给英超联盟的竞争对手，但这里有一个小障碍。苏亚雷斯的合同中包含一个解约条款，规定如果有俱乐部为他出价 4 000 万英镑以上，他就可以自由离开。让事情变得相当棘手的是，阿森纳在 7 月为苏亚雷斯提出了一份比 4 000 万多 1 英镑的报价。

根据合同条款，苏亚雷斯可以自由地离开安菲尔德球场了。但亨利很清楚足球合同的效力，他受够了被球员、经纪人和英超联盟的对手们摆布，所以他决定以球员的方式以牙还牙。他完全无视合同条款，甚至无视整个合同。收到阿森纳

① 苏亚雷斯多次在赛场上咬伤对手，曾多次因此被禁赛。——译者注

的报价之后，亨利拒绝了。亨利接着解释说："我们发现，在英格兰乃至整个世界足坛，合同似乎都没有太大意义。既然这些合同根本不作数，那么我们的态度就是不卖。"

这个大胆的举动激怒了阿森纳，却取悦了利物浦的支持者。当天晚些时候，亨利在 Twitter 上发文，评论此事的进展。他说："你们觉得现在他们在酋长球场该抽点儿什么？"[①]

然而，如果亨利以为他的强硬立场有助于引进美国体育界那种有约束力的合同，他将会失望。虽然他成功地将苏亚雷斯和巴西中场核心菲利普·库蒂尼奥（Philippe Coutinho）留在了安菲尔德球场，库蒂尼奥的转会在 2017 年夏季转会窗口即将关闭时被拒绝，尽管他表达了想要离开的愿望，但实际上，这只是推迟了不可避免的结局。苏亚雷斯和库蒂尼奥最终都加盟了巴萨，亨利只能继续在转会市场上寻求优势。"没有比在英格兰足坛获得冠军更具挑战的事情了。"他说。

亨利并不是唯一相信英格兰足球存在待开发的低效市场的人。在美国，每支球队都有自己的内部分析部门，他们采集数据，从中发掘得利的机会。随着越来越多的美国老板从美国体育界涌入英超联盟，类似的运作方式自然也运用到了他们的足球俱乐部之中。唯一的问题在于，似乎没人能确定他们该发掘什么。

① 酋长球场是阿森纳的主场，该队以主教练温格为代表，包括众多球员在内，都有抽烟的习惯。——译者注

第 20 章

足球市场低效，
对阿斯顿维拉的改造失败

THE
CLUB

英超语录

很多人可能会说，英超联赛把我嚼烂了，然后吐了出去。但我更愿意这样想，是我把手指伸进了它的喉咙，然后说："现在，把我吐出来。"

兰迪·勒纳

阿斯顿维拉前老板

英超启示录

英超的成功模式是花钱，提升球队，继续花钱。

掠夺曼联预备队的策略失效

2013 年 7 月，汽车零部件商人、NFL 中杰克逊维尔美洲虎队的老板沙希德汗（Shahid Khan）从穆罕默德·法耶兹手中接管了富勒姆，成为当时第 6 个拥有英超球队的美国老板。和大多数人一样，他很快就认为自己发现了英格兰足球的低效性所在，那就是曼联。

在沙希德汗接手富勒姆之前的那个赛季，曼联赢得了冠军，那是曼联在英超联赛的第 13 个联赛冠军，也是弗格森 27 年任期内的最后一个冠军。当时曼联的阵容非常强，充斥着高薪的世界级球员。有人告诉沙希德汗，恐怕曼联的预备队都能击败富勒姆。

曼联正是富勒姆决定购买球员的地方。“农场主”（富勒姆的昵称）先是从老特拉福德球场招募了曼联的助理教练、荷兰人勒内·穆伦斯丁（Rene Meulensteen），他曾经的工作是提升曼联年轻球员的技术。接着，富勒姆招来曼联的两名年轻球员瑞安·滕尼克利夫（Ryan Tunnicliffe）和拉内尔·科尔（Larnell Cole），助力球队的保级之战。

客观来说，当曼联的两名年轻球员在 1 月转会窗口期的最后一天来到富勒姆的主场克拉文农场球场的时候，这两笔签约并没有被视为绝妙的交易。拉内尔在曼联仅有的高级别赛事出场经验来自 3 年前，他在联赛杯击败利兹联的比赛中于第 77 分钟替补上场。而瑞安的曼联生涯中只有两次为一线队出场的经历，不过这已经足够帮他的父亲米克赢下 1 万英镑的回报了，因为米克曾下注 100 英镑，赌儿子总有一天会代表曼联出场，那时候瑞安 9 岁。不过，沙希德汗在批准交易的时候并不是为了寻求赞美，而是为了寻求价值。在曼联预备队的强大阵容之中，他觉得自己已经找到了价值。因为评论家认为，拉内尔和瑞安最终可能会成为下一个大卫·贝克汉姆和瑞安·吉格斯。

然而，拉内尔和瑞安或许不行。在他们加盟后不到 3 个星期，穆伦斯丁就被解雇了，拉内尔和瑞安被送回曼联，他们的租借合同也终止了。3 个月后，富勒姆降级了，它对曼联预备队的掠夺策略适得其反。

低效改造带来巨额损失

富勒姆需要继续寻找一个胜利模式。沙希德汗意识到自己在英超专业知识方面的欠缺，于是决定把球员招募的工作委托给一个比他更懂足球的人，这个人也不必懂太多。2017 年，富勒姆宣布，俱乐部的足球总监职位将由沙希德汗的儿子托尼出任。托尼之前是生物柴油公司的一名经理，在职业体育方面的主要资历是曾为学校篮球队记分。在接下来的一年里，沙希德汗在转会业务上尝试了他的数据分析方法。这果真奏效了，富勒姆升入了英超联赛，回归时还签下了总价 7 000 万英镑的新球员。

桑德兰的埃利斯·肖特是来自美国密苏里州的一名私募股权基金经理，也是来到英格兰足坛的美国老板中为数不多的没有明确表示要寻找低效市场的人之一。但他还是发现了一个，那就是他自己在雇用主教练方面的低效性。

在肖特接手“黑猫”（桑德兰的绰号）的 10 年里，有 13 位主教练管理过这支球队。足球场上曾经最喜怒无常、脾气暴躁的一些角色，从保罗·迪卡尼奥、罗伊·基恩到古斯·波耶特（Gus Poyet），都在这份名单上。肖特热衷于骑行，他似乎想从那些主教练身上找到与他的骑行搭档一样的品质，而他在去夏威夷时，最喜欢的骑行搭档是兰斯·阿姆斯特朗（Lance Armstrong）。

兰迪·勒纳最不想做的事情就是将阿斯顿维拉美国化，他对俱乐部没有一个《点球成金》式的计划，也没有想过要用一个过于讲究的分析模式来智胜竞争对手。他不想掀起一场革命。作为艺术品收藏家和历史系毕业生，勒纳对他的任务有不同看法：他应该是这个曾经伟大的俱乐部的委托监护人。阿斯顿维拉的一些事情唤醒了他对一个时代的怀旧之情，那个时代是他从未见识过的在管理工作中讲究体育道德的时代。

当然，当勒纳在 2006 年以大约 6 200 万英镑的价格收购阿斯顿维拉时，他也头脑清醒地认识到，自己是英格兰足坛的一个入侵者。

考虑到球迷对他的看法，勒纳有意在音频和视频采访中把自己的存在感控制到最低。勒纳比大多数美国人更理解英国人对外国人的态度，因为他曾在剑桥大学克莱尔学院学习，并在切尔西市区有一个住处。他知道，在重现俱乐部曾经的荣耀之前，他的美国口音有可能先得罪球迷。

因此 10 年后，球迷为勒纳的离开而欢呼完全不是由于他的口音。当他在 2016 年因遭受巨大损失而卖掉阿斯顿维拉时，他长期以来为了复兴俱乐部所做的巨大努力都被球队在球场上的糟糕表现淹没了。这 10 年间，他对英格兰足球生态系统最深的印象来自足球经营者们那种不受约束的疯狂。在 NFL 的经历使勒纳习惯了这个联盟中的老板和高管的行事风格，尽管他们的行为可能有些瑕疵，但都是通过商定的规则在某个熟悉的商业框架内运作，这与英格兰足坛的风格完全不同。

勒纳在 2006 年就发现，英超联盟与 NFL 截然不同。他感觉这里就像美国的狂野西部（开拓时期没有法制的美国西部），坑蒙拐骗者可以为所欲为。到了

2016 年，情况甚至更加糟糕。英超联盟似乎已经受控于球员和他们的经纪人，或者说受控于经纪人和他们的球员！

“那么紧迫，那么混乱，”勒纳说，“你要么表现出某种真实，要么就变成其中之一。”

勒纳花了很多年才明白这个道理。任期之初，他为这份事业投入了疯狂的热情，几乎像修复艺术品那样对待它。他沉迷于俱乐部及其历史，并寻求任何可能的机会去展示这一点。

为球队主场著名的霍尔特看台（阿斯顿维拉主场的南看台）设计马赛克装饰时，勒纳和一名艺术家在伦敦布卢姆斯伯里区四处奔波，只为找出精准的深紫红色和蓝色，以便符合俱乐部的配色。当翻新圣三一路看台（阿斯顿维拉主场的西看台）时，那里有一扇陈旧的彩色玻璃窗，他没有丢弃，而是把它运到了自己在美国长岛的家中，时至今日它仍然挂在那里。当由于个人原因无法去伯明翰观看比赛时，勒纳会打破自己绝对不看电视的原则，在美国的家中收看转播。他在开球前给家里唯一一台电视机接通电源，直到整场比赛结束才拔掉插头。

“我不介意被人认为是个多愁善感的蠢货。”勒纳在 2017 年这样说。那时，他已经永久退出了英超联盟。

勒纳最早的工程之一是修复一间废弃的维多利亚时代的酒吧，这家酒吧被人称作霍尔特酒店，在他们的主场维拉公园球场对面。勒纳那样做是为了俱乐部球迷，这是给他们的礼物。在他的能力范围内，当时 44 岁的勒纳需要传递尽可能多的善意。那些日子里，英格兰足坛仍然对美国人感到不安，在他们看来，那些美国人从私人飞机里走出来，口袋里装满美钞，堂而皇之地走进了当地的俱乐部。一个从事房地产和金融服务业的亿万富翁为什么要买一支位于西米德兰兹郡老城区的球队呢？

事实上，勒纳的商人本性使他喜欢持有大量海外资产，这位 NFL 中的小市场球队的老板很愿意在英格兰最大的城市之一再拥有一家大市场俱乐部。当有人请他对克利夫兰和伯明翰进行比较时，哪怕勒纳能言善辩，也不得不承认，他对西米德兰兹郡知之甚少，不过他很喜欢它与美国“中西部”的发音碰撞。[①] 这并不奇怪，几乎没有几个美国人听说过伯明翰，更没有哪个美国人会为那里的一支足球队投入 6 000 万英镑，买一处农舍，在忙碌于此的间隙还顺便买下一间破败的酒吧。对阿斯顿维拉的球迷来说，整件事太荒诞了。那间酒吧是勒纳用来示好的，他在 5 600 千米之外通过电话安排人清扫蜘蛛网、修理下水道、更换锈蚀的水龙头，并拔掉地板上长出来的树。霍尔特酒店已经荒废了 20 多年，但勒纳很乐意为它花钱，使它焕然一新。

至于俱乐部本身，过去 20 年间，阿斯顿维拉的遭遇就像那间落满尘土的酒吧。一支在 1981 年赢得联赛冠军并在 1982 年成为欧洲冠军的球队，现在稳居联赛中游。在道格·埃利斯治下，他们已经被曼联、阿森纳、切尔西等俱乐部甩在身后。埃利斯是一名充满奇思妙想的西班牙全包式度假服务承包商，但却是一名十足的足球保守派。

勒纳与埃利斯属于不同的富人圈子。勒纳的父亲阿尔·勒纳（Al Lerner）曾在美国海军服役，最初靠销售家具起家，后来经营信用卡巨头美信银行。勒纳是常春藤盟校毕业的职业投资人。2002 年，69 岁的父亲死于脑癌，勒纳继承了其仁慈的性情和 20 多亿美元的股份。

勒纳敏锐地意识到自己对父亲遗产的责任。勒纳认为自己的首要责任是为其他家庭成员守护好父亲的财富，并且看顾好父亲生前最爱的财产，其中包括克利夫兰布朗队，他绝不能为了利润而放弃球队的价值理念。父亲在弥留之际还曾叮

① “Midwest”（中西部）的两个音节调换顺序，再加上“lands”，就变成了“West Midlands”（西米德兰兹郡）。

嘱勒纳不要出售克利夫兰布朗球场的冠名权。由于 NFL 的收入共享模式，勒纳的父亲经营克利夫兰布朗队时实际上是在花其他老板的钱，但他立场坚定，并不在乎克利夫兰布朗队常年都是输家的事实。从勒纳的父亲 1998 年接手克利夫兰布朗队到勒纳 2006 年买下阿斯顿维拉期间，克利夫兰布朗队只打出过一个胜率过半的赛季。

与英格兰足球不同的是，NFL 不会惩罚战绩糟糕的球队，球队也不会面临财政灾难的威胁，但英超联赛每个赛季垫底的 3 支球队却会被降级到英冠联赛。克利夫兰布朗队只要愿意，可以表现得很糟糕，而他们的老板仍然会作为 NFL 收入共享垄断组织的成员之一赚钱。

另外，阿斯顿维拉是一支有着特殊血统的球队。这些年来，他们在英超联赛和欧冠联赛中都不是什么重要角色，但他们曾经是。不仅如此，阿斯顿维拉还是英格兰足球历史中的中流砥柱。他们成立于 1874 年，比曼联早了 4 年，比利物浦早了近 20 年。1888 年，阿斯顿维拉以其足够大的影响力成为英格兰足球联盟的创始成员。他们的维拉公园球场自 1897 年以来就一直是俱乐部的主场。作为伦敦国家肖像馆的巨额捐款人，勒纳一眼就认定，阿斯顿维拉是座博物馆。

勒纳在恰当的时机接触了埃利斯。埃利斯已经解雇过 13 名主教练，耗过了整整一代憎恨他的球迷。正如球迷们常说的，进入 20 世纪的时候，阿斯顿维拉是最好的俱乐部，但由于埃利斯，它在离开 20 世纪的时候成了最差的俱乐部。不过，心脏三重搭桥手术做到了球迷们没有做到的事情，它把埃利斯踢出了局。2005 年，81 岁的埃利斯开始寻求机会抛售股票。

在投身英超联赛方面，勒纳在外国投资者中也算先行者。在 2006—2007 赛季开始时，其他俱乐部中只有 3 家是外资所有。在很大程度上，当时英超联盟的其他俱乐部仍然掌握在英国的大资本家和像埃利斯这样的小百万富翁手中。

与那些最优秀的老派俱乐部管理者一样，勒纳信心十足。他真的太有信心了，甚至在脚踝处文了一个阿斯顿维拉的标识——一只张牙舞爪的狮子。

酒吧和球场的翻新只是一个开始。当阿斯顿维拉球迷信托基金为 1888 年联合创办英格兰足球联盟的俱乐部主席威廉·麦格雷戈（William McGregor）筹款建造雕像时，勒纳承诺，他们筹到多少钱，他就跟着捐多少钱。

勒纳下决心要通过情感上的联系来赢得阿斯顿维拉球迷的信任，而不只是通过出售门票和啤酒。这些示好行为全都是勒纳自己想出来的主意。2006 年 11 月，勒纳安排了 90 辆大巴，为 4 500 名阿斯顿维拉球迷提供 4 小时往返服务，送他们去伦敦观看阿斯顿维拉对阵切尔西的联赛杯比赛。第二年春天，他为现场观看赛季最后一场主场比赛的球迷制作了 4 万条紫红色配蓝色的围巾，每一条上面都写着“PROUD HISTORY，BRIGHT FUTURE”（骄傲的历史，光明的未来）。

勒纳也会搞更大的动作，这些动作与英超联盟渴求金钱的风格相悖。有两个赛季，勒纳拒绝了一个每年价值数百万英镑的重大球衣广告赞助。他把阿斯顿维拉球衣正面的“地盘”交给了橡子儿童临终关怀信托基金，而不是宣传那些啤酒品牌、航空公司或者帮助臭名昭著的在线赌场行骗。没人可以批评他，除非那个人铁石心肠又精于算计。正如阿斯顿维拉球迷杂志的编辑戴夫·伍德霍尔（Dave Woodhall）所说，十几年来他第一次感觉“这是一家成功的俱乐部”。

在帮助勒纳取得成功的人当中，有一位是查尔斯·克鲁拉克将军，他碰巧曾在英超历史上露过一次面。作为美国海军陆战队前司令，他是参加过美国近代战争的老兵，还参加过切尔西 2002—2003 赛季[①]收官日对阵利物浦的备战工作。将军之所以会和勒纳一同出现在阿斯顿维拉，是因为他与勒纳的父亲长期保持家人般的关系，他正是跟随勒纳的父亲进入了美信银行。

---

① 原文误为“2003—2004 年赛季”。——译者注

勒纳和克鲁拉克将军想让阿斯顿维拉翻身，但他们又要经常前往美国，所以他们认为需要一种有效的方式来保持与球队的沟通。于是，克鲁拉克将军涉足了足坛最接近于“军事泥潭”的东西：球迷留言板。勒纳恳求他不要这样做，但每周至少一次，克鲁拉克将军会与球迷互动，了解他们的情绪，倾听他们的担忧，并对他们发表讲话，讲得比英超历史上任何一名管理者都要详细。

他的文字都是以同样的方式开始——“将军来了”，结尾则是美国海军陆战队的座右铭“永远忠诚”。他解答各方面的问题，包括门票价格、维拉公园球场所售巧克力的品牌，以及总会被问到的转会问题。勒纳也很了解他的球迷，有时他会不请自来地突然出现在伯明翰的酒吧里。他尽自己的最大努力让球迷得到与众不同的感受，因为他卖给球迷的不只是一个比赛日的体验，作为一个局外人，他在尽力想办法把他们的文化还给他们。但是，他与克鲁拉克将军都明白：**想赢得英超球迷的心，没什么比在球员身上花钱更快的方法了。**

勒纳找到了一个非常愿意帮他做这件事的主教练马丁·奥尼尔（Martin O’Neill）。这是一个暴躁的北爱尔兰人，已经在顶级联赛执教了10年。他在训练时总是穿着运动服站在边线上，抓起球员的衣领朝他们吼叫。他学习过刑事犯罪学的专业知识，在球员时代，到客场比赛时，他偶尔会带着杀人案的文档在酒店里阅读。在奥尼尔上任后的前4个赛季中，阿斯顿维拉在转会和薪酬方面的开销巨大，共花掉1.3亿英镑，成为欧洲最豪爽的俱乐部之一。这样的策略换回了一些成绩，在2006—2007赛季取得联赛第11名之后，阿斯顿维拉在随后的3个赛季里都进入了前6名。

唯一的问题是，英超联盟的这一成功模式——花钱、提升球队、继续花钱，与勒纳的投资直觉完全相悖。这不是他父亲成为亿万富翁的方式，也不是勒纳继续作为亿万富翁的方式。他意识到，他再也无法收回那笔钱，他必须看管好自己的钱包了。

2010 年夏天，当奥尼尔向俱乐部高层索要更多的钱来签约球员的时候，勒纳表现出质疑。对于涌入俱乐部的不同类型的球员及其越来越高的薪水，勒纳感到困惑和沮丧。在他看来，奥尼尔一直在签那些已经接近 30 岁的球员，他们拿着高薪，却没有转手价值。他们好像都来自英国和爱尔兰，他们只会直截了当地踢球，而联赛中的其他球队却踢着更加精细复杂的欧洲大陆风格的足球。那么，为什么不从青训营中提拔球员呢？勒纳取笑说，奥尼尔知道俱乐部还有一所青训营的唯一原因是，他们就在隔壁的球场训练。

由于已经为阿斯顿维拉投入了超过1.5亿英镑，勒纳不打算把坑挖得更深了。

在 2010—2011 赛季开始的 5 天前，矛盾达到顶峰。奥尼尔离开了俱乐部，这让勒纳怒不可遏。球队匆忙用热拉尔·霍利尔（Gérard Houllier）取代了奥尼尔。霍利尔是一个患有慢性心脏病的法国人，一位前高管形容他在“试图用错误的工具去做蛋奶酥”，霍利尔自己也知道这一点。看着那些球员，他告诉勒纳，队里没人知道怎样踢球。但勒纳的麻烦只增不减，奥尼尔把勒纳告上了仲裁庭，就他离职的情况提出诉讼，诉讼持续了 9 个月。

勒纳离开伦敦仲裁庭时，对自己的境地感到不解，他觉得仲裁员根本不知道他们在裁决什么。当调查的范围转向阿斯顿维拉的转会政策，也就是奥尼尔对俱乐部不满的核心时，仲裁员中有人问勒纳，关于球员签约，他是否咨询过俱乐部董事会。勒纳对这个问题感到惊讶，他不得不解释说，由于他拥有俱乐部 100% 的股份，所以没有董事会。勒纳说，这个问题莫名其妙地绕过了奥尼尔，要知道奥尼尔管理球队时可为他做出了成百上千万英镑的决定。最终，勒纳在 2011 年与奥尼尔达成了媒体称为“友好条款”的和解。但整个事件破坏了勒纳拥有一家英超俱乐部的兴致。这种挫败感让他不再继续自我麻醉，那种麻痹感存在于他刚刚买下阿斯顿维拉的时候，存在于他拥有克利夫兰布朗队且尚未因 NFL 中充斥的暴力而对其丧失兴趣的那些年里。英格兰足坛的这些人跟他根本不是一路人。

在这段独特的经历中，那些曾经能够取悦他的事情，比如维拉公园球场里的呼喊咆哮与斯肯索普的客场之旅，都已经失去了光泽。当阿斯顿维拉在 2015 年足总杯决赛中对阵阿森纳时，勒纳迫不及待地想离开温布利球场，但当枪手痛扁他的球队时，他还要和名义上是阿斯顿维拉球迷的威廉王子闲聊。这种尴尬对勒纳来说难以忍受。比赛一结束，他就匆忙离开，他只想钻进车里去他最喜欢的南肯辛顿的酒吧。

回顾往事，勒纳承认，他没有做好准备为成功运营一家英超俱乐部管理日常事务。当时，它只是勒纳经营的七八项生意之一。相比之下，足球显得无足轻重。毕竟，勒纳是美信银行的董事长，它的市值比英超联盟 20 个俱乐部和 NFL 的 32 支球队加在一起的价值还要高。

另外，勒纳认识到，购买一家英超俱乐部实际上意味着要为它花两次钱。NFL 的球队可能更贵，但你一旦买下一支球队，除了自由球员之外几乎就没有其他开销了，其运营成本差不多可以由联盟的共享收入承担，而球场的费用由当地政府承担。然而，在足球界，买下一家俱乐部代表着你的支票簿要一直打开。阿斯顿维拉在转会市场上的不幸经历让勒纳深刻地明白了这一点。

2010 年后，勒纳不再抱有幻想，转而让其他人替他管理俱乐部。由于频繁换帅，这家刚刚习惯了联赛前 6 名位置的俱乐部突然陷入了一年一度的保级大战。2011 年 3 月，阿斯顿维拉距离降级区只差 1 分。在这个需要孤注一掷的时刻，克鲁拉克将军自告奋勇，在球队赶赴埃弗顿的古迪逊花园球场之前，发表了一通战斗动员：“当我的美国海军陆战队队员穿上他们的军装，戴上象征队伍的徽章，投入战斗并遇到困难时，他们不是为自己的长官而战，而是为自己的同袍而战，为那些身穿同样军装和佩戴同样徽章的人而战。当一名球员披挂球队战袍、佩戴俱乐部徽标时，我也有同样的期待！”

事情有了起色。阿斯顿维拉在最后 8 场比赛中赢下 4 场，避免了降级。然而，这只是暂时的缓解。奥尼尔的离开和保级之战所带来的压力让勒纳付出了很大的代价，他决心不再让自己重蹈覆辙。他决定对球迷说实话。

“我已经非常清楚，在英格兰足坛，命运是无常的，而我觉得自己的命运已经完全脱轨。”勒纳在俱乐部网站上写道。与勒纳所说的和所发表的所有内容一样，他的话经过深思熟虑，并小心翼翼地引经据典作为修饰。他接着写道：“在个人层面，现在是时候卖掉球队了，我之后会像书念妇人（Shunammite，《旧约·列王纪上》中的人物）一样，在家中安居，处理一下我其他方面的事业。”

勒纳以《旧约·列王纪上》里的人物自喻，让大多数球迷都有点儿摸不着头脑，但这传达的信息很明确：勒纳准备离开英格兰足坛。事实上，勒纳在告知球迷很久之前就已经准备放弃阿斯顿维拉了。2014 年春天，他与戴维·布利策（David Blitzer）和乔希·哈里斯（Josh Harris）谈成了一笔合适的交易。一位对该协议有直接了解的人说：“它已经完成了。”但后来这笔交易在阿斯顿维拉的训练场上流产了。在 4 月的一个星期四早晨，当时俱乐部最好的球员、比利时射手克里斯蒂安·本特克（Christian Benteke）跟腱断裂，布利策和哈里斯叫停了交易。本特克要休战 6 个月，这意味着他直到下个赛季后半段才能再度登场。本来本特克的求购者排着队，想在那年夏天用超过 2 500 万英镑的价格签下他，现在他卖不出去了。于是，木已成舟的交易告吹了，布利策和哈里斯转而入主水晶宫。

勒纳说，他还曾差点儿与一名来自阿布扎比的买家达成交易，但后来也泡汤了。2015 年，他陷入困境。俱乐部进入恶性循环，先是盲目进行短期决策，最终只能降级，降级之后是更多的短期决策，如此循环。

对细节的关注未能赢得球迷的支持

大事、小事，每件事都在出错。以对细节的关注赢得球迷支持，那已经是遥远的记忆。2015 年 11 月，阿斯顿维拉在公布他们 5 年内的第 5 任主教练、法国人雷米·加尔德（Rémi Garde）时，甚至连他的名字都没拼对。俱乐部把官方话题标签“Welcome Rémi”（欢迎雷米）中的“Rémi”写成了“Remy”。但就像这次错别字事件一样，加尔德的名字成为那份持续增长的主教练更替名单中的一个，他变成了又一个令人大呼“天哪”的事件中的主角。他只停留了 23 场比赛。

阿斯顿维拉正在打一场必败之仗。克鲁拉克将军试图再次鼓舞球队，这一次他将阿斯顿维拉的困境与他的自身经历做了一个对比。调遣美国海军陆战队是一回事，组织 2015—2016 赛季的阿斯顿维拉却是另一回事。他们没能在客场战胜诺维奇足球俱乐部（简称诺维奇），诺维奇在英超联盟甚至算不上一个“雷区”。4 月 16 日，随着他们客场负于曼联，一切都崩溃了。那时候，阿斯顿维拉的球迷过于沉浸在这场黑色幽默之中，因此他们高呼“让我们假装进了一球”，然后高唱《我们会再相见》（*We'll Meet Again*）。

在 10 年的时间里，在勒纳的监护下，阿斯顿维拉从英超联盟精英球队的亲密接触者沦落到被完全踢出这个圈子。而勒纳为这段特殊经历花费了超过 2.5 亿美元。

“一个人究竟能坚持多少个赛季，并期望能一路闯过难关呢？这不是阿斯顿维拉应有的样子，这种令人绝望的现实是完全不可接受的，是令人无法承受的，也是与阿斯顿维拉的光辉历史格格不入的。”勒纳在俱乐部网站上写道，“这不是我当初想参与其中的原因，而是一直想做出改变的原因。我可以很真诚地说，从 2014 年 5 月宣布以来，我就一直在努力卖掉球队，把我们挚爱的俱乐部交到更适合的人手中，但这没能实现。我对阿斯顿维拉的球迷写下这些，是想表明，这次降级的责任在我，而不在其他人。”

阿斯顿维拉对于一个人是降级，对于另一个人则可能是捡漏。2016 年 5 月，在了解到阿斯顿维拉降级至英冠联赛时，有哈佛大学、麻省理工学院和牛津大学深造经历的中国亿万富翁夏建统博士用 6 000 万英镑收购俱乐部，结束了勒纳的磨难。[①] 当时勒纳的处境已经非常险恶，他在宣布交易之前接到了执法机关打来的电话，建议他最近这段时间最好不要打开自己家的邮箱。

勒纳以一份声明道别，声明的标题是《向一切告别》（*Goodbye to All That*），借用了罗伯特·格雷夫斯（Robert Graves）的自传名字，这本自传是关于格雷夫斯对第一次世界大战的记忆和他已经不再认识的英格兰。尽管被英超联赛“吞噬”了，勒纳仍希望他在这个“受人爱戴的古老俱乐部”的“遗产”可以得到保留，包括他翻修的霍尔特看台、他对俱乐部设施的大量投资，以及 10 年前他送给俱乐部球迷最重要的礼物之一：酒吧。

在那份道别声明中，勒纳还提到，英超联赛是一种“流行但黑暗的消遣，大家公开质问花了多少钱或者损失多少钱”。他很清楚，灾难性的损失会永久地影响人们对他任期的评价。他所在的 10 年里，阿斯顿维拉每年的运营亏损加起来超过 1.8 亿英镑。2012 年，他以大约 10 亿美元的价格卖掉了克利夫兰布朗队。由于勒纳的个人财产非常分散，也由于美国的税法，他能够利用其他地方的利润抵消一部分亏损，尽管如此，阿斯顿维拉在 2016 年的投降还是令他痛苦万分。

在评价自己为了涉足英格兰足球而付出的代价时，勒纳改写了他记忆中乔治·哈里森（George Harrison）说过的有关其披头士乐队生涯的一句话，他说：“英超联赛让我的神经系统崩溃。”

---

① 夏建统在 2019 年完全卖掉了在阿斯顿维拉的股份。——编者注

当然，文身还在他的脚踝上，但电视机已经不再通电。不过，尽管有这些损失，但勒纳仍认为他是以自己的方式离开的。

勒纳说："很多人可能会说，英超联赛把我嚼烂了，然后吐了出去。但我更愿意这样想，是我把手指伸进了它的喉咙，然后说：'现在，把我吐出来。'"

第 21 章

球迷认知失调，
斯旺西的新老板被逼入死角

THE

CLUB

英超语录

如果你关注世界各地的体育赛事，了解体育界的老板是如何想办法投资和赚钱的，就会发现，他们当中大多数人喜欢“特许经营权”的理念，已经有很多外资俱乐部在谈论废止英超联赛的升降级制度。

理查德·贝文

英超联盟教练协会主席

英超启示录

许多有美国背景的老板在进入或退出英超联盟时都描述过相同的奇怪现象：球迷似乎认知失调，他们虽然认为美国人不可靠，但不介意这些“金主”为他们的球队挥金如土。

老板和球迷几乎从未站在同一立场上

早在兰迪·勒纳退出英超联盟之前，其他美国老板就已经被降级的可能性与随之而来的财务困境吓怕了，他们游说联盟彻底废除这项把最弱的几支队伍踢出去的百年惯例。

“如果你关注世界各地的体育赛事，了解体育界的老板是如何想办法投资和赚钱的，就会发现，他们当中大多数人喜欢‘特许经营权’的理念，”2011 年，英超联盟教练协会主席理查德·贝文（Richard Bevan）说，“已经有很多外资俱乐部在谈论废止英超联赛的升降级制度。”

然而，想把通道堵死是不可能的，废除升降级制度的支持者数量距离修改英超联盟规则所需的 14 票差得还很远。即便如此，期待有朝一日升入英超联盟的其他英格兰球队也已经表达了强烈抗议。完全取消升降级制度是不可能的，几个美国老板对此心知肚明，只能在危急时刻退而求其次，选择极其优秀的保级高手山姆·阿勒代斯（Sam Allardyce）。他的感召力、他在北美足球联盟坦帕湾暴徒队的经历，以及他对数据分析的钟爱，满足了深陷困境的美国老板的所有需求。勒纳曾想把他请到阿斯顿维拉，但未能成功。埃利斯·肖特把他请到了桑德兰，但没能留住他。2015 年投资英格兰足球的私募基金巨头乔希·哈里斯和戴维·布利策把他挖至水晶宫，在赛季的最后几个月里，他又一次上演著名的“起死回生之术”，把俱乐部从危险的境地中救了出来。

阿勒代斯在这些老板当中如此受欢迎，这清楚地表明，只要能从困境中脱身，降级的风险只会加强这些老板的兴奋感。即便他们不愿承认这一点，我们也能推断出，正是在没有安全保障的联赛中进行高风险的下注这类事情吸引了这些专断、自信的人，也就是那些爬到行业顶端、具有 A 型人格的人。最近几个赛季，英超联盟的老板名单中包含了数个对冲基金亿万富翁、公司掠夺者、房地产投机者，以及一名职业投机商人，这绝非偶然。

然而，2016 年夏天，渴望投资英格兰足球的美国人下的赌注可能太大了，他们把目光从华盛顿特区转向威尔士南部的一个 25 万人口的海滨城市。

自 1912 年建立以来，斯旺西城足球俱乐部（简称斯旺西城）在前 104 年的历程中只在英格兰足球顶级联赛出现了 7 个赛季。每次征战英超联赛，他们都是降级热门，从未远离过潜在的财务困境。就在 2001 年，斯旺西城还曾以 1 英镑的“高价”被出售。不久之后，球队支持者和前高管们为俱乐部偿还了 30 万英镑的债务，使它免于破产。

因此，当美国人史蒂夫·卡普兰（Steve Kaplan）和贾森·莱维恩（Jason Levien）在 2016 年为这家俱乐部砸下 1.1 亿英镑时，连一些威尔士人也感到惊讶。不过，卡普兰和莱维恩并不担心。与之前的一些美国投资者一样，他们着眼于英超联赛的成功、利润和发展前景，确信自己捡了便宜。

最初，斯旺西城的球迷们对此感到疑惑。然后，几个月后，他们对这两个美国人就变得充满敌意。新老板的首个赛季才打了 9 场比赛，卡普兰和莱维恩就遭受到来自球迷看台上的抗议。

这种敌意一部分来自一连串糟糕的比赛成绩，斯旺西城在 12 场比赛之后排名垫底，但这不是全部。斯旺西城的支持者可以接受糟糕的结局，毕竟球队以前的成绩也不怎么样，真正惹恼球迷的是卡普兰和莱维恩对主教练的选择。

成为斯旺西城教练之前，58 岁的美国教练鲍勃·布拉德利（Bob Bradley）从未在欧洲的顶级联赛工作过，更不用提赢得奖杯了。相较于布拉德利单薄的资历，更令球迷感到被冒犯的是他的美国口音。英国球迷已经见证过一连串在会议室里指手画脚的美国投资者，接下来还要看一个美国人在更衣室发号施令，这实在有点儿令人难以接受了。

让球迷的抵触情绪达到一个新高度的是英国广播公司的一次赛后采访。当时，布拉德利先是在提到“点球”时使用了“PK”[①]一词，他立即意识到了问题并将其更正为 Penalty Kick，但为时已晚。在社交媒体的“审判”下，布拉德利被控犯下了不可饶恕的罪行，即在谈论足球时使用美式措辞。

似乎没有人意识到，在布拉德利之前，有超过 50 名非英国籍主教练在英格兰顶级联赛中展示过他们的口音，但他们都没有引发争议。尽管有普林斯顿大学的教育背景，布拉德利“滑稽而令人尴尬”的新泽西口音仍时不时对挑剔的英式耳朵构成冒犯。这一切都是由于他在这项英国人发扬光大的运动中偶尔使用了比较美式的措辞。

整个争议中最奇怪的部分是，布拉德利实际上更多地使用了这项运动的英式术语，而不是美式术语。执掌斯旺西城期间，在电视上播出过的超过 4 个小时的新闻发布会和采访中，他 77 次说到 football 一词，一次也没用过 soccer。他还坚持在提到“零失球”时用 clean sheet，而不是 shutout；提到“训练”时用 training，而不是 practise；提到“更衣室”时用 dressing room，而不是 locker room。[②]

---

① PK 是 Penalty Kick 的简称，但英国人更喜欢使用全称，而美国人惯用简称，更显散漫。——译者注

② 文中提到的 football、clean sheet、training、dressing room 都是英式习惯用语，soccer、shutout、practise、locker room 则是相应的美式习惯用语。——译者注

然而，布拉德利的措辞争议在每周都上演的球场灾难面前只是一段小插曲。他的任期只有 85 天、11 场比赛，在英超历史的主教练任期长度上倒数第二。他只赢下了两场比赛，斯旺西城因此陷入了降级区。“很显然，这永远无法充分反映我管理和执教球队的整体能力，”在被赶走后，布拉德利说，“因为在英超联盟，人们用一种非常奇特的方式评价你。”

卡普兰和莱维恩被迫在赛季中段寻找新的主教练，并且他们的球队看起来注定要降级，斯旺西城的新老板们被逼入了死角。他们需要一个主教练来向球队灌输一些纪律，向球迷灌输一些信心。

卡普兰和莱维恩选中了保罗·克莱门特（Paul Clement），他曾在皇马和巴黎圣日耳曼足球俱乐部（简称巴黎圣日耳曼）长期担任助理教练，最显著的才能是他的英式口音。这次，他们的赌注获得了回报。克莱门特带领斯旺西城在还剩一场比赛时逃离降级区。

赛季结束后，松了一口气的老板们提到他们的主教练、球员和球迷时说:“即使是在大西洋彼岸，我们也能感受到彼此之间的关联，这真是令人欢欣。”

斯旺西城的球迷可能不会用“令人欢欣鼓舞”一词来描述这个赛季。他们在 38 场比赛中输掉 21 场，被踢入 70 球，换了 3 任主教练。但这比 12 个月之后发生的事情好多了，斯旺西城在下一个赛季最终排在了第 18 名，还是降级了。

尽管如此，卡普兰和莱维恩在某件事情上还是对的。成功，即便是被当地球迷质疑的那种成功，也会给那些在英超联赛风暴中航行的老板带来非凡的回报。问题在于，当定义何为成功时，老板和球迷几乎从不会站在同一立场上。

球迷认知失调，认为美国人不可靠

自从美国老板掌控了曼联、阿森纳和利物浦，尽管这些球队偶尔也会输得很惨，但他们总共赢得了 17 座冠军奖杯。据保守估计，这 3 家俱乐部的总市值已经增加了大约 70 亿美元。多年以来，马尔科姆·格雷泽都是英国人最憎恨的人之一，因为他通过融资买入曼联，使俱乐部背负的债务达到十位数。人们此前从未听说过如此沉重的债务和这个没有任何足球投资经验的美国家族，但事实上，在这个家族的手中，曼联的状况并没有变成一场许多人所担心的灾难。在格雷泽家族执掌曼联的前 10 年里，曼联赢得了 5 个联赛冠军和一个欧冠联赛冠军，把债务从 2010 年接近顶峰的近 12 亿美元减掉一半；而在他们执掌之前的 10 年里，曼联只赢得了 6 个联赛冠军和一个欧冠冠军。到 2016—2017 赛季，凭借英超联赛的转播合同和自身的大规模商业运作，曼联重新成为这个星球上最赚钱的俱乐部。

然而，那些写着“爱曼联，恨格雷泽”的标语仍然粘在老特拉福德球场的折叠椅上。

曼联球迷与阿森纳、斯旺西城和利物浦的球迷至少在这一点上是相似的，只要他们的美国老板表现出对俱乐部传统的怠慢，球迷就会拿着准备好的横幅、喊着口号走上街头。美国老板身上总有一些特别的东西，它们就像布拉德利的口音，让球迷觉得不舒服。

许多有美国背景的老板在进入或退出英超联盟时都描述过相同的奇怪现象：球迷似乎认知失调，他们虽然认为美国人不可靠，但不介意这些“金主”为他们的球队挥金如土。假如一个美国投资者来这里转一圈，他就会受到某种并不友好的招待，但假如投资者来自中国、波斯湾或者俄罗斯，英格兰的足球俱乐部却会急不可耐地铺上红地毯。当球队老板在一段时间内乐于为球队烧钱，球队成绩有了起色时，球迷就开始幻想成为下一个切尔西或者曼城。但没人想成为曼联，因为在球迷心中，曼联的状况可以归结为：俱乐部需要依据严格的财政计划运营，其中涉及杠杆收购、负债和贷款偿还，这并不怎么样。

尽管美国老板有种种缺点，但还是受到了英超联盟其他老板和理查德·斯丘达莫尔的热烈欢迎，他们至少看得出，在某个重要的方面，美国人能发挥很大的作用。

美国人的“入侵”为英超联盟开辟了一条宽阔的大道，通向一切市场的源头。

THE CLUB

第五部分 英超帝国的繁荣泡沫

他们有石油和愿景。

阿尔塞纳 · 温格

阿森纳前主教练

第 22 章

海外转播权，榨干能从全世界赚到的每一分钱

THE CLUB

英超启示录

1. 如果把英超联赛的国际版权拆分为单独的地区性版权套餐，与各地电视转播公司进行面对面的交易，那么俱乐部将更容易获取应得的回报。

2. 不是交易至上，而是礼貌至上。礼貌是维持客户关系的关键。

3. 理查德·斯丘达莫尔还在陪同英国首相进行贸易访问时带着英超冠军奖杯。

英超联盟，高效的指挥中心

地处伦敦西区的英超联盟办公室大部分位于地下，尽管如此，在世界足球行政机构中，英超联盟办公室也不是最与众不同的。国际足联在苏黎世的“老巢”有 5 层位于地下，其中一个会议室就像直接从《奇爱博士》(*Dr Strangelove*) 里搬来的。但英超联盟办公室并不追求未来主义的地堡风格，它不像电影《007》里大反派的藏身之处，也不像一个军事机器人实验室。

这个地方的非凡之处在于它的质朴，英超联盟办公室更像一个中型律师事务所。只有外墙上的一块银色小匾可以让人识别出格洛斯特广场 30 号就是英超联盟办公室。办公室外是白色的外墙和黑色的围栏，它与一排优雅的乔治亚风格的建筑和谐地待在一起。根据英超联盟的规定，此处“只对预约者开放”。路上偶尔会有几个停下来拍照的人，那是八卦小报的摄影师，每当英超联盟的主教练被招来参加联盟范围的会议时，这些人就会蹲守在马路边上。那些身穿不合身西装的主教练们从黑色出租车里匆忙钻出来，这样的照片就是这些摄影师的工作成果。

英超联盟办公室在 2005 年搬到这个地方，当时英超联赛的英国电视转播权刚刚连续在第二个周期突破 10 亿英镑。比赛的转播收视率一路飙升，但作为全球最受欢迎的联赛，英超联盟的办公室并没有虚张声势或与 NFL 和 NBA 的办公室攀比，NFL 的办公室矗立在纽约第 51 街和公园大道的交叉路口，NBA 的办公室则在两个街区之外的一座 51 层高楼中。之所以会有这种区别，在某种程度上是因为英超联盟的员工人数大约是 NFL 或 NBA 的 1/10，只有 110 人左右。

如果你要去英超联盟办公室访问，就会被带到楼下的一个小等候区，那里的沙发前面摆着英超冠军奖杯和一张茶几。那里的氛围安静而高效，时任首席执行官理查德·斯丘达莫尔在这里拥有一间简朴的办公室。他的下属们也是如此，他们负责确保合同及时更新、合作伙伴心情愉悦，以及联盟广泛的慈善活动稳步进行。斯丘达莫尔作为英超联盟薪水最高的高管，基本年薪只有七位数。NFL 总裁罗杰·古德尔（Roger Goodell）在 2016 年赚到 3 400 万美元，另外，NBA 的总裁亚当·肖华（Adam Silver）的薪水约为 2 000 万美元，相较于他们的收入，你会想知道，英超俱乐部赚了那么多钱，为什么英超联盟高管的收入这么“寒酸”？

原因是，与任何一个美国同行相比，英超联盟都是一个小得多的管理机构。它最主要的是作为一个媒体版权销售组织，顺便为 20 个俱乐部提供平台、裁判和比赛用球。这个组织只有 6 家全联盟范围的赞助商，其中显而易见的类别包括官方计时、官方餐饮，以及自 2000 年以来一直在默默实施的与耐克的球类合作。与之相比，NFL 在 2015 年有 32 家全联盟范围的赞助商，其中还包括一个 NFL 官方汤食的赞助。

这个英格兰最赚钱的体育组织也没有商品售卖的业务，他们不会卖给你一顶棒球帽或一条围巾，这件事完全由俱乐部来运营。事实上，英超联盟官网甚至连网上商店都没有。这就是为什么整个联盟的运营过程可以在一个几乎无人知晓的办公场所愉快地进行。

然而，自 2005 年以来，正是这座位于格洛斯特广场的简陋宅邸，在英超联赛追求全球体育产业统治地位的过程中充当了指挥中心。

英超联盟的永久推销员

英格兰足球第一次征服世界是在 19 世纪晚期，当时英式足球的规则传到了世界各地。总体来说，这可以算是成功。世界上其他地方的人们很快学会了如何用一个球和两张网来玩这个游戏，然后，他们变得有点太精于此道了。没过多久，英格兰在这项自己发扬光大的运动中的霸主地位被公然挑战，然后被无情痛扁。这个国家最出色的球员在与乌拉圭、美国、德国的比赛中遭遇惨败。从那之后，英格兰足球开始用一种怀疑的态度看待这项运动在海外的开展，认为这就像一个美国人冲泡了一杯格雷伯爵茶（一种经典的英式红茶）。1992 年英超联盟成立时，英格兰俱乐部名册上的外籍球员一共只有 13 个。世界各地的人都在打开电视收看英格兰足球，而英格兰足球却对世界其他地方漠不关心。

在球场上，随着越来越多外籍球员在 20 世纪 90 年代中期的加盟，这种情况开始慢慢改变。但在有关英格兰足坛权势的历史中，转折点则更明显。那是 1999 年，英超联盟雇用了黄页公司前员工斯丘达莫尔作为第 3 任首席执行官。

斯丘达莫尔衣着得体、身形瘦削，有一头稀疏的灰白头发，看起来和之前担任英超联盟首席执行官的那两个人没有什么不同。但他与前会计师里克 · 帕里，以及做了两年首席执行官后重返律师事务所的彼得 · 利弗的区别在于，斯丘达莫尔为联盟带来了一些重要的商业决断。他有销售背景，于是在接下来的 20 年时间里，他把英超联赛包装成了地球上最具吸引力的体育产品之一，并设计出新的方案，把英格兰足球在近 200 个国家和地区中所能赚到的每一分钱都榨干了。

要为这样一个令人上瘾的产品进行全球运营，斯丘达莫尔此前的专业经验使他并不需要做什么准备。在足球销售业务之前，他是销售电话簿的。斯丘达莫尔曾在诺丁汉大学学习法律，但他发现自己讨厌这个学科。1980 年，他来到黄页公司从事广告销售。他在公司里 8 年间升职了 8 次，做到销售主管的位置。然后，他觉得是时候为一些比销售电话簿更刺激的事情奋斗了。于是，他在 1989 年进入汤姆森报业集团，担任英国的销售和市场主管。后来他被调到纽约，担任公司的高级副总裁，负责在美国南部和东部的报纸业务。作为一个保守而温和的英国人，斯丘达莫尔在美国的企业文化中飞速成长，沉浸于它的竞争、效率和对创新的包容之中。很快，他就开始管理美国 40 个州的 200 多份报纸以及 5.6 亿英镑的企业资产和广告营业。

然而到了 1997 年，他和妻子凯瑟琳都开始渴望回家。就在返回英国的途中，斯丘达莫尔在《泰晤士报》上看到一则英格兰足球联盟招聘首席执行官的广告，英格兰足球联盟管理着英超联盟之下 3 个级别的职业足球俱乐部。斯丘达莫尔提出申请并获得了这份工作。很快，他就为自己赢得了雷厉风行、聪明睿智的名声，完全不同于那些英格兰足坛最高管理层中自命不凡的家伙。所以在他得到这份工作仅两年之后，英超联盟就找上门来。在很多方面，斯丘达莫尔都是英超联盟的理想首席执行官。

斯丘达莫尔的商业经验已经使他从大多数候选人中脱颖而出，而他的个人背景更是出类拔萃。首先，他是一个合格的调解人。当 20 名即将成为他的老板的亿万富翁之间有一场白热化的争论需要调停时，他的能力就能发挥作用了。其次是一个与他家乡有关的细节，斯丘达莫尔在布里斯托尔出生和长大。“我的简历上写着，我既不是来自伦敦，也不是来自英格兰西北地区，那是两个传统的足球中心，”在后来接受商业类杂志《现代管理》（*Management Today*）的采访时，斯丘达莫尔说，“在足球教条式思维当中，我被认为是中立的。”

斯丘达莫尔可能一开始就是英超联盟首席执行官的完美人选，而他一旦上了岗，这个角色的轮廓就将由他来勾勒。此后 20 年，斯丘达莫尔需要应对英格兰足球的急速全球扩张、大量外国投资的进入、种族主义、经纪人问题等各类难题，在这个过程中，他本可以将英超联盟首席执行官这个角色定义为：顶级水平的英格兰足球对外大使，但他最终选择了一个更狭隘的定义。斯丘达莫尔真正想成为的是英超联盟的永久推销员。

拿掉中间人，与国际转播商直接谈判

当斯丘达莫尔出任首席执行官时，他知道英超联盟已经顺利地走在通往英国国内体育产业主宰的道路上。此前一年，英国天空广播公司与英超联盟重新签订了英国电视转播协议，同意在未来 4 年支付 6.7 亿英镑，比前一份协议的金额增长了 176%。然而，当斯丘达莫尔审视国际收入时，他看到了一个潜力无限的世界。1997 年，英超联赛的国际转播权只卖出了 9 800 万英镑的价格，这是一个令斯丘达莫尔不只感到失望，而且感到失礼的数字。在他看来，英超联赛是这个星球上最激动人心的足球赛事，是时候让它获得与之相匹配的金额了。

首先，斯丘达莫尔开始详细调查英超联赛在英国国外自我营销的方式。当时，英超联盟已经以一个固定的价格把它的国际版权打包拍卖掉，中标人可以自由拆分这些版权，然后在他们认为合适的国家和地区进行转售。1997 年，美国国际管理集团 IMG 和法国付费电视台 Canal+ 联合报价，赢得了整个国际版权的竞标。2001 年，下一周期的国际版权由 4 家机构组成的财团以 1.78 亿英镑的价格获得。斯丘达莫尔从中发现了一个根本问题：英超联赛在国际上推销自己时，实际上选择了一种最便捷的方式，而不是最赚钱的方式。

斯丘达莫尔想拿掉中间人，亲自与转播商谈判，他喜欢亲自坐在谈判桌前。斯丘达莫尔告诉俱乐部的老板们，如果把国际版权拆分为单独的地区性版权套餐，与各地电视转播公司进行面对面的交易，那么俱乐部将更容易获取应得的回报。由于对斯丘达莫尔的商业背景非常信服，老板们同意了斯丘达莫尔的提议。

这个方案很快就得到了回报。2004 年，英超联赛的国际版权以 3.25 亿英镑的价格售出，比前一个周期增长了 83%。2007 年，英超联赛国际版权费总额跃升至 6.25 亿英镑。到了 2010 年，英超联赛国际版权费总额达到 14 亿英镑，首次突破 10 亿英镑大关。仅仅 9 年时间，斯丘达莫尔就在国际转播收入上实现了惊人的 687% 的增长。在国际版权上，英超联盟过去采用的单项协议已经变为

80 个协议，覆盖 211 个国家和地区。

结果就是，英超联赛对全世界狂热球迷的覆盖度比对英国当地球迷的覆盖度还要广泛。在英国，各个足球组织之间存在长期协议，禁止转播商在周六下午 2 点 45 分到 5 点 15 分实况转播比赛，以保护国内数千支职业球队和半职业球队的比赛上座率。而斯丘达莫尔在绕着地球兜售英超联赛转播权的时候，那些数十年来一直存在于英国国内的时间限制和电视节目表对他没有任何影响，国际转播商可以直播英超联赛的每一场比赛，他们需要关心的只有是否有足够的频道来播放。

“礼貌”加“作秀”，全球转播费持续上涨

全世界对英超联赛的兴趣是毫无疑问的，斯丘达莫尔逐渐把自己塑造成一个环游全球的高管。在每个新赛季里，他都要造访包括印度、泰国、新加坡和中东地区在内的主要市场。由此他发现，英超联赛这个产品具备众多先天优势。这些如今看来显而易见的事实意味着，世界各地的球迷在无意之中就已经对英超联赛产生偏爱了。最妙的是，这些优势的产生完全是巧合，它们的存在与英超联赛本身无关。

最显而易见的一点是，整个节目采用的都是英语。意甲联赛和德甲联赛必须首先帮助观众弄懂桑普多利亚足球俱乐部、门兴格拉德巴赫足球俱乐部这些名字，而世界上 1/4 的人口都可以在收看英超联赛时立即明白比赛状况，哪怕这意味着他们偶尔会陷入荒诞乏味的 soccer 和 football 的用词之争。[①] 除了语言，英超联赛还得益于它的地理位置。正如大量伦敦公司这些年来已经发现的那样，英国的工作时间与亚洲和美国的白天相重叠，这使英超联赛比 NFL 和 NBA 等竞争对手更有优势。一场在下午早些时候开球的英超比赛，既可以在新加坡作为周六晚

① 郑重声明，soccer 和 football 一样，都是 association football 最初的英式简写。

上黄金时段的娱乐，又可以在美国布鲁克林的周六早上搭配一碗麦片享用。最重要的是，斯丘达莫尔明显感到，海外的观众有一种自然的“英国崇拜”心理，被英格兰足球的传统和文化所吸引。换句话说，他们渴求其中所有的英国特色。

“英国人的身份是我们的精髓。”斯丘达莫尔 2013 年接受《泰晤士报》采访时说，“这有点类似于英国女王或者英国广播公司。”

担任首席执行官的第一个 10 年结束时，斯丘达莫尔对这种先天优势已经进行了充分的利用，使联盟的国际转播收入增长了 10 倍。接下来，他必须添加一些自己的创新了。要保持全球转播费的持续上涨，仅靠拿掉中间人、与国际转播商直接谈判已经不够了，他还要让对方相信，他们刚刚花大价钱买来的英超联赛转播权对他们的经营来说是不可或缺的。为此，斯丘达莫尔设计了两个明确的策略。

第一个策略依靠的是斯丘达莫尔的推销才能。具体来说，正如一名英超球队老板所描述的那样，斯丘达莫尔在谈判桌上有“制造不安”的天赋，他从不让竞标者感到心安理得。尽管这会令人觉得斯丘达莫尔是一名“销售狂鲨”，他会发现并利用对方的弱点来推销产品，但事实远非如此。实际上，斯丘达莫尔之所以能成功运营联赛销售部门并创造体育界最疯狂的竞标过程，靠的是邻家邮局那样平易近人、朴实无华的魅力。他故意让自己的销售团队保持在大约 6 名雇员的规模，以使转播商在给格洛斯特广场的办公室打电话时有熟悉感。他们赖以生存的信条不是交易至上，而是礼貌至上。斯丘达莫尔坚信不疑的礼仪意识教会他，礼貌是维持客户关系的关键。每个赛季结束时，他都会亲自给英超联赛的 80 个国际转播商分别发送一封表达感谢的电子邮件，还会向那些与联盟合同到期的客户发送特别的告别信息。

第二个策略是，斯丘达莫尔在陪同英国首相进行贸易访问时会带着英超冠军奖杯。“每一个看到奖杯的人都会说：‘哇！’”他说，“各国元首和首相都想和奖杯合影，这就是我们常说的软实力。”

这一切听起来可能有点离奇，但事实是，斯丘达莫尔的作秀带来了源源不断的竞标者，他们吵着要在谈判桌上获得一席之地。斯丘达莫尔可以确保，每次英超联赛转播权寻求续约时，几乎在这个星球的每一块土地上都会引起激烈的争抢。

让我们以中国香港为例。在 2010 年，香港有线宽频旗下的付费电视网络以大约 1 亿英镑的价格赢得了英超联赛转播权，比此前一个叫 Now 宽频的转播商的合同金额高出大约 30%。2013 年，香港有线宽频的合同面临续约时，斯丘达莫尔把 Now 宽频又哄回了谈判桌。这次，香港有线宽频为再次获得英超联赛的独家转播权支付了 1.3 亿英镑。不过，3 年之后合同到期时，斯丘达莫尔似乎别无他选了。Now 宽频和香港有线宽频在过去 10 年的大部分时间里都在以高昂的价格相互竞争，为英超联赛转播权而争斗，这次他们已经没有兴趣再打一场代价高昂的价格战了。他们决定不再吃斯丘达莫尔那一套，而要求在自己的条件下谈判。然而，他们失算了。事实证明，斯丘达莫尔再次凭借自己的手段取胜，他一直都在悄无声息地与第 3 家竞标者谈判。2016 年，乐视抢下了英超联赛在香港的转播权，价格是惊人的 2.6 亿英镑，这是前一份合同金额的两倍，这份合同在那时成为英超联赛最大的国际转播权合同。这一切都是因为斯丘达莫尔从未放弃过全局视野。“我们花了 20 年耕耘各地市场，不只是与那些获得转播权的人建立关系，而且与那些没有获得转播权的人建立关系。”斯丘达莫尔说，“一些非授权转播商也是我们的好朋友，因为他们未来某天可能会变成我们的授权转播商。”

然而，这些友谊的作用也就仅限于此了。尽管国际转播费开始上涨，英超联盟也开始用更加私密稳妥的线上拍卖来管理它的国际转播权（在续签周期里，有时每周有 2 ～ 3 次拍卖），但斯丘达莫尔知道，想让英格兰足球真正开启全球收入之门，他需要帮助，这些帮助将来自这个联赛中最大的明星，也就是 20 个英超俱乐部自己。

第 23 章

曼城的全球化尝试，打造第一家足球跨国公司

THE CLUB

英超语录

他们声称无论以什么价格都要买进最好的球员，他们制造着又一轮通货膨胀。

我们的结论是，在足球行业中，那些作为全球品牌成为娱乐供应商的俱乐部和其他局限于本地市场的俱乐部之间，存在着惊人的差距。

费兰·索里亚诺

曼城首席执行官

季前赛的品牌潜力

理查德·斯丘达莫尔 1999 年出任英超联盟首席执行官，但如果把那之前的英超俱乐部描述为坚定的孤立主义者也是不合适的，有几家俱乐部早已开始探索能从更广阔的世界里得到什么。一马当先的照旧是曼联，斯丘达莫尔上任前一年，曼联组织了 3 场亚洲季前赛之旅，以便向泰国、中国香港和日本这些国家和地区的曼联球迷推销这种新商品。

不过，对联盟中的多数球队而言，最接近国际推广的事情就是一年一度在欧洲大陆（如法国、奥地利或瑞士）进行的季前赛训练。他们可以在阿尔卑斯山的田园风光中度过几星期的训练生活、与当地的业余球队踢一场友谊赛以满足东道主，或者光顾周边的夜店。这一切纯粹是为了打破赛季开始前的单调，并没有任何商业方面的考虑。这种看法根深蒂固，以至于《卫报》曾把曼联和里斯本竞技 2003 年的友谊赛，也就是曼联签下 C 罗的那场比赛，称为一场“毫无意义的友谊赛”。

即使是那些认可季前赛品牌潜力的俱乐部，也把这些旅程中的比赛当作走过场。但是当斯丘达莫尔开始把目光投向国际市场，寻找提高联盟收入的途径时，他意识到，他可以把在电视转播权方面所做的事情照搬到英超联赛季前赛上。如果包装得当并将其直接带到英超联赛的主要国际市场，季前赛会建立英超联赛及其海外球迷之间的新联系，会提升英超联赛的全球形象，进而提升它的全球利润。

2003年，英超联盟在马来西亚推出了它的第一个官方海外赛事：由4支球队参赛的“亚洲杯”。[①] 参赛队伍鱼龙混杂，包括切尔西、纽卡斯尔联、伯明翰城足球俱乐部，还很离奇地包括马来西亚代表队。2005年，博尔顿、埃弗顿和曼城来到泰国，参加了此项赛事的第二届，当时它的名字改为“英超联赛亚洲杯”。[②] 两年之后，中国香港主办了这项赛事，它变得极受欢迎，门票场场售罄，还得到了巴克莱银行的冠名赞助。

很快，俱乐部就开始看到斯丘达莫尔的举措带来的影响。随着跨国公司把英超联赛视为他们触及亚洲客户的一种途径，英超联赛的赞助收入多了起来。例如，伦敦的酋长球场中居然开始出现越南语的场边广告，在线博彩公司188BET与博尔顿和维冈竞技这两家俱乐部签订了球衣赞助协议。“我们决定参与进来的原因与英国无关，”这家在线博彩公司的首席执行官当时说，“因为我们是一家面向亚洲的公司，我们参与的原因在于英超联赛的全球覆盖率。”

英超联盟把亚洲的官方赛事聚焦于它在亚洲的主要市场，在那里，英格兰足球的流行度无可匹敌。与此同时，另一些人把目光投向了另一个方向，那是一片机遇之地，在那个为体育而疯狂的国度，球迷有大把的收入可供支配，而且每个人的家里都有6台电视机。这些人所要做的就是让美国人相信足球不是敌人。

2001年，曼联与纽约扬基队签订了一份双边市场协议，打开了现代美国的体育国门。至少在纸面上，世界上最著名的两支球队联合在了一起，似乎可以利用某些事情稳稳赚钱了，只是没有人确切地知道“某些事情”是什么。曼联传奇

① 该亚洲杯（Asia Cup）与亚足联4年一届的亚洲杯（Asian Cup）只差一个字母，但两者之间没有关联。——译者注

② 英超联赛亚洲杯（Premier League Asia Trophy）每两年在亚洲举办一届。4支参赛球队通常包括一支英超联赛前6名的球队、一支英超联赛中游的球队、一支英超联赛后6名的球队，以及一支承办地的本土球队。虽然该赛事译名中仍有“亚洲杯”字样，但同样与亚足联4年一届的亚洲杯没有关联。——译者注

人物、现任董事博比·查尔顿（Bobby Charlton）就根本不知道这笔交易的目的是什么，他说："我们认为曼联绝对不会组建一支棒球队，也知道纽约扬基队肯定不会组建一支足球队。"

不过，他们解决了这个问题。他们原本想在老特拉福德球场售卖纽约扬基队的帽子，在扬基体育场售卖曼联的球衣，但这是一个错误的方向。2003 年，曼联取得了更大的进展，他们在西雅图、洛杉矶、纽约和费城展开了激动人心的季前巡回表演赛，卖出了超过 30 万张门票。

没过多久，其他俱乐部也跟着来到美国。2005 年，富勒姆接受美国职业足球大联盟的邀请，去参加他们一年一度的全明星赛。第二年，切尔西踏上旅程，2008 年则轮到了西汉姆联。尽管比赛本身并不总是令人兴奋，但至少有证据表明，英格兰足球俱乐部对待比赛更加认真。西汉姆联的球迷给整件事情带来了一点儿"原汁原味"的风貌，他们与哥伦布机员足球俱乐部的球迷发生打斗，制造了一个"友谊赛"里原本不太可能爆发的暴力事件，警察向双方球迷喷射胡椒喷雾才平息了事态。

到了 2009 年，满世界飞的季前巡回赛已经不再是什么新鲜事，对于任何一个把自己视为国际品牌的英超俱乐部，这都是一个基本操作。所以，曼城当然也参与其中。与往常一样，这家俱乐部的第一反应是把目光投向城市的另一端，去研究曼联的动向。这时候，加里·库克想出了一个主意。如果海外球迷追求的是英超联赛的原汁原味，至少也想体验到一点儿比赛中的紧张氛围，那为什么不给球迷提供一种更有意义的对阵呢？比赛地点可以在任何地方，主场或客场、亚洲或美洲，甚至是在月球背面都行。库克想输出的产品是，英格兰足球历史上最古老的同城德比之一——曼彻斯特德比。

然而，在那年的一次常规会议上，当库克对曼联时任首席执行官大卫·吉尔提议来一次曼城对曼联的巡回比赛时，他发现曼联对这个计划不太感兴趣。当时，他设想的巡回比赛一场在北京，另一场可能在纽约。“这是个很棒的主意，”吉尔对他说，“但我们的人是不会参加的。”吉尔知道，在那个时候，与曼城这种规模的俱乐部达成利益平分的协议是一笔不划算的买卖。弗格森后来才得知这件事。库克的计划搁浅了，8 年之后，这个计划才得以复活，那时候库克和吉尔都已离开这个舞台。

超越巴萨，曼城成立纽约城足球俱乐部

2017 年夏天，曼联和曼城在休斯敦展开了一场季前赛对决，这是曼彻斯特德比第一次在英国以外上演，它吸引了超过 67 000 名观众。那么，这 8 年里发生了什么呢？答案隐藏在曼城办公室，在那里，一项革命性战略已经酝酿多年。在努力成为世界强队的过程中，曼城也把自己变成了世界上最重要的英超联赛出口商。

曼城在 2011—2012 赛季凭借最后一脚射门赢得联赛冠军，给格洛斯特广场 30 号的西装佬们奉送了一个理想的高光时刻，它可以用来刺激国际转播商，因为英超联盟正准备在那年秋天开始的新的转播权周期中大赚一笔。塞尔吉奥·阿奎罗，第 93 分钟，一个几乎压哨的进球，一个完美的体育时刻，英超联盟立即向潜在的海外投标人展示了这个片段。曼城在被阿布扎比财团收购 4 年后就征服了英格兰，下一步，他们开始着手于“一统天下”的使命，建立一个全球“帝国”。

不过，他们在开始放眼世界之前，必须先多做一点儿进口生意。

曼城仍然全盘照搬他们所欣赏的足球文化，但他们艳羡地看着城市另一端的曼联所取得的成功，那就像一个关于何为伟大的每日提醒。他们看着曼联从阿森纳和其他豪门球队那里签来成群的球员，同样，曼城开始把目标锁定在自 2008

年以来全球最成功的一家俱乐部：巴萨。

曼城撬不走里奥·梅西，他们已经试过了，尽管那只是个意外。而在 2012 年，巴萨富有革新精神的年轻主教练佩普·瓜迪奥拉对转投英超联赛也不感兴趣。于是，曼城采取了另一种策略。既然无法把对方最优秀、最有前途的人从首发阵容和教练席挖走，那就去对方的董事会里挖。

曼城从巴萨新上任的首席运营官、商业奇才奥马尔·贝拉达（Omar Berrada）入手，接着开始招纳贝拉达的前上司、巴萨原来掌管财务的副主席费兰·索里亚诺。索里亚诺是一名巴塞罗那理发师的儿子，身高 1.9 米，拥有工商管理硕士学位，很早以前就以对足球商业前景的敏锐理解而声名鹊起。他狂热地信奉一位密歇根大学教授所做的研究，这位教授发现，球队薪资和联赛排名之间有着近乎完美的相关性，这太不可思议了。如果在赛季开始的第一天，把西甲联赛、英超联赛或者德甲联赛的俱乐部的总薪资分别进行排序，就可以很好地了解到，10 个月之后的联赛排名会是什么样子。**索里亚诺意识到，足球并不是一个复杂难懂的游戏，成功是可以买来的，而其中的困难之处在于，要赚到足够多的钱去购买成功。**

2003—2008 年，索里亚诺在巴萨管理财务的 5 年时间里，一直在想办法解决这个问题。他努力在西班牙以外的地方提升巴萨的名气，他非常激进地寻找商业合作伙伴。简而言之，2012 年之前的 10 年间能使曼联这样的球队产生轰动效应的事情，他都做了。他拉开了与竞争对手之间的收入差距，如果这些竞争对手没有一名肯盲目投钱的老板，就不可能填补这一差距。在此期间，索里亚诺将巴萨的年收入从 1.23 亿欧元提高到 3.09 亿欧元。更重要的是，他对于俱乐部应该如何自我营销的思路无比清晰，就如同瓜迪奥拉清楚地了解球队应该如何踢球一样。

曼城像追求一名巴西射手那样追求索里亚诺。

索里亚诺在2008年突然离开加泰罗尼亚，转投航空业，因为当时俱乐部内部的政治风向对巴萨主席不利。库克2011年辞去曼城首席执行官一职，此后索里亚诺开始时常接到马蒂·埃德尔曼打来的电话。埃德尔曼是一名精明强干的纽约律师，也是曼城董事会成员。几个月的时间里，他们在伦敦、巴黎和阿布扎比都见过面，索里亚诺仍然拒绝重返足坛。但在曼城赢得它的首个英超冠军之后，埃德尔曼终于说服了索里亚诺。那年夏天，埃德尔曼悄悄地把索里亚诺领到曼城和曼联最喜欢的签约地点劳里酒店，带他加入了俱乐部。

在那之前，阿布扎比人在足坛挥金如土，而索里亚诺一直站在另一面。在他2009年出版的一本关于如何管理一家足球俱乐部的书《进球：球不是偶然进的》（*Goal: The Ball Doesn't Go In by Chance*）当中，有一处专门写到了曼城。“他们声称无论以什么价格都要买进最好的球员，”他写道，“他们制造着又一轮通货膨胀。”

索里亚诺对此有亲身体会，因为在2008年，他曾经利用曼城的慷慨报价开启了关于巴西天才罗纳尔迪尼奥（Ronaldinho）的谈判，但他一点儿也没想把这个人卖给曼城，而是为了在与AC米兰同时进行的谈判中抬高要价。

2012年晚些时候，索里亚诺聘请谢基·贝吉里斯坦（Txiki Begiristain）担任曼城体育总监。作为20世纪90年代初期巴萨梦之队[①]的一名边锋，贝吉里斯坦在该队主教练约翰·克鲁伊夫（Johan Cruyff）传球第一的漂亮足球理念中受到熏陶。克鲁伊夫先是作为球员，后来作为教练，一直在宣扬这种体现在巴萨身上的自由流畅的足球理念。贝吉里斯坦和瓜迪奥拉都是他的信徒。

曼城想为自己引入一些类似的神圣感。随着索里亚诺和贝吉里斯坦到任，曼

---

① 克鲁伊夫执教下的巴萨从1990—1991赛季开始，连续4年夺得西甲冠军，并在1992年夺得队史上第一座欧冠奖杯。这支球队被称作巴萨梦之队。——译者注

城可以开始全盘照搬巴萨的赛场传统和场外策略了。事实上，他们想比当年的巴萨更进一步。

阿布扎比财团的财富、英超联盟的自由政策，以及曼城刚刚取得的成绩，这一切意味着索里亚诺可以任意挥洒。俱乐部将继续挥金如土，满世界引进人才，这也正是他们打造 2011—2012 赛季联赛冠军的方式。不过，统治英格兰足坛已经不再令人满足，曼城将重新定义什么是国际足球俱乐部。

“让我们做另一件事怎么样，”与曼城老板第一次会面时，索里亚诺说，“打造第一家足球跨国公司？”

索里亚诺还在巴萨的时候就设想过这种可能。他曾设想为这家加泰罗尼亚的俱乐部创建一个美国分支，比如“美国巴萨”，它会在美国职业足球大联盟参加比赛，身着著名的红蓝队服。他想把俱乐部吸引全世界球迷的所有因素集合起来，找到一个途径直接传递给球迷。这个途径不是夏天的巡回赛，也不是商品售卖。他曾震惊于购买巴萨会员资格的日本球迷数量，尽管他们身处 10 000 多千米之外，无法使用任何会员特权，但他们觉得只要携带有会员编号的社交卡，就与俱乐部有了联系。于是，索里亚诺想给海外球迷一个属于他们的巴萨。

这件事情的麻烦之处在于，这种想象不符合俱乐部当地球迷根深蒂固的传统思维。索里亚诺怎样才能说服 14.3 万名有投票权的巴萨会员让一支纽约球队以商业扩张的名义借用他们的历史呢？严格来说，这些会员才是这家俱乐部的老板。万一那支球队很糟糕，要怎么办呢？索里亚诺没法自圆其说。“当时大家有一种感觉，巴萨就是一家位于巴塞罗那的俱乐部，”贝拉达说，“唯一真正的巴萨必须地处巴塞罗那。假如在美国有一支巴萨，这不符合俱乐部会员关于‘俱乐部是什么’的认知。”

其实，也有其他人尝试过类似的计划，希望获得自家地盘之外的关注。1999

年，荷兰的阿贾克斯足球俱乐部在南非组建了一家俱乐部，名叫阿贾克斯开普敦足球俱乐部，以拓展他们的球探网络。在美国职业足球大联盟，南加州的美国芝华士足球俱乐部是墨西哥的瓜达拉哈拉芝华士足球俱乐部的跨国分支球队，在2013年倒闭前曾经乐享10年时光。另外，能量饮料公司红牛组建了5家同品牌的系列俱乐部，包括最初在奥地利的萨尔茨堡红牛足球俱乐部和后来在美国职业足球大联盟的纽约红牛足球俱乐部（简称纽约红牛），但这个品牌至今都未能闯入英超市场。

目前，还未曾有人敢在索里亚诺所设想的规模上进行尝试。“我们的结论是，在足球行业中，那些作为全球品牌成为娱乐供应商的俱乐部和其他局限于本地市场的俱乐部之间，存在着惊人的差距。”索里亚诺写道。曼城必将成为前者之一，所以索里亚诺选择了“巴萨计划”中断的地方：纽约。

在曼城就职后的第二个正式工作日，索里亚诺抵达美国，埃德尔曼带他与纽约扬基队老板会面。几分钟的时间里，纽约扬基队老板就同意，一旦曼城解决了美国职业足球大联盟所要求的1亿美元新俱乐部准入费用，无论何时，他都将收购曼城新建俱乐部20%的股份。1亿美元大约是谢赫·曼苏尔4年前进入英超联盟时的一半费用。在城市足球集团中负责运营足球事务的布赖恩·马伍德说：“这太惊人了，真的，因为这还只是我们成功之路的初期阶段。那么我们在其他地方该怎样推进呢？”

2013年5月，曼城宣布成立纽约城足球俱乐部（简称纽约城）。与曼城一样，这支球队也穿天蓝色球衣，胸前印有阿提哈德航空公司的名字。它会尝试踢一种吸引人的现代风格的足球，而且它将属于纽约人。贝拉达说，他们想要去创造一个大使、一个在城市足球集团之下“有自己身份”的独立存在、一个可以融入日常“生活和呼吸的连接点”，英格兰西北地区发生的所有事情都与它无关。曼城的高管后来还注意到一个奇怪的现象，身在美国的利物浦球迷会把纽约城当作他们最喜欢的美国职业足球大联盟球队，这大概是因为利物浦和曼城的球迷都同样讨厌曼联。

然而，与曼城“帝国”的其他事情一样，这个举动背后有着更大的使命。首先，进入纽约是阿联酋在国际宣传方面采取的一个精致而富有野心的行动，也是一场公关活动，比阿布扎比旅游局和阿提哈德航空公司的所有想法都更加奇妙、更有说服力。一如既往地，足球是一个传递的途径，曼城为了在纽约寻求立足所付出的努力也清楚地表明了这一点。

美国职业足球大联盟中的纽约红牛身处新泽西州的哈里森市，这是一个后工业时代的不毛之地。为了避免犯下纽约红牛所犯的错误，曼城坚持要把他们的旗帜插在纽约市的 5 个大区之一中。他们有一份列表，上面是 24 个潜在地点，包括哈得孙河上的一处码头，他们准备在其中之一建造一座豪华的足球专用体育场。最后，他们把选择范围缩小到一个，就在皇后区的法拉盛草地－科罗娜公园。这个选址的旁边有纽约大都会队的主场、可容纳 4.2 万人的花旗球场，还有美国网球协会的比利 · 简 · 金国家网球中心（Billie Jean King National Tennis Centre），这也是美国网球公开赛的主场。与纽约的任何一个建设项目一样，这个项目的一切都不容易。以埃德尔曼和西蒙 · 皮尔斯为首的曼城高管需要让纽约市政厅和其他人相信，纽约城的球场会成为合理使用公共绿地的表率。

埃德尔曼善于在纽约这座城市里处理复杂的房地产事务，他在政治方面也很有影响力，但这个项目仍然停滞了数月之久。皇后区的当地组织经常高声抗议，纽约大都会队和美国网球协会也站出来反对这个项目。到了 2013 年春天，城市足球集团的球场建造项目获批的前景已不再明朗。阿联酋驻美大使优素福 · 奥泰巴（Yousef Al Otaiba）的一系列电子邮件备份在 2017 年的一次黑客攻击中被泄露，从中可以看出，俱乐部高管考虑过其他选项。

在埃德尔曼和索里亚诺准备向城市足球集团主席卡尔杜恩 · 穆巴拉克做汇报前，身为公关专家的皮尔斯对他们写道：“曼城、城市足球集团、阿联酋、阿布扎比是否已经准备好，为可实现但不确定的球场项目的批复经受争议和审查的风暴？阿联酋和阿布扎比在美国的政治资本和公众好感来之不易且非常有限，为了球场项目而把它们置于风险之下，你们做好这个准备了吗？”

埃德尔曼和索里亚诺在汇报中列出了城市足球集团的资产和债务，因为正如皮尔斯所提到的，他们要“为一场公开的战斗‘备好工具’”。

经过一年多的努力，曼城完全放弃了建造球场。纽约城选择在布朗克斯区内的扬基球场临时搭建场地。建造一座球场可以等待，打造一支球队却不能等。这支新球队在美国职业足球大联盟的比赛生涯开始于2015年3月12日，巴萨前球星大卫·比利亚在一垒线的某个位置踢进了队史首粒进球。

打造青训队，在招揽人才的竞争中先发制人

与此同时，城市足球集团在以最快的速度开辟新领地。他们最初的计划是将“帝国”扩张到3家俱乐部，包括曼城、纽约城和另外一支球队。他们本想在中国添加一个，但那时候，他们认为在中国的联赛中做生意不具备现实条件。然后，澳大利亚成了替代选项。当这个策略被证明可行之后，他们开始考虑继续扩张。4年时间里，城市足球集团已经扩张到5大洲的6家俱乐部。

贝拉达承认，过去20年间，曼城的竞争对手们在商业和转播方面为英超联赛做了很好的铺垫，他说：“英超联赛在国际上的实力比欧洲其他足球联赛强得多，所以我们可以更快做出改变，比西甲联赛、法甲联赛或意甲联赛都更快。”

城市足球集团接管了一家名叫墨尔本之心的澳大利亚俱乐部，然后立即用全套的天蓝色改造了它。墨尔本之心变成了墨尔本城足球俱乐部（简称墨尔本城），他们的球衣赞助商也变成了阿提哈德航空公司。当然，球队不能再延续原来的红白条纹配色，这让原本就身着天蓝色球衣的悉尼足球俱乐部非常恼火，他们反对在一个仅有10支球队的联赛中出现2支穿相同颜色球衣的队伍。

在日本，城市足球集团看到了一个品牌推广的机会，他们收购横滨水手足球俱乐部（简称横滨水手），获得其 20% 的股份。横滨水手被允许保留他们皇家蓝的色彩搭配，因为对城市足球集团来说，相较于全盘收购，这更像一次商业行为。曼城和横滨水手在与汽车制造商日产的合作方面有共同利益。

接着在 2017 年，城市足球集团又增添了两支球队，这次是纯粹出于足球目的。他们试图解决几个已经困扰英超联盟顶级俱乐部多年的问题。在发掘世界上最好的青少年球员时，所有人的情报都是相同的，这种情况下你怎么才能获得优势呢？即便你足够幸运，从那些青少年球员中挑选出一个佼佼者，你怎样才能让他为征战英超联赛做好准备呢？

即使是最高水准的青少年足球，也一直令俱乐部感到沮丧，因为球员们被限制在狭窄的年龄组当中。同样的事情也发生在预备队，他们在使用超过 23 岁的球员方面有严格的限制。所有的这些都意味着，年轻球员从未面对过比他们更成熟的久经沙场的竞争对手。换句话说，他们的经验是毫无价值的。一个解决方案是把年轻球员以租借的方式送往一些更小联赛的俱乐部，比如英格兰乙级联赛或者荷兰、比利时的联赛，从而让他们获得一些比赛经验。但在这种情况下，母队对他们的球技提升完全失去了控制。

曼城坚信不应对这种情况妥协。城市足球集团收购了一个叫托尔克足球俱乐部（简称托尔克）的乌拉圭小球队，作为在招揽人才的竞争中先发制人的手段。乌拉圭是一个拥有 340 万人口的国家，也是世界足球强国之一。它曾经两次赢得世界杯，出过像路易斯·苏亚雷斯和埃丁森·卡瓦尼（Edinson Cavani）这样的球星。托尔克不仅给曼城提供了一条在南美洲搜寻人才的通道，而且给曼城提供了一个场所，用来藏匿他们发掘的南美球员。

城市足球集团还收购了赫罗纳足球俱乐部（简称赫罗纳）的少量股权，这是一家位于加泰罗尼亚的西班牙足球乙级联赛俱乐部，这个举动也为曼城带来了同样的优势。而且，由于这个球队参加的是一个具有一定水准的欧洲联赛，所以它还有另外一个作用，那就是磨炼曼城租借出去的球员的球技，直到他们被召回位于曼彻斯特的母队，或者被卖掉赚钱。

又一次，曼城把一种足坛理念发挥到最昂贵、最合理的极限。所有的一切都表明，在青少年足球环境中，想要保持天才球员的成长，就需要更多的革新。在那种环境中，曼城人才济济的青训队想要赢下比赛不费吹灰之力。“我们的胜率极高，”马伍德说，“我们有很多年轻球员都已经习惯了每周都赢球。”如果把他们作为全职的职业球员送到国外联赛，他们可能不再身处一支那么出色的球队，但这可以使他们获得一些有意义的比赛经验，品尝一点儿逆境的滋味。

新的财政公平竞赛规则

一旦“航母”开始投入资金，对城市足球集团的俱乐部们来说，就没有太多的逆境可以体验了。墨尔本城从澳大利亚足球超级联赛垫底球队变成了进入季后赛半决赛的球队，赫罗纳升入了西甲联赛，而托尔克在成为“城市系”俱乐部之后的首个赛季就赢得了乌拉圭乙级联赛冠军。

曼城花起钱来就像钱会过期一样，这当然不会给它带来太多朋友；当它不仅挥金如土，而且还能赚到钱时，它就变成了头号公敌。即使是当时的足坛巨富，也不得不发出抱怨。尤文图斯主席是安德里亚·阿涅利（Andrea Agnelli），他的家族通过他们的菲亚特汽车公司向尤文图斯倾注大量资金，但他却指责曼城使用“金融兴奋剂”，并且不顾这样一个事实：从 2012—2013 赛季开始，曼城已经不再亏损运营。

曼城长久以来一直吸引着欧洲足球官方机构的注意力，后者希望打击那些完全靠砸钱来异化比赛的俱乐部。那正是曼城正在做的事情，也是切尔西已经做了近 10 年的事情。欧足联的工具是新的财政公平竞赛规则，它禁止一家俱乐部在 3 年内年度平均亏损超过 3 500 万欧元。阿布扎比财团在管理俱乐部的前 5 年就已经花掉 10 亿英镑。“如果考虑到宏观的整体计划，这是有意义的。在那段时间里，过度投资是一个好主意。”索里亚诺说。

对于曼城与主赞助商阿提哈德航空公司的协议，欧足联和曼城的竞争对手也表示怀疑。阿提哈德航空公司的拥有者恰好是阿布扎比的王室成员，据公开报道，他们的赞助合同为期 10 年，价值 4 亿美元，远远超过了摩根大通与麦迪逊广场花园所达成的创世界纪录的 10 年 3 亿美元的合同。而且，自 2003 年成立以来，阿提哈德航空公司从未盈利。批评人士称，阿布扎比财团制造了一份远高于正常市场价格的赞助合同，以便将资金自由地转移到曼城，使俱乐部的账面亏损最小化。曼城当然否认有任何不当行为。

尽管如此，当欧足联在 2014 年对曼城实施财政公平竞赛处罚时，没人感到特别惊讶。处罚包括罚款 2 000 万欧元，以及缩减该赛季参加欧冠联赛的阵容，人数从 25 人减少到 21 人。曼城辩称他们不应被处罚，因为尽管俱乐部的确有亏损，但它没有债务。

欧足联并不买账。曼城当然没有任何债务，相反，它有一个身家 200 亿美元的老板。俱乐部还有远比应付欧足联更重要的事情要做。在曼城，由加泰罗尼亚人领导的革命征服了曼彻斯特排名第二的俱乐部，把它变成了全球娱乐巨头。

“我并不是说我们是迪士尼，但如果你仔细想想，就会发现两者并没有那么不同。”贝拉达说，“我们有自己的角色，也就是我们的球员，他们受到粉丝的喜爱；我们每 3 ～ 4 天都会有一场表演，然后在夏天带着这些节目环游世界。从这个意义上来说，我们是娱乐产业的一部分。”

第 24 章

NBC 赢下英超转播权，成为联盟的最佳合作伙伴

THE CLUB

英超语录

在美国，英格兰足球仍然是一个“受重视度不够、市场化不够，曝光度当然也不够的产品”。

乔恩·米勒

NBC 体育电视网节目制作主管

从友谊赛到国际冠军杯

对那些没有建立全球化“帝国”的俱乐部来说，向海外推广的最佳途径仍然是每年夏天的英超巡回赛。英超联盟再次精准地把握住了时机。当英格兰俱乐部开始试探在大西洋彼岸进行比赛的可能性时，英超联盟为这些萌芽中的国际公司找到了一个志趣相投的人，那是一个说话滔滔不绝的来自新泽西的意大利人。此人在普林斯顿大学的足球生涯结束后重了几公斤，曾在美国职业足球大联盟的纽约和新泽西地铁之星足球俱乐部担任第一任总经理，并在任上被解雇。他的名字叫查理·斯蒂利塔诺（Charlie Stillitano）。

21 世纪初，斯蒂利塔诺通过抵押自己的房子来为自己的体育推广事业筹集资金，并在夏天邀请世界上最大的俱乐部来美国踢友谊赛。不到 10 年时间，他就成为全世界少数几个无论白天黑夜随时都可以给弗格森和若泽·穆里尼奥打电话的美国人之一，甚至连格雷泽家族也不一定总是有这样的待遇。

最开始，斯蒂利塔诺发现他所接触的英超俱乐部实际上都很愚蠢。他可以每场比赛只付给他们 50 万美元，然后自己保留所有的电视转播收入。“他们不把这当回事，”他说，“他们只是想要点儿钞票。”只有曼联懂得提出一些更成熟的要求，彼得·凯尼恩和大卫·吉尔与斯蒂利塔诺的公司达成了收入分成协议，曼联的这两个人可以看到这件事情的潜力。尽管在 2003 年的巡回赛之前，曼联将大卫·贝克汉姆卖到了皇马，这令球迷大失所望，但还是有超过 8 000 名球迷涌入新泽西的巨人球场，亲眼观看欧洲的重量级球星踢球。

球员也喜欢去美国，因为斯蒂利塔诺会确保行程的一切都是一流的，从马戏团餐厅的晚餐到曼哈顿第五大道的购物，再到 NFL 级别的训练设施。对习惯了鞋盒般大小的欧洲更衣室，以及木制板凳和发霉地板砖的球员们来说，在 NFL 如阁楼般宽敞的更衣室里踩着毛绒地毯是一种令人愉悦的体验。

抛开公司在 2005 年左右短暂破产的问题不谈，斯蒂利塔诺最大的挑战是，如何让曼联、皇马、利物浦这样的球队互相争斗。多年来，这些球队一直认为，在这种美国公费旅游中真正尽力比赛会有损于他们的联赛表现。直到 2009 年，切尔西和国际米兰终于给斯蒂利塔诺带来了他想要的火药味。当时，卡洛・安切洛蒂（Carlo Ancelotti）执教的切尔西和穆里尼奥执教的国际米兰都又一次赢得了各自国内的联赛冠军和杯赛冠军，意大利人的战果中甚至还包括欧冠奖杯。那时，任何俱乐部都没有理由待在家里了，几年前斯蒂利塔诺还得求着俱乐部来打比赛，现在他有条件挑三拣四了。

“他们的商业部门从蠢货变成了聪明人，这最初是由曼联引领的，请原谅我的措辞。”他说。有些球队甚至提出可以免费过来。斯蒂利塔诺的一只脚立足于欧洲足坛，另一只脚站在美国体育界，这使他身处世界体坛中一个有趣的交叉点上。突然之间，他可以接触到世界上最受欢迎的运动中最受欢迎的球队，也可以接触到这些球队都渴望获得的大牌球员。在这种情况下，除了 NFL，斯蒂利塔诺还能去哪里找更合适的场地呢？

2004 年，斯蒂利塔诺与罗曼・阿布拉莫维奇共进午餐，地点就在后者那艘“停着一架直升机和一艘帆船”的游艇上，这在当时已是一件寻常之事。正是在游艇上，当他们停靠在费城港时，斯蒂利塔诺把阿布拉莫维奇介绍给了费城老鹰队老板杰弗里・卢里（Jeffrey Lurie）。这两个商人聊起天来直来直往，卢里问阿布拉莫维奇在切尔西的经营业绩是多少。答案让卢里大吃一惊，阿布拉莫维奇告诉他，俱乐部在之前一年为了争夺冠军已经亏损超过 2 亿美元。但卢里依然喜欢这个结果，他感到只要让英格兰足球更像他自己的生意一点儿，阿布拉莫维奇就能从中赚钱。NFL 球队每年总能赚到很多钱，不论输球还是赢球。

“我有个主意，”卢里说，“为什么我和我的合作伙伴不去买下英超联盟呢？”他说的合作伙伴指的是另外 31 个 NFL 球队的老板。

没人能确定他是不是在开玩笑，不过关于此事再无下文。

与英超联赛有关联的 NFL 老板住在美国更靠南的地方。迈阿密海豚的老板斯蒂芬·罗斯与曼城高管马蒂·埃德尔曼是好友。2011 年，罗斯观看了一场斯蒂利塔诺的夏季巡回赛之后就着了迷。尽管罗斯对足球一窍不通，但他认为这可以在夏季使他闲置的球场坐满观众。他迅速从创新艺人经纪公司（Creative Artists Agency，CAA）买走了斯蒂利塔诺的整个团队，并决定创办世界足球挑战赛。[①] 正如其名，这个组织的未来规划远远超出了普通的锦标赛，他们还将发展国际电视转播权方面的业务。2013 年，罗斯和斯蒂利塔诺开启了一个夏季项目——国际冠军杯。这是一个由 8 家俱乐部参加的有 12 场比赛的盛大表演，举办地跨越 7 座城市，其中包括菲尼克斯和洛杉矶。至于决赛，当然是在罗斯的后花园——迈阿密。

到了 2016 年和 2017 年，这项赛事扩展到包括中国、新加坡和澳大利亚在内的地方。每年夏天，斯蒂利塔诺都会保证有 5 支英格兰顶级球队参与，也就是英超球队总数的 1/4。切尔西、曼联、埃弗顿、莱斯特城、阿森纳、曼城和热刺都参加过国际冠军杯。

① 斯蒂利塔诺自己的公司在 2005 年破产，此后斯蒂利塔诺加入了创新艺人经纪公司，这家公司当时正在大举进军体育经纪领域。——编者注

3 年 2.5 亿美元，NBC 赢下英超在美国的转播权

早在 2008 年，所有关注夏季巡回赛的人就发现，夏季巡回赛挖开了美国的英超球迷这口沉睡的“水井”。这些球迷静静地等着有人给他们送来友谊赛之外的东西，只要你给美国球迷带来更多的足球赛，财富就会喷涌而出。

这一切都为一份重要的电视转播协议铺平了道路，它可能是自鲁伯特·默多克 1992 年 5 月的那个早晨在纽约接起电话以后，英格兰足球最重要的电视转播协议。巧合的是，负责这笔协议的人同样不是一个足球迷。事实上，长期担任美国全国广播公司（NBC）高管的乔恩·米勒（Jon Miller）更像一名高尔夫球手。

每个周六的早晨，乔恩都会在新泽西的家中早早醒来，慢慢下楼，然后从后门悄悄溜出去，在午饭前打上一场 18 洞的高尔夫。他总是开车去附近那家阿尔卑斯乡村俱乐部，途中会经过绿树成荫的静谧道路，他可能会瞥见一头鹿或者一只红色的狐狸。而在某个早晨，乔恩看到了一个更稀有的生物，那是在黎明前寂静的昏暗时光中极少遇到的他十几岁的儿子。

罗比·米勒（Robby Miller）裹着一条毯子坐在客厅沙发里。几小时前，他才披星戴月地回家，而现在已经醒过来，精神抖擞地专心盯着电视机了。对他的父亲来说，这是一个不可思议的画面。

“你在干什么呢？”乔恩从门后探出头，不解地问道。

“爸爸，”罗比不耐烦地回答，“这是阿森纳和热刺。”

这并没有完全回答乔恩的问题，他不知道阿森纳是什么，更不用说热刺了。过了一会儿，当他把车开到房子正门口时，看到四五个邻居家的孩子正抱着毯子，沿着他家的私家车道朝正门走去，他更加困惑了。几小时之后，乔恩回到

家，发现那几个孩子仍然待在他的家中，目不转睛地看着 6 437 千米之外发生的事情，他完全被搞糊涂了，但他也很好奇。

“我很早以前就知道，你不能忽视孩子们所看的东西。”乔恩说。

乔恩做的远不止不忽视。2012 年春天，他在曼哈顿的一间办公室里，与理查德·斯丘达莫尔面对面坐下来，讨论对英超联赛的美国电视转播权进行竞标的可能性。福克斯广播公司在过去 20 年的大部分时间里拥有这些转播权，它的最新协议覆盖 2010—2011 赛季到 2012—2013 赛季，3 年价值 7 000 万美元。随着英超联赛一年一度跨越大西洋的季前巡回赛初见成效，这份协议带来了可靠的收视群体。之前那个赛季在 11 月有一场切尔西对阵利物浦的录播比赛，这场比赛在福克斯广播公司的免费频道吸引了创美国收视纪录的 170 万观众。

乔恩认为英超联赛在美国可以获得更大的成功。他认为，在美国，英格兰足球仍然是一个“受重视度不够、市场化不够，曝光度当然也不够的产品”，他可以有所行动了。一年之前，他被任命为新收购的 NBC 体育电视网的节目制作主管。这是一个 24 小时播出的有线电视网，每周播出大约 9 000 小时的体育节目。为了填充播放时间，公司已经购买了北美职业冰球联赛和 F1 方程式赛车锦标赛的转播权。但是乔恩觉得还缺一个招牌产品，他告诉斯丘达莫尔，答案应该是英超联赛。

2012 年秋天，乔恩代表 NBC 为英超联赛在美国的电视转播权提交了一份为期 3 年、总价 2.5 亿美元的报价，是福克斯广播公司每年 2 300 万美元价格的 3 倍还要多。尽管出价很高，但没人真的认为 NBC 会赢。乔恩和他的团队不但要与哥伦比亚广播公司（CBS）、福克斯广播公司、娱乐与体育电视网（ESPN）这些对手竞争，而且要面对福克斯广播公司和娱乐与体育电视网的联合报价。即便 NBC 进入了竞标的最后一轮角逐，他们自己的阵营或对手当中也没有几个人认为 NBC 能够抢到电视转播权。直到 10 月最后一个周五的早晨，乔恩办公室门外的电话铃声响了起来。

乔恩并不经常亲自接听打到他办公室的电话，但在这个特别的周五早晨，乔恩的助理不在办公室。飓风“桑迪”将于那个周末登陆纽约，因此很多 NBC 的员工已经离开了市区。

他接起电话：“我是乔恩·米勒。”

“乔恩·米勒，”对方的回应很正式，“我是理查德·斯丘达莫尔。”

乔恩的心跳开始加速，他知道相关当事人会在报价大约一周后接到英超联盟的来电，但和往常一样，他尽量不让自己对结果投入太多情绪。现在，当英超联盟首席执行官就在电话另一头时，乔恩情绪激动。事实上，他几乎一句话都说不出来了。

“理查德，嗨，”乔恩说，“你好吗？”

“嗯，我很好，”斯丘达莫尔回答说，“但是远不如你好。”

“这话是什么意思？”

“好吧，我打电话来祝贺你，因为未来 3 年，你们是英超联赛在美国的新家了。”

对话还在继续，但乔恩当时几乎无法全神贯注，于是两人结束了通话，约好未来几天再多聊一聊。放下话筒，乔恩闭上眼睛，让自己完全沉浸在那一刻当中。“我经历过结婚典礼、孩子出生，以及一些其他的事情，”他说，“但当听到那些话从对方嘴里说出来的时候，我感到前所未有的激动和兴奋。”

当时只有一个问题，那就是他没有人可以分享。乔恩的办公室空空荡荡的。他的老板、NBC 体育电视网的首席执行官马克·拉扎勒斯（Mark Lazarus）正在飞越大西洋的途中，在从索契回家的路上，NBC 去那里视察 2014 年冬奥会的场地。乔恩试图给妻子打电话，告诉她这个好消息，但是没人接听。于是，他离开了办公室。走在第六大道上时，乔恩决定给一个人打电话，他知道这个人会为这个重磅消息而高兴。

罗比正在家里的跑步机上跑步，这时父亲打来电话告诉他，NBC 已经赢得了英超联赛的美国电视转播权。“他给了我一个儿子能给父亲的最好的赞美，”乔恩回忆说，“他说：‘爸爸，你是头野兽。’”

当天晚些时候，在从机场回家的路上，拉扎勒斯给乔恩打了个电话，他的激动之情溢于言表。NBC 其他高管也欣喜若狂。但事实上，在得知 NBC 赢得英超联赛在美国的电视转播权之后，有一个很重要的群体不太高兴，那就是英超俱乐部的老板们。

NBC 会是英超联盟的最佳合作伙伴

即使现在有相当数量的美国人身处其中，英超联盟 20 支球队的老板们仍是一群出奇狭隘的人，他们对美国电视转播的前景知之甚少。他们坚定地认为，娱乐与体育电视网是这个星球上最著名的体育频道。对他们中的许多人来说，NBC 在英国只是一个因播放电视剧《老友记》而为人所知的电视台，为它放弃娱乐与体育电视网听起来不像是一个商业契机，至少在斯丘达莫尔对他们做工作之前还不是。

在接下来一周又一周的日子里，斯丘达莫尔不知疲倦地努力消除那些质疑，并让老板们相信，NBC 会是联盟的最佳合作伙伴。他亲自造访了几家俱乐部，还给更多的俱乐部打了一系列电话，向他们介绍 NBC 的情况。尽管 NBC 的美国电视转播协议的金额远超从前，但斯丘达莫尔的推销话术不只关于金融方面，而且关于品牌成长。斯丘达莫尔解释说，在合同条款中，NBC 承诺每个赛季在它的免费频道播放 25 场比赛，英格兰足球将首次在美国的无线电视频道上实现直播。此前，比赛直播只在有线电视频道播放，偶尔以录播的方式在福克斯广播公司的无线电视频道播放。斯丘达莫尔盛赞 NBC 的节目质量、它成功报道奥运会的经验，以及它在报道英超联赛时的创新。“NBC 的计划对我们来说是跨出的很大一步。”斯丘达莫尔承诺说。他的抚慰和劝说很快就得到了回报，到 NBC 前来与英超联盟签订合同的时候，他已经使 20 个俱乐部的老板达成共识：放弃娱乐与体育电视网才是正确的决定。

没过多久，NBC 就证明了它没有辜负斯丘达莫尔的信任。在前 3 个赛季里，NBC 直播了美国电视史上观看人数最多的 10 场英超比赛中的 8 场。

NBC 的收视率之所以会增长，一部分原因是它选择的时机。它转播的第一个赛季开始于 2014 年世界杯之后，即便没有英格兰足球的重大推广，收视率也会迎来一个由兴趣带来的自然增长。NBC 还通过多频道播放和数字化服务，对每一场比赛进行直播，为美国球迷观看英超联赛提供了无与伦比的享受。

不过，收视率的激增也来源于 NBC 的报道。他们早就意识到，他们的新观众不会容忍一个不正宗的产品。尽管福克斯广播公司在拥有英超联赛的美国电视转播权的 3 年时间里建立起了出色的收视基础，但它在洛杉矶的演播室距离最近的英国酒吧也有 9 656 千米，人们没有从这里感受到最纯正的英超联赛风貌。

相比之下，NBC 尽力让人感到他们的报道非常正宗，你几乎可以品尝到中场休息时啤酒的味道。他们意识到，美国人收看英格兰足球比赛时，希望听到英国评论员的解说，比如 Pitch（球场）、Kit（球衣）、Clean sheet（零失球）这样的惯用语，这些是大西洋彼岸的英超联赛的部分魅力所在。在不牺牲美式英语口音的情况下如何取悦美国观众？NBC 找到了微妙的平衡。

另外，还有一种更加微妙的变化正在发生，虽然这没有呈现在收视率和广告投放中。与足球在英格兰的暴力风格和工人阶层基础完全不同，在美国，英超球迷正在变成某种身份的象征。任何人都可以为达拉斯牛仔队（美国职业橄榄球队）或金州勇士队（美国职业篮球队）欢呼，但关注一支 11 人球队，而且他们来自一个你从未听说过的地方，这就显得比较有层次了。身穿英超球衣正变成一种手段，可以用来告诉你那些在纽约布鲁克林或旧金山的朋友们，你是一个精致、挑剔、有时候一早就会喝醉的人。甚至美国的名人也参与进来，NBA 的凯文·加内特（Kevin Garnett）与演员威尔·法瑞尔（Will Ferrell）都变成了自豪的切尔西球迷，Jay-Z 自称是阿森纳的支持者，而勒布朗·詹姆斯（LeBron James）超越了所有人，他买入了利物浦的一小部分股份。

不过，也许英超联赛最直接的吸引力在于它的便利性。这项赛事 90 分钟的时长使它成为美国电视上最方便收看的体育赛事。在美国，你可以在周六早上睡个懒觉，然后看一场 10 点钟的比赛，接下来还可以像普通人一样拥有这一天所剩下的大把时间。或者，如果你恰好在早晨 7 点半被一个活蹦乱跳的 5 岁小孩弄醒，那至少可以在动画片开播之前，边喝咖啡边看比赛直播。如果你想看更多，那可以在观看一场大学橄榄球比赛的时间里看完紧挨着进行的两场足球比赛，而且关于小货车的广告要少 80%。

NBC 的高管们明白这一切。他们研究了观众数量和全美范围内的足球参与度，发现受众翻了一番。2015 年，当最初的 3 年合同到期需要续签时，他们决定不只要续签，而且想要扩大。“我们决定搞点大动静。”乔恩说。

当斯丘达莫尔再一次带着好消息打来电话时，谈论的不是英超联盟将与 NBC 再合作 3 年的事情。新合约的有效期扩展到了 6 年，到 2022 年到期，每年的价格是之前的两倍。斯丘达莫尔在其任期内首次打破了英超联赛国际合同以 3 年为一个周期进行签约的政策，但这并不难理解。新合同价值 10 亿美元，是福克斯广播公司 5 年前价格的 10 倍以上。

1992 年那些反叛的英格兰俱乐部老板们从未梦想过能如此成功，他们曾经只是想效仿美国，没想到 25 年后，他们创造的联赛会成为美国最热门的进口产品。

望向大西洋彼岸数百万关注他们比赛的美国球迷时，英超俱乐部的老板们意识到，他们终于成功了。而当俱乐部老板们回看他们自己的时候，英超联盟再一次展示出把握时机的能力。观众已经就位，英格兰足球历史上最具戏剧性的赛季拉开了序幕。

第 25 章

莱斯特城奇迹，英格兰足球历史上最不可能的夺冠之旅

THE
CLUB

英超启示录

1. 要想成为冠军，就需要支付巨额薪水，在转会市场上花大钱，还要限制对手。莱斯特城创造他们的奇迹时，开销只有大俱乐部工资单上数字的一小部分，而且他们的比赛控球时间要比英超联赛任何一支冠军球队都要少。

2. 识别出一名能在英格兰足坛立足的球员，并用极少的钱得到他。

球探主管搜罗的"便宜货"

在 2015—2016 赛季开始之前，莱斯特城几乎一直是英超联赛中用来凑数的轮换俱乐部之一。狐狸[①]不争夺冠军，也不争夺欧冠席位，当他们身处英超联赛时，他们只是在那里而已。这个成绩起伏不定的俱乐部经常在英超联赛和英冠联赛之间升升降降，在英超联盟建立以来的大多数时间里，莱斯特城都在英超联盟之外。

在那个始于 1992 年的时代来临之前，莱斯特城的命运也没有好到哪里去。英国纺织业衰退，莱斯特城这座城市也随之衰落，这折射出狐狸的命运。随着更大的城市控制了英国经济及其最受欢迎的运动项目，莱斯特城这座城市在东米德兰兹日渐衰落。在布莱克本赢得英超冠军之后的 20 年里，每一个英超冠军奖杯都落在了位于伦敦和曼彻斯特的俱乐部的奖杯陈列柜中。在布莱克本和杰克·沃克颠覆球队等级之前的 20 年里，冠军曾经在德比郡足球俱乐部、诺丁汉森林以及其他偏远地方流转，但显然，小城镇竞争者的时代早已经结束了。拥有顶级球技、坐在超级跑车里的国外球员不想从米兰或者巴塞罗那搬到东米德兰兹，而拥有顶级执教能力、热衷于捧起冠军奖杯的主教练也不想在一个可能永远远离欧洲赛场的地方工作。

以足坛发展的方向来看，莱斯特城建队 152 年以来从未获得过冠军，这种历

① 莱斯特城这座城市又叫狐狸城，因此莱斯特城这支球队的昵称就叫狐狸。——译者注

史很可能会在未来的 20 年、50 年甚至 152 年里延续。

莱斯特城平淡的前景没有让投资者气馁。2010 年，俱乐部还身处英冠联赛时被维猜·斯里瓦塔那布拉帕（Vichai Srivaddhanaprabha）收购，他的财团是泰国免税零售业巨头。与其他想投资英格兰足球的人一样，或许是被英超俱乐部高昂的开销吓到了，维猜意识到，在这项运动中还有一个更加有利可图的赚钱方式，不过这需要一点儿耐心。这个计划就是，从英冠联赛当中选择一支球队，然后投资它，帮它跃入英超联赛这片乐土。

维猜的时机再好不过了。如果莱斯特城能在未来几年实现晋级，就能及时赶上即将到来的英超联赛电视转播收入提升的浪潮，这正是莱斯特城所做的。他们在 2014 年锁定了英超联赛的一个席位，这促使新老板承诺，额外再投资 1.8 亿英镑，争取 3 年内打进英超联赛前 5 名。

然而，俱乐部里的老手倾向于更加谨慎一点儿。他们见过这样的剧情：拥有大梦想的小俱乐部花着国外投资者的钱，结果没有达到预期，最后投资者撤资。球队的结局就是降级，托管，再次降级。

因此，即使有额外的资金可用，以英超联赛的标准来看，2015—2016 赛季莱斯特城的阵容组建时也是精打细算的。为球队拼凑阵容的是首席球探史蒂夫·沃尔什，一个体格健壮的北方人，他留着稀疏的灰白头发，看上去完全是一个典型的传统球探，似乎在职业生涯多数时间里都坐在那些偏僻的体育场的看台上，把自己裹在羽绒服里以抵御狂风。他有 30 年的足球从业生涯，在纽卡斯尔联、赫尔城足球俱乐部和若泽·穆里尼奥执教下的切尔西都待过一段时间，这教会他如何识别出一名能在英格兰足坛立足的球员。沃尔什比其他人更擅长的是，识别出一名这样的球员，并用极少的钱得到他。

在 3 个赛季的时间里，沃尔什花费大约 6 000 万英镑悄然拼凑出一套由不合群的球员和被抛弃的球员组成的阵容。同一时期的阿森纳阵容花费了大约 5 倍于此的价格，而曼城则超过 8 倍。莱斯特城只有门将卡斯珀·施迈歇尔（Kasper Schmeichel）是本来就在队里的。沃尔什签约的前两个球员是牙买加后卫韦斯·摩根（Wes Morgan）和曼联青训弃将丹尼·德林克沃特（Danny Drinkwater），每笔开销都不到 100 万英镑。沃尔什又从法国足球乙级联赛中买下里亚德·马赫雷斯（Riyad Mahrez），这是一个个子矮小、有点过于喜欢带球的阿尔及利亚人，只花了 50 万英镑。

沃尔什还签下了杰米·瓦尔迪（Jamie Vardy），一个如惠比特犬一般瘦削的射手，由于体形太小而被谢菲尔德星期三的青训队放弃，他似乎没有能力在英格兰足球的前两个级别的联赛中踢球。从他“乌鸦变凤凰”的传奇经历中可以了解到，他的足球生涯始于斯托克斯布里奇公园钢铁足球俱乐部，这个球队所在的联赛比英超联赛低 7 个级别，在这家半职业俱乐部中，瓦尔迪的周薪大约是 100 美元。更大的俱乐部对他做过调查，但他们看到的都是危险信号，包括一连串红牌以及在酒吧因暴力威胁而被定罪。当时，他正生活在法庭的宵禁令之下，甚至在比赛中也不得不佩戴着监控器。在比较远的客场之旅中，俱乐部会在全场比赛结束前提前把他换下场，将他塞进车里，好让他及时赶回家。

英格兰下游的几家俱乐部曾想在瓦尔迪身上赌一把，先是哈利法克斯足球俱乐部，然后是弗利特伍德足球俱乐部（简称弗利特伍德）。在沃尔什 2012 年找到他之前，那些俱乐部是瓦尔迪所能够到的最高水平。瓦尔迪当时已经 25 岁，他当然是一名大器晚成的球员，但其实他那时就在不停地进球了。另外，他还有另一种才能，沃尔什认为，莱斯特城可以利用这一点。

2011 年，瓦尔迪被弗利特伍德签下，当时该俱乐部身处英格兰第 5 级联赛，球队主席安德鲁·皮利（Andrew Pilley）说：“瓦尔迪没有什么大秘密，他就是速度快到离谱，那几乎跟作弊一样。”

夺冠赔率：1 赔 5 000

最开始，沃尔什的一堆“便宜货”没有展现出什么特别之处。2014—2015赛季，莱斯特城升入英超联赛。花多大钱办多大事的规则似乎也适用于它，莱斯特城几乎比其他任何球队都花得少，所以他们在 2015 年赛季开始的时候名次垫底是很合理的。

博彩公司将这支降级热门球队的降级赔率设为 7 赔 10，[①] 这只是他们对莱斯特城队看走眼的开始。

莱斯特城在他们最后的 8 场比赛中赢下 6 场，这成为英超联赛保级史上最不可思议的逃脱经历之一。然而这没有用，依然没人相信他们会在接下来的赛季中幸存。莱斯特城解雇了拯救过他们的主教练，他们的阵容仍然是由廉价的“备用零件”拼凑而成，就像一个上错了螺丝的宜家橱柜。当莱斯特城开启 2015—2016 赛季的征程时，他们在博彩公司中仍然是最热门的降级球队之一。由于博彩公司要为每支球队设置赔率，所以他们也设定了莱斯特城的夺冠赔率：1 赔 5 000。这只是一个猎奇性质的赔率，它发生的概率与圣马力诺赢得下一届世界杯、大卫·贝克汉姆主演下一任詹姆斯·邦德，以及猫王被发现还活着差不多。对莱斯特城来说，令整件事情变得更加不靠谱的是，克劳迪奥·拉涅利成了他们的新任主教练。这位爱开玩笑的意大利人上一次在英超联赛留下的印记是，11 年前被切尔西仓促地炒了鱿鱼。在那之后，他曾执教过 7 支球队，包括在希腊代表队执教了 4 场比赛，那是一场灾难，他在希腊代表队执教时，在主场输给了当时世界排名第 187 位的法罗群岛，他因此下课。

甚至连加里·莱因克尔都无法掩饰他的惊讶，或者说隐隐地反感。拉涅利上

① 在这个赔率下，投注 7 英镑本金，如果莱斯特城保级成功，则本金不返还，如果莱斯特城降级，则返还 10 英镑。这意味着博彩公司认为莱斯特城降级可能性极大。——译者注

任的消息在 7 月中旬公布之后，莱因克尔在 Twitter 上写道："克劳迪奥·拉涅利？真的吗？"

2015 年夏天，沃尔什继续在欧洲的"一元店"搜罗人才，只花了 4 500 万英镑就签下了 9 名球员，直到他打算签下一名叫恩戈洛·坎特（N'Golo Kanté）的中场球员时遇到了一些阻挠。坎特是一名来自巴黎郊外的球员，身高 1.68 米。即使坎特两年前还在法国足球丙级联赛打拼，沃尔什仍然认为这个孩子会起到很大的作用。即便没有别的用途，他至少能够不停地跑。但拉涅利对坎特没有兴趣，沃尔什说："我不得不乞求拉涅利把他带上。"

一连几天，在莱斯特城的办公室里，沃尔什每次与拉涅利擦肩而过的时候都要低声说："坎特，坎特，必须签坎特。"拉涅利依然反对，与其他人一样，拉涅利认为这名球员在严酷的英格兰足球环境中显得太脆弱了。

"他哪个位置都能踢，"沃尔什对他说，"我知道他是个小矮子，但他会进球！"

沃尔什的纠缠见效了。很快，由坎特坐镇中场，拉涅利将这支球队打造成了那年秋天最令人惊讶的球队之一。莱斯特城不但没有立即跌回降级区，反而发挥得非常稳定。莱斯特城没有做什么浮夸的事情，但他们的做法很实用。他们没有大俱乐部因高预期产生的负担，那些球队要踢得有趣、吸引人，莱斯特城不主动出击，而是在防守反击中折磨对手。马赫雷斯在边路来回穿插，防守队员则表现得极为粗野，他们的防守动作游走在犯规边缘。瓦尔迪的进球如此之多，到了 12 月，他发现自己正在接近连续进球场次纪录。当他打破这一纪录，创下连续 11 场进球的新纪录时，莱斯特城终于明白了那个对弗利特伍德来说显而易见的事情：让瓦尔迪加入你的球队真的就像作弊一样。

与此同时，64 岁的拉涅利在他所有的新闻发布会上都展开了魅力攻势。他总是一边微笑一边操着欢快的意大利口音，这使他所说的话都充满了慈爱的哄骗意味。他把这支由“速度之魔”组成的球队比作英国皇家空军，他傻笑着说:“简直太奇妙了，嗖！嗖！我喜欢。”然后，他认定对瓦尔迪更确切的比喻应该是一匹“神奇的马”。拉涅利还带来了革命性的执教技巧，比如每周给球队放两天假，而不是惯常的一天。另外，他承诺，如果球队打出零失球的比赛，他就给全队买比萨饼。

以人们对英超联赛的所有了解来看，莱斯特城的火热状态将在不久之后凉下来，现在这种情况根本说不通。莱斯特城没有昂贵的球员，也没有一个赢得过联赛冠军或者正经奖杯的主教练。但当人们四处寻找一个能把他们从高位击落的球队时，却发现惯常的选项都在瓦解状态中。上个赛季，穆里尼奥在切尔西制造了紧绷的常态，这为他们带来了冠军，现在这种常态在他的更衣室里正在消解。切尔西的悲剧在 12 月达到顶峰，顺便提一句，正是在输给莱斯特城之后，穆里尼奥指责他的球员不够努力，几天后他被解雇了。在曼彻斯特，曼联在大卫·莫耶斯的继任者路易斯·范加尔的带领下步履维艰，而曼城在曼努埃尔·佩莱格里尼（Manuel Pellegrini）的带领下显得无精打采。阿森纳和热刺似乎都想发起挑战，但后来他们也滑坡了。

莱斯特城不仅碰巧赶上联盟中最大的几家俱乐部同时经历低迷的一年，而且从英超联盟正在经历的一个更大的变化中获了利。理查德·斯丘达莫尔的最新成就正是新一轮的电视转播协议，它意味着，仅仅是靠着在英格兰顶级联赛中踢球，莱斯特城就突然变成了欧洲最富有的俱乐部之一。相较于曼联这样的俱乐部，这对莱斯特城的影响更大，对莱斯特城来说，额外的 1 000 万美元能产生更大的影响。突然之间，这家中等的俱乐部就可以买来更好的球员、支付更高的薪水，还能让球员在这里待得更久。当初如果有一名球员来到英格兰的一家中游俱乐部，在一个出色的赛季之后就会被曼联撬走，这样的时代一去不复返了。

“如果你聪明且有足够多的投资，就可以留住那些球员。”西汉姆联时任主教练斯拉文·比利奇（Slaven Bilić）说。那个赛季，他的球队在对阵排名前四的球队时拥有联盟最佳战绩。

莱斯特城，不可复制的童话

2016 年 1 月 1 日，赛季进行到一半，莱斯特城与阿森纳并列积分榜第一。一个月之后，莱斯特城以领先曼城 3 分的优势位居榜首。他们的球员比其他球队更少，却仍在不断前行。英超联盟开始意识到，莱斯特城可能真要夺冠了。当拉涅利拒绝承认他的球队正在竞逐联赛冠军时，整个赛季有了一种超现实的感觉。莱斯特城还在继续赢球，但没人能很好地解释这件事。

有些人认为，有一个人比拉涅利、瓦尔迪或者任何一个身着莱斯特城蓝色球衣的人更加重要。莱斯特城一些比较迷信的死忠球迷认定，一个已经死去 5 个世纪的人是他们的"最有价值球员"（MVP），他就是国王理查德三世（King Richard III），在博斯沃思原野战役（Battle of Bosworth Field）中被乱斧砍死。

这位已成白骨的君王是如何扭转莱斯特城的命运的？这个故事要从他死后大约 527 年说起。此前的那些年，他在一座浅墓中慢慢腐烂，没人知道他的下落，直到莱斯特大学（University of Leicester）的考古学家在 2012 年发现他的遗骨。国王的遗骨就在一个停车场下面。

重新下葬理查德三世的盛大葬礼在莱斯特大教堂举办，这是 60 多年来首次举办英国君主的葬礼。从那之后，奇怪的事情在这支球队身上发生了。莱斯特城赢下了随后 42 场比赛中的 28 场，只输了 4 场，期间他们不可思议地逃离了降级区，后来又冲上英超联赛之巅。

赛季的最后几个星期里，俱乐部发生了很多让人感觉愉快的事情。即便如此，拉涅利仍然是全英格兰最不愿意承认莱斯特城是联赛冠军有力争夺者的人。到了 4 月，他们手握 5 分领先优势时，他才公开谈论。“好吧，现在我们可以庆祝了，”拉涅利对球员们说，“因为这可能再也不会发生了。”

差不多就在那个时候，拉涅利接到了一个神秘来电。拉涅利知道有一位死去的国王正在支持着他的球队，而现在又有一位盲人男高音来支持他的球队了。

“拉涅利，我感到了一些事情，”意大利歌剧演唱家安德烈·波切利（Andrea Bocelli）对他的同胞说，“你们那里的气氛很好，我想去那儿。”

拉涅利把这次行程安排在莱切斯特的最后一场主场比赛中，当他捧起冠军奖杯，完成英格兰足球历史上最不可能的夺冠之旅时，那位歌剧演唱家就在球场上，站在他的身边。为什么不呢？气氛已经足够疯狂，哪怕是这位世界上最著名的男高音为全场演唱《今夜无人入睡》（*Nessun Dorma*），都无法让莱斯特城的这个周日下午更加超现实了。

没人能想到，在一年的时间里，莱斯特城会从差点降级的球队变成联赛冠军，这与英超联盟此前 24 年所建立的一切背道而驰。以前，想要成为冠军，就需要支付巨额薪水，在转会市场上花大钱，还要限制对手。莱斯特城创造他们的奇迹时，开销只有大俱乐部工资单上数字的一小部分，而且他们的比赛控球时间要比英超联赛任何一支冠军球队都更少。这个童话故事为球员们赢得了全英国的声誉、一次敞篷大巴上的全城游行，以及俱乐部老板赠送的一队宝马车。

不过，那个赛季里也有一些不那么梦幻的细节。比如，在赛季开始之前的那个夏天，喝醉的瓦尔迪在赌场里对一名亚洲男子说了带有种族歧视的脏话。另外，拉涅利之所以会就任莱斯特城主教练，只是因为他的前任被临时解雇了，而其被解雇的原因是，在泰国的季前赛之旅中，有一份性爱录像带曝光，其中涉及几名莱斯特城球员和时任主教练的儿子。即便是在英格兰足球的标准之下，这也是一个足够引人注目的下流事件。所以至少有一些因素使莱斯特城的奇迹不完全是一个受人喜爱的故事。

在不喜欢莱斯特城奇迹这一点上，至少有一个群体持赞成态度，但这并不是因为他们关心莱斯特城球员在赌场或季前赛之旅中的表现，而是因为莱斯特城获得成功这个事实本身就激怒了这个群体。他们就是英超联盟的 6 大豪门。

第 26 章

超级精英教练，吸引超级精英球员的关键

THE CLUB

英超启示录

英超联赛吸引超级精英球员的利器：高到离谱的薪水、“世界最佳联赛”的荣耀，以及超级精英教练。

超级精英教练，俱乐部最重要的雇员

对曼联、曼城、切尔西、利物浦、热刺和阿森纳来说，它们完全不能容忍一个像莱斯特城这样的“暴发户”。

这并不是由于他们阴暗的心里容不下一匹黑马的故事（不过也有这种可能），而是因为英超联赛的上游已经让人感觉过于拥挤了。最有权势的俱乐部群体曾被称作 5 大豪门，后来成为 4 大豪门，现在又扩展成 6 大豪门。这些富有而且雄心勃勃的球队数量比欧冠联赛的参赛名额还要多。**对曼彻斯特的俱乐部与切尔西和阿森纳这样的俱乐部来说，欧冠联赛的参赛资格不只是一个年度奢侈品，而且是他们商业模式的中心支柱。**任何一支参赛球队只是出现在 2016—2017 赛季的欧冠联赛中，即便输掉所有 6 场小组赛，也能获得 1 270 万欧元。有望进军第二轮的英超球队预计将得到一份不低于 2 500 万欧元的奖金。如果他们当中的一支球队状态爆棚，赢得冠军，就会得到 5 700 万欧元的奖励。

这太便宜莱斯特城这样的球队了。6 大豪门不可能让一个局外人再次抢走一张珍贵的门票，更不用说对方还赢下了联赛冠军。2016 年夏天，6 大豪门需要重整旗鼓。在全联盟疯狂消费的浪潮中，曼联成为 20 年来第一家打破转会费世界纪录的英格兰俱乐部。他们的目标是法国中场保罗·博格巴（Paul Pogba），4 年前他从曼联离开，那时他还是一名 19 岁的小将。这笔破纪录的交易是博格巴的经纪人米诺·拉约拉（Mino Raiola）精心策划的，拉约拉很可能是这个星球上最有钱的比萨制作师，他是意大利人，从小移居荷兰。拉约拉少年时期就在父亲的比萨餐厅里工作，后来他获得法律学位，开始接触那些想去意大利踢球的荷兰球员。不过，博格巴的转会才是他的神来之笔。2012 年，说服博格巴离开曼联转投尤文图斯的人正是拉约拉。2016 年，拉约拉故技重施，又以 9 300 万英镑的空前价格促成博格巴的回归。这笔交易为拉约拉赚到了 1 500 万英镑和一些“高度赞扬”，那些“赞扬”不是来自别人，正是来自弗格森，弗格森称拉约拉是一个“混蛋”。

博格巴的转会交易只是英超联盟各个球队在那年夏天疯狂挥霍的头条新闻之一，在英超联盟的历史上，他们第一次一次性花掉了超过 10 亿英镑。

然而，当英格兰顶级俱乐部用可以随意填写的支票簿对欧洲转会市场进行地毯式轰炸时，他们不得不承认一个令其不安的事实：尽管英超联赛号称世界上最富有、最具竞争力、最受关注的联赛，但它再也买不到超级精英球员了。他们很清楚，过去 10 年的大部分时间里，C 罗和里奥 · 梅西之间划时代的竞争在西班牙展开，而不是在英格兰。2014 年，路易斯 · 苏亚雷斯差一点儿就能把利物浦捧上联赛冠军宝座，但他随后就奔向了巴萨，这距离加雷斯 · 贝尔在英超联赛闪耀登场之后逃往皇马刚刚过去两年。另外，当成长中的巴西超级巨星内马尔（Neymar）从南美洲来到欧洲的时候，他拒绝了所有的英格兰求购者，选择了巴萨。

从球员的角度来说，选择西班牙那两家豪门之一而不是英超联盟的 6 大豪门，是非常合情合理的，因为西甲联赛有很多令人喜欢的地方。首先，西班牙足球不像英格兰足球那样粗鲁。在英格兰，裁判尺度更大，竞争环境更恶劣，球迷们仍然在为凶狠的铲球而欢呼。其次，在赛场之外，西班牙税法中的漏洞比其丙级联赛的防守漏洞还要多，在欧洲踢球的百万富翁们可以充分利用这一点。例如，2007 年利物浦球员约翰 · 阿恩 · 里瑟（John Arne Riise）的工资单泄露，它显示里瑟是直接按 40% 的高标准税率进行缴税的；而这期间，C 罗、梅西和内马尔都被指控在与西班牙税务机构耍花招。

最后，气候同样是问题。对于来到英格兰的外国球星，老生常谈的一个问题是，他们是否能够受得了斯托克那种潮湿而多风的夜晚。从另一个角度来看，如果他们可以住在马德里，能保持健康的肤色，每周还能打 4 天高尔夫，他们又何必为斯托克的天气烦恼呢？

因此，除了西班牙、意大利和德国也能提供的高薪、自诩为世界最佳联赛的荣耀，以及斯托克多风夜晚的“魅力”，英超联赛需要其他东西来吸引超级精英球员。有意无意地，它选定了另一类头发更白的足球人：超级精英教练。那些在俱乐部打上自己烙印的传奇教练的吸引力如此之大，以至于很多顶级球员为了拥有在他们手下踢球的特权而愿意加盟英超联赛。

在英超联赛的一个时期内，拥有这种吸引力的英格兰主教练只有弗格森和阿尔塞纳·温格。在 21 世纪第一个 10 年的中期，若泽·穆里尼奥加入了这个行列。后来，弗格森在 2013 年退休，那年，凭借坚忍的意志和罗宾·范佩西的进球，弗格森赢下了他的第 13 个英超冠军，然后在夕阳中离开了。

领导者的离开总会留下一片真空。弗格森的气场及其一连串口无遮拦的怒骂，几乎塑造了曼联所有的英超冠军争夺过程，甚至包括那些他没能赢下来的比赛。弗格森治下的曼联的存在本身就是一种干扰因素，就像在泰格·伍兹（Tiger Woods）身旁打高尔夫球会使你在打短杆时心慌意乱那样。不夸张地说，如果弗格森还在，莱斯特城的奇迹可能不会上演。曼联强横的后防线和在赛季后半程的习惯性爆发会压垮莱斯特城，有很多比 2015—2016 赛季的莱斯特城更成熟的球队都曾在曼联的穷追猛打下垮台。

20 世纪 80 年代，利物浦王朝的终结曾为英格兰足球带来一次顶层秩序的洗牌，那时候，诺维奇和利兹联这样的球队都成了冠军争夺者，而且在 1990—1993 年的 3 年时间里出现了 3 个不同的冠军。与之类似，后弗格森时代也出现了一次剧变，莱斯特城的冠军就是最具戏剧性的例子。

当老牌俱乐部们企图巩固他们前 6 名的位置时，他们一个接一个地把球队钥匙交给了欧洲的超级精英教练们。如果说俱乐部从弗格森、穆里尼奥和温格那里学到了点儿什么，那就是，俱乐部里最重要的雇员其实是场边那个疯狂咀嚼口香糖，或者用葡萄牙语骂着脏话，抑或是拨弄臃肿外套拉链的那个家伙。

英超主教练，既有最强大脑，也有保级专家

2015 年秋天，约翰·亨利的利物浦聘请尤尔根·克洛普为主教练，克洛普戴着一副眼镜，总是胡子拉碴，刚刚离开德甲联赛的多特蒙德。多特蒙德曾以其令人激动的足球风格、对年轻天才的全力培养，以及疯狂的球迷赢得了全欧洲的赞誉。然而，克洛普本人可能比多特蒙德的球迷更疯狂。他在边线咆哮、怒吼、挥拳，这使他成为全世界最有感染力的主教练，一个为 Twitter 用户而存在的足球教练。他曾是一名球员，自称拥有“第 5 级联赛的技术和顶级联赛的大脑”。他因招牌式的“重金属足球”而声名鹊起，他的球队总是全场压迫、传球、高位压迫。克洛普带领多特蒙德在 2010—2012 年以此突破了最强对手拜仁慕尼黑对德甲联赛的垄断，连续拿下两个赛季的冠军。在那之前，拜仁慕尼黑赢下了过去 12 个联赛冠军中的 8 个。当两支德国球队在 2013 年欧冠决赛中碰面时，拜仁慕尼黑在最后一分钟取胜，克洛普把他的巴伐利亚宿敌比作《007》中的大反派。

克洛普并非在暗示自己是某种类型的詹姆斯·邦德，毕竟男士晚礼服会束缚他的动作。温格在教练席身着浪凡西装，穆里尼奥钟爱保时捷设计（Porsche Design）的羽绒外套，而克洛普是坚定的运动服主教练，看上去好像要搭乘一趟 14 小时的航班。他在一场多特蒙德与阿森纳的欧冠对阵中穿了彪马运动裤和帽衫组合套装，那可以在俱乐部商店买到，价格不到 100 英镑。

当 48 岁的克洛普抵达英格兰时，希望温格离开其执掌 20 年的帅位的阿森纳

球迷正日渐增加。这些球迷发现，他们错失了一个机会。“我们早应该去找他的。”

克洛普是英超联赛“超级精英教练新浪潮”的第一人。在切尔西，罗曼·阿布拉莫维奇聘请了他任期内的第 12 任主教练、衣冠楚楚的意大利人安东尼奥·孔蒂。孔蒂曾是尤文图斯和意大利代表队的球星，现在成为这个星球上最具战术头脑的教练。而且，以秃顶中场球员的形象离开赛场之后，他又长出了一头健康的新头发。他在尤文图斯连续 3 年捧起意甲联赛奖杯，后来又把他认为最没有天赋的一代意大利球员打造成“小型战争机器”，并带领意大利代表队在 2016 年欧洲杯上给人留下深刻印象。与曾坐在阿布拉莫维奇教练席上的所有人一样，他完全了解其中的风险。在这个联赛中，这位俄罗斯老板是扣动扳机最快的人。球队成绩开始下滑的时候，他的第一反应就是在教练席做出改变。在拥有球队的 13 年间，阿布拉莫维奇曾经解雇过世界杯冠军获得者、欧冠冠军获得者、切尔西功勋教练，并两次解雇穆里尼奥。当时，除去只执教了一两场的代理教练，阿布拉莫维奇已经对主教练进行了 11 次更换，平均每 14 个月就要换一次人。

如果一名主教练有可能因为与阿布拉莫维奇发生矛盾而受到羞辱，那他为什么还会甘愿冒险呢？而且，那些主教练几乎都愿意承担这样的风险。首先，一个简单的事实是，切尔西是世界上最有雄心也最成功的俱乐部之一。其次，同样重要的是，主教练们知道，他们会因风险而得到补偿。与任何一种临时性的危险工种一样，这份工作也有“危险津贴”。俱乐部的账目显示，自 2003 年起，在给各位教练发放离职补偿方面，切尔西花掉了超过 6 000 万英镑。德勤会计师事务所 2011 年的一份报告显示，切尔西前一年的人力成本中包含与主教练和教练团队解约所支付的约 1 500 万英镑，以及被德勤会计师事务所称为“一线管理结构变化”费用的 1 300 万英镑。

换句话说，解雇员工很快成为阿布拉莫维奇在乘坐超级游艇畅游地中海之外最昂贵的爱好。

因此，孔蒂迫不及待地加入角逐。他严谨的战术头脑和狂热的职业态度看起来非常适合英超联赛。2016 年 7 月，这位 46 岁的意大利人抵达英格兰时，整个伦敦主张“温格下课”的人群再一次希望他们的俱乐部考虑做出改变。“我们早应该去找他的。”

同年夏天，穆里尼奥在被切尔西一脚踢走的 7 个月之后，在曼联开始了他在英格兰的第 3 段演出。这次运作看起来像多年以前就定下来的，弗格森是唯一免遭穆里尼奥各种抨击的主教练。事实上，2013 年，穆里尼奥就是接替弗格森入主曼联的头号人选，但他当时重返了切尔西。曼联后来选择了弗格森亲手挑选的大卫·莫耶斯，不过被叫作“天选之子”的莫耶斯是一个彻头彻尾的失败者，他在老特拉福德球场的 10 个月时间里，只让曼联获得了联赛第 7 名，并把他自己变成了全英格兰的笑柄。曼联球迷、说唱歌手斯托姆兹（Stormzy）在一首歌里这样唱道：“我来到你的球队，把这一切搞砸，我是大卫·莫耶斯。”曼联随后两个赛季的主教练是荷兰人路易斯·范加尔，那似乎是一个坚信自己从不犯错的男人，在他的率领下，球队也只是稍好了一点儿而已。

因此，当 53 岁的穆里尼奥在 2016 年重返英超联盟时，又一位高水准的主教练从温格潜在继任者的名单中被划掉了。不过这一次，即便是最激进的“温格下课”派球迷也对这个男人缄口不言，因为过去 15 年的大部分时间里，他总是针对阿森纳挑起事端。“我们早应该去找……只要不是他就好。”

在 6 大豪门当中还有两支球队地处伦敦北部，它们在英超联赛的经历截然相反。在热刺，满嘴脏话、44 岁的阿根廷前后卫毛里西奥·波切蒂诺（Mauricio Pochettino）突然大放异彩，因为他将热刺变成了一个竞争力十足的冠军争夺者。他的训练课由于没完没了的跑步而名声在外，在他的夏训中，每天都有 2 ～ 3 次艰苦的体能训练课。但他监工般的疯狂是有原因的，当波切蒂诺从西班牙来到英格兰时，他突然发现，英超联赛比他参与过的所有比赛都更长。当然，它们都是 90 分钟，但波切蒂诺发现，英超联赛由于犯规或死球而产生的停顿次数更少。

因此，比赛实际多出了 10 分钟时间，或者说就像他所看到的，需要全力以赴的时间多出了 10 分钟。只有时刻准备像身上着火一样奔跑的球员，才能为波切蒂诺效力。

这种执教方式使波切蒂诺成为各大俱乐部寻找长期主教练时的目标。虽然他还没有在英格兰赢得过重要的奖杯，但已经凭借与其有过关联的俱乐部名字，在英超联赛的超级精英教练中赢得了一席之地。曼联在签下穆里尼奥之前曾经认真考虑过波切蒂诺，后来还有传言称，皇马把他列为主教练候选名单上的第一位。很明显，波切蒂诺大有前途。

与此同时，波切蒂诺在伦敦北部的“同伴”似乎哪儿都不会去。弗格森退休之后，温格是最后一个老派的主教练。2016 年，他已经执教枪手 20 年，这超过了英超联赛其他 19 名主教练在英超联赛的任期之和。但有一个问题始终困扰着阿森纳球迷：温格是这份工作的合适人选吗？自 2004 年以来，他就没有率领阿森纳赢下过联赛冠军，甚至在 2010 年之后，阿森纳从未在赛季后期真正地追逐过联赛冠军。2016—2017 赛季被温格称为“世界主教练锦标赛”，这位 66 岁的法国人能跟上那些比他小十几岁的教练吗？

这场争论在那个赛季的后期达到一个荒唐的高度。在一场比赛中，两个对立的阿森纳球迷阵营各自租用飞机来悬挂横幅。最开始出现的横幅上写着“没有合同，温格下课”。几分钟后，另一架飞机飞到球场上空，飘扬的横幅上写着 1.5 米的大字，意思与刚刚的完全相反，那是“我们信任温格，尊敬温格”。那天唯一的赢家是那家叫作“空中广告”的飞机横幅公司老板，两个阵营都租了他的飞机。

也许只有一个人仍然认为温格是一名真正的超级精英教练，并甘愿每年花费八位数的金钱来表明立场，这个人就是给温格发薪水的人斯坦·克伦克。当总是沉默的克伦克在很罕见的公开发言中提到温格时，他总是从浓密的花白胡子里说同样的字——“一个很棒的人”。在 2016 年阿森纳的年度股东大会上，面对俱乐部球迷的寻衅滋事，克伦克的回应是送给他们一幅装裱好的温格画像。

在曼城，氛围显然要乐观得多。在为如何把超级精英球员带到英超联赛而发愁时，俱乐部高管们开启了一个他们已经准备了至少 5 年的计划。作为或许是英格兰唯一买得起梅西这种球员的俱乐部，曼城锁定了另一个超级巨星，他曾是巴萨的中场球员，留着灰白的胡子，背上还受过伤，他就是佩普·瓜迪奥拉。俱乐部中的加泰罗尼亚阵营以首席执行官费兰·索里亚诺和体育总监谢基·贝吉里斯坦为首，他们自从到俱乐部后就一直在为此做铺垫，瓜迪奥拉一直以来都是他们的目标人选。“从一开始我们就预见到，我们会把瓜迪奥拉带到这里来。”索里亚诺说。现在他们得到了想要的人，并会给他提供他需要的一切空间和资源，让他在俱乐部留下不可磨灭的印记。

瓜迪奥拉为自己设置了一个更大的任务。他不只想赢得英超冠军，那只是一个附带的结果，而且希望教会英格兰一种全新的足球理念。

“当然，我认为英超联赛的教练迟早都要证明该怎样在英格兰踢球。”瓜迪奥拉在曼彻斯特首次亮相时说，“说到底，我们想要的很简单：当对手拿到球时，把球尽快抢回来；当我们拿到球时，让球尽快动起来，创造尽可能多的机会。就是这样。”

在英超联赛的另一端有一群既没有很大名气，又没有奖杯的主教练，他们对足球哲学或者加泰罗尼亚大师的事情不感兴趣。他们都上了年纪，历经“战斗”洗礼，而且都是英国人。他们当中没有一个人以华丽的足球风格而闻名，但这并不影响他们的就业前景。当然，他们可能永远不会接近曼城或切尔西这样的俱乐部，但他们几乎从不会失业。事实上，他们在英超联赛的生态系统中扮演着关键的角色。

他们是保级专家，比如山姆·阿勒代斯、罗伊·霍奇森、托尼·普利斯（Tony

Pulis）、莫耶斯、马克·休斯和阿兰·帕杜（Alan Pardew）。以前只有参加欧冠联赛的球队才能获得的奖金数目，现在只需留在英超联赛中就能得到，由此一名能够保证球队安全的教练就比一名让球队从中游跃居前 4 名的教练更有价值了。对老板来说，这些主教练确保了他们投资的安全。对球迷来说，这些主教练有时候是必不可少的"恶魔"。

在一个主教练平均任期下降到只有 13 个月的联赛中，这些保级专家实际上构成了一个英超联赛的"常设机构"。2013—2014 赛季，联盟中有接近一半的球队在赛季结束时有一个与赛季开始时不同的主教练，其中 9 家俱乐部在赛季中期炒掉了 10 个主教练，富勒姆完成了单个赛季炒掉两任主教练的"壮举"。

在这种情况下，老板们总会追根溯源，去找那些经历过这种糟糕局面的可靠老熟人：阿勒代斯、霍奇森、休斯、普利斯、莫耶斯和帕杜。在 2008—2018 年之间的每一年，这 6 位教练中都至少有 4 位受雇于英超俱乐部和英格兰代表队。在这 10 年里，他们有着稳定的价值。

那些最终雇用这些教练的俱乐部可以组成一份"惯犯"名单。从 2006 年开始，布莱克本、水晶宫、埃弗顿、富勒姆、纽卡斯尔联、斯托克城、桑德兰、西布罗姆维奇和西汉姆联，都从英超联盟那一份等待再次为保级而战的教练名单中雇用过至少两名教练。

曾经执教过 7 家英超俱乐部的阿勒代斯说："你可以等着成为那些足球俱乐部的救星，因为解雇太常见了。如果你现在拥有经验，并且有过类似的成就，就可以轻松获得一份工作。"

当俱乐部老板招来一名保级专家时，球迷并不会感到兴奋，因为这通常是在承认，事情已经发生了灾难性的转变，或是承认老板只满足于能留在英超联赛。球迷们花钱买季票往往是为了看到球队踢出充满进攻活力的时髦足球，起码大致上要保证有点娱乐性。这是合情合理的，通常来说，一家俱乐部会雇用一名合适的教练来实现这种想法。但如果球队遇到问题，开始出现降级的趋势，时髦的风格就滚到一边去吧。对老板们来说，取悦球迷当然是件好事，但前提是，别让自己在下个赛季因为错过英超联赛而损失 1 亿英镑。这个时候，最重要的事情就是雇用一名合适的主教练，确保自己的球队可以比另外 3 支球队更好。“营救行动”就这样开始了。

“看看你的现有阵容，再看看你的对手，然后尽量去简化比赛。”阿勒代斯说，“告诉球员：‘这些是最基本的东西，小伙子们，你们要努力在 90 分钟里做到这些。’”

在斯托克城执教的时候，普利斯认为，要想表现得更好，就要保证在 90 分钟的比赛里，球尽可能多地处于非比赛状态中。如果球飞到了看台上的某个地方，球技再高超的球队也拿你没辙。莫耶斯在体验曼联的不愉快经历之前，通过强调角球和任意球，帮助埃弗顿做出了超过预期的表现。在这些技术环节上，身体素质更有可能弥补天赋上的差距。而阿勒代斯在对简单化的一贯追求之下，只要求他执教的球队做两件事情：踢得努力和踢得直接。

他们的比赛从来都不好看，穆里尼奥对此有一个很著名的形容——“19 世纪的足球”，但他不能否认这种方法是奏效的。阿勒代斯的球队从未在英超联赛降级，他说：“我告诉小伙子们：‘降级是不可能发生的，别搞砸我的纪录。我们会幸存下来的。’”

第 27 章

传奇教练瓜迪奥拉进军英超，曼城雄起

THE
CLUB

英超语录

这种踢法在英格兰也行得通，这就是我开心的原因。人们总说："不，他在巴萨推行的那种踢法放到英格兰是不合理的。"它很合理！尽力保住球权在比赛中永远都是合理的。

佩普·瓜迪奥拉
曼城主教练

英超启示录

瓜迪奥拉希望每名球员都步调一致，球队聚餐时只能沟通感情，或者对足球战术进行严肃讨论。

瓜迪奥拉，曼城一直以来的最佳之选

超级精英教练和保级专家并存，这就是足球“哲学之王”瓜迪奥拉将要面对的英超联赛。作为一名教练，他在欧冠联赛中淘汰过几家英格兰俱乐部，但作为一名球员，他从未一周又一周地体验过英超联赛。他最接近英超联赛的一次是在 21 世纪初，当时他站在阿尔塞纳·温格位于伦敦北部的家中，在厨房里请求与阿森纳签约。可是他当时已经 30 多岁了，而温格已经拥有欧洲最具统治力的中场之一，所以阿森纳不需要球员瓜迪奥拉。

后来，在效力过布雷西亚足球俱乐部、罗马和卡塔尔的阿尔阿赫利足球俱乐部（简称阿尔阿赫利）之后，主教练瓜迪奥拉诞生了。换句话说，他的脑子比他的右脚更有价值。

瓜迪奥拉 13 岁进入巴萨的青训营，从此沉浸在巴萨的足球文化之中，并成为俱乐部理念的守护者。约翰·克鲁伊夫在 20 世纪 70 年代第一次将这种理念带到加泰罗尼亚，20 世纪 90 年代执教巴萨梦之队期间，他完善了这个理念。当时，瓜迪奥拉稳居防守型中场的位置。克鲁伊夫的整个理念都建立在对球场空间的革命性理解和复杂的传球方式上，因此被误称为“传控足球”（tiki-taka），瓜迪奥拉对这种理念的思考从未停止过。巴萨的管理层注意到了这一点，所以 2007 年，尽管当时瓜迪奥拉没有管理经验，但俱乐部还是认为他精通巴萨的战术理念，足以执教预备队，也就是巴萨 B 队。“克鲁伊夫建造了这座教堂，而我们的工作就是维护和翻新。”瓜迪奥拉说。

执教巴萨 B 队一个赛季之后，瓜迪奥拉被任命为一线队的主教练。对瓜迪奥拉来说，接下来的 9 年里，奖杯、荣耀和重压混杂在一起。这支围绕里奥·梅西、安德雷斯·伊涅斯塔（Andrés Iniesta）和哈维·埃尔南德斯·克雷乌斯（Xavi Hernández Creus）组建的巴萨，在瓜迪奥拉的率领下获得了 3 个西甲冠军、2 个欧冠冠军。然后，瓜迪奥拉又率领拜仁慕尼黑拿到了 3 个德甲冠军。瓜迪奥拉在欧洲两家最著名的俱乐部的边线上来回奔走，不停地摩擦他的光头，仿佛在刺激他的神经。他时而扮演遭受重创的天才，时而成为暴躁的孩子。2011 年，当得到加泰罗尼亚政府的一项嘉奖时，他描述了自己在赛前制定战术的过程。他会把自己锁在办公室，里面有一堆录像带、一个记事本，还会放着轻柔的背景音乐。“某个时候它就出现了，”瓜迪奥拉说，“那一刻我就明白，毫无疑问，我搞定了，我知道该怎样赢下比赛了。这个过程只持续大约 1 分钟，也许是 80 秒，但就是这个时刻让我的工作变得真正有意义。”

那可能是他在开球之前最后的平静时刻。从比赛开始的那一秒起，直到赛后惯常的开香槟庆祝时刻，天才在这段时间里变成了满身伤痕的疯子，他的伤痕比他紧身套衫的勒痕还要深。瓜迪奥拉在场边的爆发是如此疯狂，以至于他的衣服都无法束缚他。在一场欧冠联赛中，他猛地跃起，把自己的西装裤都撕裂了。2012 年离开巴萨时，他感到精疲力竭。在俱乐部的这 4 年对他来说就像度过了一生。对一个几乎不睡觉的人来说，事实可能就是如此。

这时，费兰·索里亚诺第一次试图说服他加盟曼城，瓜迪奥拉拒绝了。大多数教练在一份工作之后会花时间寻找新的工作，他们通过兼职担任电视节目嘉宾来宣传自己的专业见解，他们四处寻觅以备万一有同行在更好的工作岗位上被解雇，至少在英国是这样的。但瓜迪奥拉绝不属于“大多数教练”，相反，他去了纽约，开始了一年之久的休假。他住在绿树成荫的中央公园西侧，从美国自然历史博物馆一路往北就到了。就像一个处于两部作品创作间隙中的曼哈顿小说家那样，这位足球教练满足于简单的生活与沉思，这让他的头脑重新注满灵感。他步行送孩子到上西区的私立学校，他与国际象棋冠军加里·卡斯帕罗夫（Garry

Kasparov）共进晚餐，他到麦迪逊广场花园的球馆观看纽约尼克斯队的篮球比赛。他对未来足球生涯的唯一让步就是，为执教拜仁慕尼黑而秘密参加了德语课程。

假如说瓜迪奥拉是带着奇思妙想和充沛的精力来到德国的，那么他离开时就又是精疲力竭的，而且带着一些不满。瓜迪奥拉在德国执教的 3 年里率队称霸德甲联赛，但没能赢下欧冠冠军，这使他无法向世界证明，自己可以在没有梅西的情况下打造一支欧洲强队。索里亚诺又来了，这一次，瓜迪奥拉做好了进军英超联赛的准备。在效力于阿尔阿赫利 10 年之后、担任卡塔尔申办 2022 年世界杯的大使 6 年之后，他又一次兑现了一张石油美元支票。

在这个过程中，谢赫·曼苏尔与瓜迪奥拉通过电话，对谢赫·曼苏尔和索里亚诺来说，瓜迪奥拉是曼城历史上最大的收获，他比任何球员都更有影响力，比足坛的任何人都更受欢迎。而且，瓜迪奥拉也认同他们的观点：要想把世界上的超级精英球员吸引过来，一名超级精英教练是最完美的"诱饵"，正如瓜迪奥拉在曼彻斯特的见面会上所说的，他"希望最好的球员能来到英格兰"。

2012 年加泰罗尼亚人入职俱乐部以来，曼城的整个计划在瓜迪奥拉加盟之后就完整了。60 多岁的曼努埃尔·佩莱格里尼是一个不苟言笑的智利人，在 2014 年率领曼城赢得了联赛冠军。谢赫·曼苏尔曾在遥远的地方为此庆祝，在一群王室成员的簇拥下切开了一个造型新颖的蛋糕。尽管如此，佩莱格里尼却总感觉自己只是一个临时人选。瓜迪奥拉才是曼城一直以来想要的主教练，他才是真正的最佳之选。"对瓜迪奥拉来说时机正好，对我们来说也是如此，"曼城的马伍德说，"我们已经准备好迎接一位像他这样优秀的人。如果你想问，我们是不是在 3 年前或者 4 年前就做好了准备，我想不是的。但现在他来到的是一个已经为他打造好的环境，他并不需要做出重大改变。"

瓜迪奥拉可能不需要做出改变，但他还是做了。

首先，曼城训练场上将会有更多的加泰罗尼亚语。瓜迪奥拉引进了在他执教巴萨期间就一直追随他的团队，包括从未踢过职业足球的助理教练马内尔·埃斯蒂亚特（Manel Estiarte），埃斯蒂亚特曾是西班牙最伟大的水球运动员。其次，他要接触这支新球队。瓜迪奥拉的足球理念要求他的队员们毫无保留地全情投入。“我是在电视上知道他们的，”他在曼城的第一次新闻发布会上说，“不过我必须直面他们、拥抱他们，还要踢他们的屁股。”

瓜迪奥拉希望每名球员都步调一致。在他执教曼城的头几个月里，他禁止球员使用手机，并关闭了训练场的无线网络。当时队里的后卫巴勃罗·扎巴莱塔曾提到，瓜迪奥拉甚至“要求我们一起吃早餐和午餐”。球队聚餐时只能沟通感情，或者对足球战术进行严肃讨论，而不是浏览 Instagram。

对那些以前经常悠闲度日的球员来说，整个训练过程非常累。他们每天上两小时的训练课和进行一定时间的健身房训练，剩余大部分时间都花在赛后恢复上。瓜迪奥拉在拜仁慕尼黑的“恶名”使他的前几次训练课上充满了畏惧情绪，球员们都怕被他练垮。曼城球员有这样的心态是正常的，瓜迪奥拉特别偏执，他在俱乐部的一块训练场地上重新画线，以便更好地阐明他对空间利用的想法。他在德国也做过相同的事情，他把一个球场划分成 20 个小格子，方便他像下棋一样指挥球员进行移动。“我明白他为什么需要长时间的休假了，”马伍德说，“因为他在工作中投入的精力是惊人的。从清晨到深夜，这家伙从不断电。”

对瓜迪奥拉来说，他在英格兰所要面临的挑战与在西班牙和德国时有所不同。在这里，他要突然面对四五个潜在的冠军竞争者，而不是他过去所习惯的一两个。每一个竞争者都在执行着某个版本的曼城计划，围绕一名超级精英教练组队。英超联赛的风格很不一样，正因如此，从赛季第一天开始，他就要感谢老对头若泽·穆里尼奥的提醒。这两个人几乎在所有地方都发生过碰撞，在西班牙，穆里尼奥执教皇马；更早之前在欧冠联赛，穆里尼奥执教国际米兰。

穆里尼奥在曼联初次亮相的新闻发布会上朝温格开炮，顺便影射波切蒂诺："有的主教练上一次赢得冠军还是在 10 年前，还有人从未赢得过冠军，如果说我有什么东西要证明的话，那其他人呢？"而谈到瓜迪奥拉时，穆里尼奥是一个回避问题的高手，他显得像个更加成熟大度的人，同时又在施加压力。他说："在英超联赛只谈论一个主教练、一家俱乐部或者一个'敌人'，我认为这是不对的。另外，我在足球和生活中都讨厌'敌人'这个词。在西甲联赛的两强相争或者意甲联赛的三强相争的格局下，那种比赛方式是奏效的。而在英超联赛，它根本就不管用，如果你只专注于一个对手，其他人会嘲笑你。所以我不会成为这种事情的一部分……我是英格兰最大的俱乐部的主教练。"

艰难的第一个赛季

瓜迪奥拉在英格兰的第一个赛季（2016—2017 赛季）是一个奇怪的赛季。当他在英超联赛中艰难前行、一举一动都受到密切关注的时候，安东尼奥 · 孔蒂执教的切尔西悄然拿下了联赛冠军，且没有遇到真正的挑战。瓜迪奥拉的比赛日装束也从西装变成了连帽衫、飞行员夹克和大号围巾。

不过，针对上个赛季莱斯特城的颠覆性表现，英超联盟的顶级球队进行了猛烈反击。6 大豪门重整旗鼓，暴力吊打了其他俱乐部。排名第 6 位的曼联与第 7 位的埃弗顿之间有 8 分的差距，第 7 名和第 8 名之间差距更大，达到了 15 分。与此同时，莱斯特城的良好状态也骤然消失了。在其他体育项目中，出现莱斯特城这种规模的奇迹都会为主教练赢得一份更长的续约合同，或者至少是一张代金券，让他在这座城市里购买饮料的时候再也不用花钱，但在英超联赛，这个奇迹只为克劳迪奥 · 拉涅利赢得了 9 个月的连任。

随着莱斯特城出现了降级的风险，俱乐部老板在 2 月中旬解雇了拉涅利。尽管降级与否尚不明确，但在跌出英超联赛的可能性面前，没有什么感情可言。

当时，莱斯特城的关键球员把矛头指向了拉涅利，并游说球队老板用拉涅利的英国助教克雷格·莎士比亚（Craig Shakespeare）来取代他。在克雷格上任的第一场比赛中，整件事的热度到达顶峰，莱斯特城球迷展示了一幅巨大的条幅，激励他们的球队“吹响屠杀的号令，让战争之犬四处蹂躏”。他们选择这句台词绝非偶然，它来自莎士比亚的《尤里乌斯·凯撒》（*Julius Caesar*）。

“好吧，我被解雇了，”拉涅利说，“这就是我的生活，我的生活就是足球。我知道有一天会站上顶峰，也总有一天会走下来。”

对拉涅利来说，足球或许就是这样的，但足球教练的精英们承受不了这样的大起大落。随着赛季结束，英超联赛的超级精英教练们要盘点一下成绩了。孔蒂制造了最大的影响力，他出乎对手意料，用决定性的战术变化赢得了联赛冠军。波切蒂诺连续第二年获得联赛第二名。克洛普保住了前 4 名的位置，把利物浦重新带到欧冠联赛。穆里尼奥赢得了欧联杯和联赛杯，这是曼联 4 年来首次赢得奖杯。即使是温格，虽然他在 21 年来第一次丢掉了欧冠联赛参赛资格，但阿森纳赢得了足总杯，他也有东西可以炫耀。

只有瓜迪奥拉还在盯着现实与期望之间的差距，这对他来说是一种陌生的感受。曼城是联赛第 3 名，而且当季没打进欧冠决赛。在他的执教之下，无论是巴萨还是拜仁慕尼黑，从未拿过低于第二名的名次。这也是他 10 年主教练生涯中的第一次，在一整年的时间里没有获得任何一座奖杯。

曼城主席穆巴拉克在他的年度报告中写道：“2016—2017 赛季，也就是新任主教练瓜迪奥拉上任后的第一个赛季有点失败。在这个赛季，一线队没有收获任何奖杯。我们在英超联赛得到第 3 名，在相对较晚的时候才保住了欧冠联赛参赛资格。”这份报告就像一份曼城的年终收入报表。“在过去的 7 个赛季里，我们赢得的奖杯比英超联盟其他球队都更多……在为自己设定了如此高的标准之后，空手而归的结局不可避免地带来一种未曾经历过的失落感。”

众多足球媒体又拿出了他们一直以来对所有事情的质疑态度，但他们对备受关注的灾难和外来事物的质疑并不那么谨慎。瓜迪奥拉在联盟中有着最高的预期，但他在各方面的挑战都失败了。媒体抓住了一点，那就是瓜迪奥拉在没有梅西这个“球场核武器”的情况下，连续多年无缘欧冠决赛。这就是一个证据，说明他的“传控”战术在西班牙和德国可能奏效，但别想在曼城获得成功。那个赛季，没人能够数清“瓜迪奥拉，欢迎来到英超联赛”这句嘲讽的话被说过多少次、被印刷过多少遍。

英国小报甚至为这位脆弱的加泰罗尼亚天才取了一个新名字——“骗迪奥拉”。[①]

曼城，最具“瓜迪奥拉风格”的球队

2017 年 12 月初的一个周日晚上，曼彻斯特的空中飘着点点雪花。气温降到了零度以下，老特拉福德球场上几乎空无一人。就连一些有经验的当地人也不得不承认感觉有点寒冷刺骨，但对瓜迪奥拉来说还不是进屋的时候，他并不急于进入闷热的更衣室。现在，他只想享受这个时刻。

瓜迪奥拉身穿黑色飞行员夹克和紧身裤，外面裹着一条深色的羊绒围巾，站在老特拉福德球场的中央，几乎无法控制自己的情绪。他在球员离场时拥抱他们，与场边的助理教练猛烈击掌，还在中场球员大卫·席尔瓦（David Silva）的头上留下一个“湿吻”。最后，他攥紧拳头，目光转向头顶的天空，闭上眼睛。对瓜迪奥拉来说，在一年半的英超联赛征程中，这是一个值得回味的时刻。这是一次验证。

① 小报将 Guardiola 写为 Fraudiola，Fraud 意为骗子。——译者注

他的球队刚刚在 2017—2018 赛季的首场曼彻斯特德比中以 2 ：1 击败曼联，将联赛连胜场次延续到 14 场。位于积分榜榜首的曼城现在像一辆失控的列车那样高速前行，但这些都不能解释为什么瓜迪奥拉像个乒乓球一样蹦来蹦去。原因也不是他刚刚教训了曼联和他的长期对头穆里尼奥，坦率地说，那些并不重要。他在 12 月的严寒中尽情享受的原因是，他终于验证了自己的正确性。自从 2016 年在曼城上任，并异想天开地承诺发起一场“天蓝色革命”以来，瓜迪奥拉总是听到人们说他的理念无法在英格兰奏效。人们认为，对瓜迪奥拉风格的足球来说，英超联赛太野蛮粗暴了，对手速度快、身体壮，不会让你在几分钟内不停地传球；没有冬歇期的联赛赛程也会让人筋疲力尽；英超联赛的竞争强度太大了，像表演舞曲一样踢上 90 分钟的比赛是没法接受的。人们还认为，在英国的寒冷天气中，让球员每场都投入百分之百的精力踢出跑传结合的风格，也是不合适的。

然而，瓜迪奥拉从未动摇过。在他执教的第一个赛季曼城止步欧冠联赛十六强的时候，他没有动摇；在最后一天才锁定联赛四强席位的时候，他也没有动摇。相反，他更加忠实于自己的理念，然后以典型的瓜迪奥拉风格加倍努力。

曼城的控球机会比瓜迪奥拉当初执教的巴萨和拜仁慕尼黑都更多，同时也更快、更强。球队朝着打破英超联赛连胜纪录的目标前进，并且在 12 月初就几乎把联赛冠军收入囊中，同时也在进攻端显现出强大的破坏力。此时再也没有懂球的人敢叫他骗迪奥拉了。瓜迪奥拉不仅向世界证明了他的理论在英格兰行得通，而且把曼城变成了他职业生涯中最具瓜迪奥拉风格的球队。

“这种踢法在英格兰也行得通，这就是我开心的原因。”瓜迪奥拉像赢得了奥斯卡奖一样发言，“人们总说：‘不，他在巴萨推行的那种踢法放到英格兰是不合理的。’它很合理！尽力保住球权在比赛中永远都是合理的。”

然而，并不是每个人都对曼城最新获得的优势感到心服口服，穆里尼奥成为第一个表达不满的人。全场比赛结束的哨声吹响后不久，这位曼联主教练就闯入了曼城更衣室，指责瓜迪奥拉的球员在庆祝德比胜利时过于吵闹。“你们对其他人毫无尊重。”穆里尼奥如此告诫曼城球员，展示了他著名的“风度”。曼城球员不吃这一套，于是用西班牙语、英语和葡萄牙语进行反击。来自多个国家、衣冠不整的男人爆发了一场多语种的冲突，他们从更衣室涌入走廊。“增援部队”很快从曼联更衣室赶来，这场发生在老特拉福德球场走廊里的争端开始升级，30 名球员陷入推搡和缠斗，并且捡到什么扔什么。警方赶来制止了这场冲突，随后两支球队各自清点，双方都有损伤。曼城助理教练迈克尔·阿特塔（Mikel Arteta）的额头被空中飞来的碎瓶子严重割伤。穆里尼奥被浇了一身牛奶。

这是一场只有在穆里尼奥和瓜迪奥拉的关键之战中才会上演的闹剧，不过，8 年前也发生过相同的事情。那一天，曼联和阿森纳在老特拉福德球场走廊上发生争执，这次被食品砸中的不是穆里尼奥，而是曼联时任主教练弗格森，阿森纳中场球员塞斯克·法布雷加斯把一片比萨饼扔到了弗格森的夹克上，这件事被称为“自助餐之战”。

一片意大利辣香肠比萨不会让弗格森慌乱，同样在 2017 年，飞来的瓶子也不会阻挠瓜迪奥拉、曼城及其老板的无限雄心。这不是一支仅在一个赛季里给对手留下阴影的统治级球队，曼城会让整个英格兰足坛一直感到恐惧。

第 28 章

顶级俱乐部集体发难，英超联盟陷入僵局

THE
CLUB

英超语录

我们不希望有人以 20 分的积分优势赢得联赛冠军，这对我们的品牌不利。这样联赛就失去了它的力量，失去了它的品质，失去了让全世界观众兴奋的能力。

山姆 · 阿勒代斯

保级专家

英超联盟的核心原则好像得拆掉了

2017—2018 赛季还没过半，曼城就已经在积分榜上遥遥领先，赛季的剩余部分看起来似乎更像他们的胜利游行。但不要以为这会是一个毫无悬念的英超赛季，事实远非如此。这里仍然有阴谋诡计、紧张氛围和戏剧性事件，只是你要知道去哪里找，比如曼哈顿的时尚餐厅里。

2017 年 10 月中旬的一个温暖的夜晚，大约在曼城赢下曼彻斯特德比之战 6 个星期之前，位于纽约翠贝卡街区的一家高档意大利餐厅洛坎达韦尔德里，一群神头鬼脸的食客围着深色木桌，坐在黑色皮椅上用餐。

周围的客人都晒出了健康的肤色，饱受瘦脸针的呵护，在他们惯常的笑闹声中，这群上了年纪、没剩多少头发的白人并没有引起多少注意。但如果有人对英格兰足球高管有深入了解的话，他在去洗手间的路上经过这群人的餐桌时就会发现，这是最不可能聚在一起的敌对者之间的聚会。因为那天晚上围坐在桌旁的有曼联老板乔尔·格雷泽和阿夫拉姆·格雷泽、曼联首席执行官埃德·伍德沃德、利物浦老板约翰·亨利、阿森纳首席执行官伊万·加齐迪斯。

这些人聚在一起可不是来吃蓝蟹的，这几家俱乐部为何抛开了一个多世纪以来的相互厌恶，坐在一起共进晚餐？原因是一场牵扯到所有俱乐部的新危机，或者更准确地说是两个新危机。NFL 恰巧在附近的纽约康拉德酒店召开秋季的老板会议，希望解决一场离奇的全国范围的冲突，它涉及一群 NFL 球员，这些球员通过在赛前国歌仪式上下跪来抗议社会的不公。这也是格雷泽兄弟与斯坦·克伦克一起出现在纽约的原因，格雷泽家族也是坦帕湾海盗队的老板，而克伦克除了是阿森纳老板之外，还是洛杉矶公羊队的老板。加齐迪斯是被克伦克从大西洋彼岸召唤而来的。

当格雷泽家族和克伦克应对 NFL 的公关危机时，他们也被英超联赛的现有僵局弄得心烦意乱，这个僵局比美国职业橄榄球大联盟的公关危机更让他们担忧，因为这事关金钱。在过去的 12 个月里，英超 6 大豪门得出了共同的结论：联盟销售国际电视转播权赚取了巨额资金，当时价值 35 亿英镑，它不应该再像 25 年前创立英超联盟时那样，在联盟的 20 支球队中平均分配。

在 6 大豪门看来，有些俱乐部理应得到更大的份额，尤其是他们。毕竟，他们是英超联赛在全球爆红的原因，不是吗？是他们每年夏天在这个星球上来回穿梭，提升英格兰足球的形象；是他们拥有数以亿计的球迷，影响着全球范围内从挪威特隆赫姆到南美洲火地岛的观众。因此，他们理应得到补偿。在美国和亚洲，没人会挣扎着早起或熬夜去看一场伯恩茅斯足球俱乐部（简称伯恩茅斯）的比赛。

对 6 大豪门来说很不幸的是，伯恩茅斯不同意这一点，哈德斯菲尔德镇、布莱顿、沃特福德，以及联盟中的其他小俱乐部都不同意。这就是为什么这些高管围坐在桌边吃意大利面时，面色如此凝重。

亨利坐在乔尔的右边，他是从波士顿赶来的。坐在他们对面的是伍德沃德和加齐迪斯，他们被叫到纽约来参与讨论。但桌上的这群人都知道，要获得 14 张支持票去撕毁现有的收入分成协议并起草一份新协议，这几乎没有可能。

英超联盟各俱乐部准备在 7 天内开会讨论此事，谈判桌上的其中一项议题是，将未来国际电视转播收入的 35% 拿出来，根据各俱乐部的最终联赛排名来分配这笔钱。但是在几周前的会议中，关于这个议题的结论清晰地表明了分歧是多么根深蒂固。理查德·斯丘达莫尔努力为 6 大豪门争取他们所需的 14 张支持票，但在这个小圈子之外，只有莱斯特城、埃弗顿和西汉姆联倾向支持新方案。纽卡斯尔联保持观望态度，坚决不做任何保证。另外，没人知道纽卡斯尔联老板麦克·阿什利（Mike Ashley）在投票表决时是否依然在位。就在一天前，这位经营体育用品零售业务的亿万富翁宣布，他正在积极地尝试出售俱乐部。

除此之外，其他小俱乐部都一致反对，他们的抵抗似乎比每周六下午在赛场上对 6 大豪门的抵抗更加强硬。在那个月早些时候的会议上，这个议题第一次提出来，几分钟后，6 大豪门就明确意识到，他们没有办法达到 14 票的门槛。联盟中至少一半的俱乐部不会做出让步，这些俱乐部的共识是如此一致，以至于斯丘达莫尔根本无须再麻烦各家俱乐部进行投票表决，因为那没有意义。当时的结果是，他们同意再研究一下这个问题，在 3 个星期之后再次开会讨论。

然而现在，7 天过去了，洛坎达韦尔德餐厅的食客们不得不承认，事情没有发生任何实质性的变化。在参加了多年的英超联盟会议之后，伍德沃德和加齐迪斯就像政治民意调查员那样记住了每个人的投票倾向。但当伍德沃德和加齐迪斯统计两个阵营的票数时发现，即使每一张摇摆票都对他们有利，他们也无法成功。联盟仍然身处僵局。

这个僵局把亨利、格雷泽家族和 6 大豪门的其他老板逼到了墙角。英超联盟的收入分成模式和改变规则需要 2/3 票数的机制，自 25 年前里克·帕里在安永会计师事务所的便签本上将它写下以来，就一直是联盟的核心原则。正是这些原则，使英超联赛达到如今世界一流联赛的水平。但现在，在曼哈顿中心，这些框架看起来不得不拆掉了。

“我们只想要公平”，英超财富列车突遇停顿

如果联盟的顶级俱乐部无法通过和平的方式获得更合理的收入分配，他们还能有什么选择呢？没人在餐桌上提到“欧洲超级联赛”，不过当时他们也不需要提。就在几个小时之前，格雷泽兄弟和克伦克在NFL的老板会议上与斯蒂芬·罗斯见了面，罗斯是纽约不动产开发商、迈阿密海豚老板，也是国际冠军杯的创始人。

2016年，一位国际冠军杯高管曾在伦敦多尔切斯特酒店与英超6大豪门中的5名代表坐在一起商讨要事。热刺没有受邀参加，这让热刺老板丹尼尔·利维暴怒，他撬走了一个对手的转会目标后才让自己感觉好一点儿。由于罗斯在金融界的影响力及其与俱乐部的现有关系，在商讨之后，他们委托罗斯创办一个欧洲超级联赛。罗斯有钱，有体育界背景，还有查理·斯蒂利塔诺。斯蒂利塔诺是一名营销专家，他好像有一种本能，会抓住任何一个机会去谈论创办新联赛的可能性。这个新联赛将专为欧洲最大的几家俱乐部创办，会更有竞争力。

当然，新联赛的前景看起来仍然不明朗。但是，当来自曼联、利物浦和阿森纳的老板和高管们在一次不太可能发生的聚餐之后分开时，很明显，接下来的联盟会议将变成英超联盟历史上最关键的会议之一。自从这个联盟建立25年来，有一件事始终是它的基石，那就是团结，现在这块基石开始松动了。

当联盟会议突然被取消时，事情变得更棘手了。就在第二次联盟范围内关于国际电视转播收入的讨论开始前24小时，英超联盟发表了一份简短的声明，宣布此次会议即刻取消。声明中写道：“很明显，当前还没有为改革达成一致。”用不着多大学问，我们就能从字里行间读出那些没有明说的信息。

在25年的和平共处中，英格兰顶级足球俱乐部已经获得了大量财富，建造起高大的新球场，吸引了全球大量的球迷，并把俱乐部变成了数十亿美元的事

业。英超联赛的财富列车突然出现了一次意想不到的停顿，就像英国火车经常遭遇的那样。这是 25 年来的第一次，联盟的 20 家俱乐部发现他们陷入了一场只与钱有关的争端，而且无法解决。整件事只关乎金钱。随着僵局的持续，一系列小分歧开始浮出水面。

这很快就变得明朗化，曾经整体和睦、互惠互利的英格兰顶级联赛，如今饱受派系之争的折磨。他们陷入了内讧的泥潭，每个人都在指责他人，说别人在把事情搞砸。

被激化的紧张局势大多被关在紧闭的门里，在俱乐部的会议室里，在高管的包厢里，在豪华酒店的会议厅里。而在表面上，英超联赛看起来还是一幅生机盎然的画面。英超联盟在欧洲赛场上活力重现，创下了 5 家俱乐部同时闯入欧冠十六强的纪录。与此同时，关于英国国内电视转播权的最新一次谈判也意味着，英超俱乐部即将得到另外一笔意外之财。

然而，在这个看不见的矛盾爆发之时，一个意外出现了。事实证明，最大的煽动者其实是那家看上去最不让人担心的俱乐部。曼城不满足于只在球场上蹂躏英格兰足球俱乐部，他们还想在加泰罗尼亚领导者和阿联酋老板的推动下颠覆联赛的经营方式。

无论在正式的联盟会议中，还是在与其他俱乐部的私下讨论中，曼城都对现有收入分成模式表示反对，并且多次对古老的《创始成员协议》提出质疑。这份字迹潦草的文件是里克·帕里亲笔所写，地位相当于英超联赛的《圣经》。事实上，写下这份协议的时候，还没有人关注到国际电视转播收入。当时英超联赛在国际电视转播方面其实是亏损的，因为英超联盟要付钱给国外电视台来转播它的比赛。“没人能想到国际电视转播权能卖那么多钱，所以当时他们并不在乎平均分配这方面的收益。”帕里说。

在曼城看来，《创始成员协议》更像一个古董，应该与酸洗牛仔裤、世嘉创世纪游戏机，以及其他 20 世纪 90 年代的珍贵文物一起，放到一个玻璃橱柜里。联盟古老的收入分成模式和那些关于竞争平衡的古老观点，使英超联盟成为全球流行的体育运动中最富有的赛事承办商。但对一个像曼城这样的俱乐部来说，那都是远古的事情了，它的近代史只追溯到 2008 年。

实际上，所有人都知道，曼城根本不关心联盟的整体实力。10 年前，费兰・索里亚诺就在书中清楚地表达过这种思想。在那本关于经营巴萨的书中，对美国职业体育和欧洲足球的区别进行思考之后，他阐述了自己对竞争平衡的看法。索里亚诺写道：

一位著名的美国体育经理人曾对我说："你们应该做的是通过助推塞维利亚足球俱乐部和比利亚雷亚尔足球俱乐部这样的球队，来使西甲联赛变得更加刺激，使收入最大化。我不明白为什么你们看不到这一点。"当听到这些话的时候，我发现自己很难考虑到收入最大化的问题，因为我所考虑的、我所关心的都是如何让巴萨赢下所有比赛、永远赢球，这跟联赛总收入毫无关系。

永远赢球这样的想法现在运用到了英超联盟财富分配机制的讨论中。如果说索里亚诺如今的想法有什么不同，那就是他的信念更坚定了。如果真的想吸引世界上最优秀的球员来到英格兰，英超联盟的顶级俱乐部就需要更多的财富分成。

在之前的夏季转会窗口期，索里亚诺已经清楚地认识到这一点。当然，这并不是说曼城在顶级的转会市场上缺少资金。索里亚诺花费了谢赫・曼苏尔 2.215 亿英镑，为瓜迪奥拉招来 5 名新球员，世界上没有哪支球队的开销比这更大了。他们也不是英超联盟唯一一个大笔花钱的球队。总而言之，英格兰足球俱乐部在转会市场上挥霍了超过 14 亿英镑，这已经是他们连续第 5 个夏天在转会市场上总开销超过 10 亿英镑。这都没有问题，对索里亚诺来说，问题是，这个夏天，花掉最多转会费、签下最优秀球员的最大转会与曼城无关。而且，与曼联、切尔西、利物浦或者其他任何一家英格兰俱乐部都没有关系。这个夏天最大的这次转会属于另外一个联赛中的另外一支超级强队，这支球队由另外一个海湾国家控制。在卡塔尔的财富支持下，巴黎圣日耳曼以创世界纪录的单笔 2.22 亿欧元的价格，从巴萨买来了发型华丽、速度飞快的巴西人内马尔。更糟糕的是，仅仅几周以后，被普遍认为是下一个国际足球巨星的法国少年、18 岁的前锋基利安·姆巴佩（Kylian Mbappé）就以仅次于世界纪录的价格离开了原来的球队摩纳哥，签下他的也是巴黎圣日耳曼。

对索里亚诺来说，这是一个令人难堪的变化。在追逐这项运动中最具价值的球员时，如果英格兰足球俱乐部不得不对皇马或巴萨让步，那还可以理解。这两家西班牙俱乐部垄断着他们的国内联赛冠军，拜仁慕尼黑同样如此。如果与这些俱乐部签约，球员们知道，赛季的大多数时间里，他们都在痛扁自己联赛中的弱队，所以他们可以保留体力，将其用在那些偶尔才会有的关键比赛和欧冠联赛的后几轮，或是用在把一个巨大的奖杯举过头顶这类重要的事情上。相比之下，在英格兰踢球是一件苦差事。所以，像里奥·梅西和 C 罗这样的球员如果选择一个稍微舒适点儿的地方度过职业生涯，索里亚诺也不能责怪他们。但是世界级的球员只有那么多，如果巴黎圣日耳曼也参与其中，那就是另一回事了。在足坛，万无一失解决问题的方法只有一个，索里亚诺知道，如果他把足够多的钱花在这些世界顶级球员身上，他们就有可能被说服来到曼彻斯特。英超俱乐部赚到的钱足以支撑这种做法，索里亚诺只需要确保能够通过牺牲落后的俱乐部来让更多比例的收入流进曼城的金库。对他来说，这完全说得通。如果说这样做是为了让英格兰足球能够吸引到世界顶级球员，那谁还能说什么呢？

然而，正如现实中发生的那样，几乎每个人都想说点儿什么。“曼城的那些西班牙人认为自己比其他人优越，”西汉姆联的老板之一戴维·沙利文说，“我认为他们太贪婪了。”沙利文从来都不是一个说话拐弯抹角的人。他因为经营其他生意用不道德方式牟利而被判有罪，并在监狱里关了 71 天，之后他自我标榜为“自由斗士”。但这一次，他的话可能代表了很多英超俱乐部老板的看法。曼城对

6 大豪门之外的俱乐部态度傲慢，不少球队老板私下都对此不满。

这种不满加剧了联盟内部的分裂态势。一些俱乐部老板认为，这种裂痕可以追溯到 2016 年的一次联盟会议。在当时的一次例行会议上，与会成员正在讨论是否批准与中国电视转播商 PPTV 达成 5.64 亿英镑的电视转播协议。[①] 这时候，曼联首席执行官伍德沃德临时叫停了议程，与 6 大豪门的其他几位代表在屋子里聚起来开了一个临时讨论会。他们的商谈结束之后，关于 PPTV 的协议得到全员通过。然而，伍德沃德的强势表现激怒了 6 大豪门之外的 14 家俱乐部。差不多两年之后，分裂加剧，裂痕没有得到任何有效的修复。热刺老板利维在随后的一次联盟会议中自告奋勇地解释 6 大豪门的立场，却进一步激怒了其他俱乐部。一名老板事后回忆，利维的解释可以总结为“我们只想要公平”，每次有人提出异议，利维都会重复一遍这句话，那令人反胃。

“所有人都有话不好好说。”那名老板抱怨说。

曼城正在变成英格兰足球的生存威胁

虽然 6 大豪门可能是英超联盟中最有权势的小团体，也是唯一拥有炫酷昵称的小团体，但他们并不是唯一因内部僵局而烦恼的小团体。近年来，另一个小团体出现了，他们人数不多，但声音越来越大，而且非常担心联盟内部关系的恶化，这个小团体是由美国人组成的。

现在，有 5 支球队，也就是联盟的 1/4 处于美国人的控制之下，这些美国老板已经形成了某种非官方团体。他们会在纽约或伦敦的某个特定场所会面、讨论问题、分享见解，并时常为英式生活的古怪而惊叹。他们认为最近的僵局意味着

① 5.64 亿英镑是原文的数据，但在国内的新闻中是 5.23 亿英镑。——编者注

一个更广泛的问题：在英超联盟会议上呈现的敌对态度使与会者几乎不可能进行严肃的商务讨论，大西洋彼岸的职业体育可不是这样运转的。如果这 20 家俱乐部能采用 NFL 或 NBA 的那种合作模式该多好！想到这一点，他们就很痛苦。

多年来，其他的英超俱乐部老板一直都很欢迎大西洋彼岸的商人，并称赞他们的商业头脑和营销才能。但如今，美国老板们被迫接受了这样一个事实：在英超联盟，想在集中管理的商业项目或共同商定的成本控制方面达成协议，几乎是不可能的。英超联盟会议室里的敌对态度意味着，他们宁可投票支持关着灯比赛，也不会支持对方。

大西洋彼岸的小团体并不孤单，越来越多的俱乐部对球员薪资的激增感到担忧，球员薪资在球队总收入当中所占的比例越来越高。德勤会计师事务所的数据显示，最近几个赛季，在联盟范围内，球员薪资平均占到俱乐部收入的 63%。在少数排名靠后的小俱乐部中，这个数字上升到 80% 以上。对他们来说，电视转播费的任何一点增长都是一把双刃剑。它改善了现金流，但为了跟上形势，他们几乎最终都会把这笔额外的资金全部投入球员薪资和转会费当中。

曼联和热刺这样的俱乐部展示了一种可能性，他们虽然在一个固定的内部工资帽的约束下运营，但仍然打造出了一支在赛场上赢球的队伍。尽管如此，联盟底层一些为生存而斗争的球队还是发现，他们要为球员支出如此多的费用，以至于广告和电视转播收入上的任何一点增长都在进账之前就被吞噬掉了。联盟曾经提出过设置工资帽的建议，并采取了一些短期的成本控制手段，但与往常一样，各俱乐部未能就这项影响深远、覆盖全联盟的措施达成一致。

然而，有一个论调是几乎整个联盟都一致同意的。2017—2018 赛季使他们更清晰地看到，曼城正在变成英格兰足球的生存威胁。这不只是因为曼城在赛场上正处于统治地位，英超联盟过去也曾见证过占据统治地位的球队；也不是由于曼城天文数字一样的开销，早在杰克 · 沃克和布莱克本的年代，就有人打算用钱在球场上买到成功。英超联盟欢迎有钱人的到来，他们会掏空这些人的钱包，然后继续自己的快乐之路。

那个论调的关键在于，曼城把以上两点结合在一起的方式让人感觉不太一样，它更加危险。部分原因是曼城把事情带到了一个极端：他们在圣诞节的时候就建立起 13 分的领先优势，这是英格兰足球顶级联赛的历史纪录；他们获得 18 连胜，这不只是英超联赛的历史纪录，而且比皇马或巴萨在西甲联赛中保持的纪录还要长。球场之外，他们比其他俱乐部的开销大得不是一点点，过去 5 年里，他们仅在转会费方面就已经花掉了超过 10 亿英镑，曼城拥有有史以来最昂贵的阵容。就在之前那个夏天，曼城刚刚秀了一把实力，仅在后卫身上就花掉 2 亿英镑。他们不仅拥有出色的球员，而且板凳上还坐着世界上最杰出的主教练。另外，曼城还有一所充满顶尖青年球员的青训营。这一切什么时候才是个头儿？

关心英格兰足坛的人们心中还有另一个问题：曼城会在什么时候让其他人参赛变得毫无意义？英超联赛的吸引力和它的根本卖点在于，它是体育界最开放、最具竞争力的联赛之一，是一个充满变数的自由混战的职业联赛，英超联盟在这一点上像极了美国职业橄榄球大联盟，只不过把混战的时间从周日移到了周六。现在它看上去变成了一支精英球队独自走在前面，身后跟着一群无足轻重的球队。

哪怕不是营销专家也能发现这个问题。“我们不希望有人以 20 分的积分优势赢得联赛冠军，这对我们的品牌不利，” 2017—2018 赛季又在埃弗顿获得一份保级工作的山姆 · 阿勒代斯说，“这样联赛就失去了它的力量，失去了它的品质，失去了让全世界观众兴奋的能力。”

是什么让曼城给英格兰足球带来如此史无前例的挑战？另一名拥有经济学学位的英超主教练给出了答案：不是赛场上的那支球队，也不是银行里的钱，而是愿景。曼城用无限的野心、激光一般的专注度，以及全世界的金钱去实现这个愿景。没有哪支球队曾经带来过如此巨大的威胁。

“我们没有石油和愿景，”温格在回顾阿森纳建起酋长球场之后的艰难时光时说，“他们有石油和愿景，所以更加奏效。”

温格曾经用一种激进的方式招募和训练球员，以弥补与更富有的球队之间的差距，但是面对曼城这种势不可当的敌人时，他已经无法招架了。2017—2018赛季，瓜迪奥拉的规划成为现实，那一年，阿森纳决定将温格推出局，这并非巧合。

第 29 章

6 大豪门再度密谋，英超的基本商业模式受创

THE CLUB

英超语录

英超联赛越强大，它就越成功，国际电视转播权就卖得越多，电视转播协议就越赚钱，我们的俱乐部就越没有动机去说“好吧，我要离开英超联赛”这样的话。应对混乱的最佳方式就是，为我们的英格兰俱乐部打造一个强大的英超联赛。这是底线。

理查德 · 斯丘达莫尔
英超联盟前首席执行官

英超启示录

英超联赛希望通过流媒体服务来填补流量缺口，斯丘达莫尔与亚马逊、Facebook 和奈飞都讨论过版权套餐招标的事情。

最不可预知的时期

20 年来，理查德·斯丘达莫尔的职业生涯基本一帆风顺。他向 20 家英超俱乐部的老板承诺，将会在世界各地销售他们的比赛，这也是他在这 20 年里所做的事情。

英超联赛的观众不断增加，收入不断增长，斯丘达莫尔的个人薪资也在不断增加，从 2003 年的 90 万英镑增加到 2015 年的 600 万英镑外加奖金。这一路上，他也犯过错，尤其是 2014 年的一个尴尬事件，当时他以前的一名私人助理泄露了斯丘达莫尔工作账户中一系列带有性别歧视的电子邮件，不过，斯丘达莫尔避开了麻烦。

然而，随着他进入英超联盟首席执行官任斯的第 3 个 10 年，麻烦找上门来了。曼城的居高临下、6 大豪门和其他俱乐部之间的分歧、关于国际电视转播收入分配的争论，以及维持竞争平衡的艰难，这些不只是阻碍联盟继续成功的障碍，也是斯丘达莫尔行使权力的障碍。这 20 家俱乐部实际上是他真正的老板，他能让他们不再互掐脖颈吗？更重要的是，他能让他们保持商业上的互相往来吗？

在个人层面，斯丘达莫尔知道，作为英超联盟任期最长的首席执行官，他给出的答案将决定他会为英超联盟留下什么样的遗产。但当涉及大局时，他明白这并不完全在他的掌控之下。斯丘达莫尔需要考虑政治、文化、科技等方面的因素，这些都会威胁到他煞费苦心建立起来的“帝国”。

2016 年，英国的脱欧公投引发了一个疑问：作为英国对世界最成功的文化输出之一，英超联赛在英国脱欧的决定之下会受到怎样的影响？斯丘达莫尔已经花费十几年的时间，力图让英超联赛免受这种特殊的外部政治压力。2005 年，针对英超联赛英国电视转播权的拍卖方式，欧盟委员会曾威胁起诉英超联盟，因为他们认为英国天空广播公司实况转播所有英超比赛的协议达到了垄断的标准。自此以后，斯丘达莫尔找到了一个办法，持续关注各种能够影响联盟和改变联盟商业模式的立法机构。这就是英超联盟唯独在布鲁塞尔安排了在英国以外的常驻员工的原因，他们的工作就是监控欧盟内部的政策文件和政治辩论，找出任何有可能影响英格兰足球的征兆，无论多么微小。

除此之外，斯丘达莫尔现在还面临一系列未知因素。从外国球员的自由行动和签证问题，到英国作为一个欢迎海外投资的国家的对外形象，这其中的任何一个因素都有可能影响英超联赛的地位。

在这些问题解决之前，它们的副作用已经开始影响英超联赛。相较于欧洲大陆上的俱乐部，英镑对欧元的大幅贬值对英格兰足球俱乐部产生了更加不利的影响。例如，在 2016—2017 赛季，根据德勤会计师事务所的数据，曼联的收入下降了大约 1 300 万欧元，直接原因就是汇率变化，俱乐部因此大约损失了 8 900 万欧元，如果没有汇率原因，俱乐部收入本该增加 7 700 万欧元的。曼联并不是个例，英格兰足球俱乐部在 2017 年夏天转会窗口期总计花掉 14 亿英镑，由于英国脱欧公投和随后发生的外汇市场灾难，他们多花了 1.05 亿英镑。这是一笔很不划算的交易。

对斯丘达莫尔来说，这些结构性转变冲击了支撑英超联赛成功的基本商业模式。如果英格兰足球俱乐部不再能吸引最好的球员和主教练，联赛的明星效应会被削弱，比赛的质量也会下降，这些可能会降低未来的电视转播权价值，并进一步限制英格兰足球俱乐部签下明星球员的能力……联赛各方面都会倒退。

英国脱欧引发了一系列混乱，带来了现代英国历史上最不可预知的时期，但与斯丘达莫尔面临的另一个重大政治障碍相比就小巫见大巫了。从某种程度上说，斯丘达莫尔不得不在英国公众的质疑情绪中，想办法协调俱乐部老板们在海外举办英超联赛的正式比赛。英国公众认为，仅仅是建议把比赛移到国外，就已经是自盖伊·福克斯（Guy Fawkes）企图炸毁英国议会大厦以来最令人发指的叛国行为了。

“第 39 场比赛”，如何在海外举办英超正式比赛

斯丘达莫尔让英超老板们看到，他们的产品在英国本土以外如此受欢迎，能卖出那样的高价，他们因此一直念念不忘，想把联赛的正式比赛带到主要的国际市场中，毕竟他们已经见识过季前赛和表演赛是如何令他们的国际收入暴涨的了。如果他们能在海外举办正式比赛，又能得到什么样的意外之财呢？2008 年，英超联盟第一次去寻找这个问题的答案，当时俱乐部老板们批准了一项提案，在英超联赛的赛季里增加一个附加轮的比赛，称作“第 39 场比赛”，在世界各地的体育场举办。联盟内部的核算表明，这项计划能让 20 家俱乐部各自净赚 500 万英镑，这几乎得到了俱乐部老板们的一致支持。这个方案公布于众的时候，斯丘达莫尔将它称为“一个时机已到的想法”。

然而，没人想到要提前把这个想法告知英足总、国际足联、英国政府和英国球迷。结果，这些机构和群体一个接一个地对英超联赛的国际比赛表示了最直接、最强烈的反对。其中有来自现实层面的质疑声，比如，“第 39 场比赛”的出现破坏了赛程的对称性；也有来自政治层面的质疑声，球迷协会与《每日邮报》（*Daily Mail*）共同发起了一份请愿书，抗议这种“对英格兰足球比赛的无耻亵渎”。不久后，国际足联时任主席塞普·布拉特发表了自己的看法，这位“世界足球马戏团”的“驯兽师”说道：“足球不能像哈林环球旅行者队或者马戏团那样。”

就这样，“第 39 场比赛”没了。2010 年，斯丘达莫尔证实，整个方案刚出生就死掉了。也许，这个方案只是看起来夭折了，因为在 2016 年之后的某个时候，英超联盟悄然重提了在海外踢一轮比赛的想法。那不一定非得是“第 39 场比赛”，也可以只是把赛季初的某一轮正式比赛拿出来，放到世界各地 5 个城市的中立场地进行。事实上，英超联盟的老板们从来没有真正遗忘过这个想法。他们的原则仍然是赚钱，这是他们通常都会支持的事情。在把比赛放到海外进行的可能性首次被提出差不多 10 年之后，他们感到，重新考虑这件事的时机可能终于到来了，但事情还没到可以公开的程度，他们已经得到了上一次的教训。俱乐部之中有一股共同的推动力，在曼城的引领下，他们最终发表了观点。当时，西甲联赛先发制人，宣布将在迈阿密举办一场竞争力十足的正式比赛。对此，费兰·索里亚诺说：“这是一个伟大的想法，这是一个将事业带到另一个维度的想法。”

如果英超联盟采取行动，他们可以肯定，国际冠军杯的组织者就等在那里，准备帮助他们执行这个计划。他们的设想类似于 NFL 在伦敦举办的年度比赛，那会提供远远超过一个下午的娱乐。每场比赛都会附带整个星期的活动和促销，会有花哨的推广展示，它们将充斥于整条摄政街。

“如果英超联赛决定来美国，我们可以帮把手。”查理·斯蒂利塔诺说，“我们已经准备好了，我们有能力把它办成一件大事。”

在公开场合，斯丘达莫尔每次提到这个话题时都很谨慎。在香港推广 2017 年英超联赛亚洲杯的一次活动中，斯丘达莫尔说：“把英超联赛搬到国外去这个愿望是否还是那么强烈呢？俱乐部是愿意的。但我们也很现实，也就是说，除非来自球迷、媒体和政治层面的反应再温和一点儿，否则这是不会发生的。”

然而，在私底下，关于如何才能举办一轮国际比赛，斯丘达莫尔与国际电视转播商已经有过磋商，其中包括 NBC。“我们正在与英超联盟合作，我们为此祈祷。”NBC 体育节目制作主管乔恩·米勒说，“我认为存在一些挑战，但我们已经提交了方案，我知道他们正在考虑。”

与球迷脱节

斯丘达莫尔注定要把在海外举办英超正式比赛的概念兜售给那些持怀疑态度的公众，包括管理者、政客甚至联赛的主教练，也就是上次让形势发生倒退的人。但更重要的是，斯丘达莫尔要把它兜售给英国球迷。在这个时候，俱乐部和孕育它们的社区之间的关系从未像现在这样脆弱。为了保持点钞机持续鸣唱，英超联盟的老板们越来越关注国际市场。本地球迷开始感到，他们所得到的关爱越来越少了。

本地球迷之所以会有那种感觉，部分原因在于，现场观看比赛的费用在不断上涨。自英超联盟创建以来，联盟各球队的价值和球员工资末尾的“0”的数量都在飙升，比赛门票的票价也在飙升。2018 年，英格兰足球最贵的季票价格超过 1 700 英镑，比 20 年前增长了 1 000% 以上。结果就是，成千上万的球迷被高票价拒之门外，那些买得起票的球迷往往年龄更大、经济条件更好。但无论在哪里，都没人会认为这两个特征有助于点燃球场氛围。当然，俱乐部可以限制他们的票价，也许一个像样的中锋的价格就能完全补贴球票收入了。但是，除了极少数的例外，俱乐部似乎没有兴趣做这种事情。人们感到，足球这项运动越来越脱离它的工人阶层的根基。

或许，西汉姆联的案例最能清晰地展示这种脱节。2014 年，西汉姆联展开了进军英超联盟上游的最新尝试。这次，他们所遵循的蓝图并不是像曼联那样围绕从青年队选拔出来的球员建立王朝，而是曼城的自我完善模式。铁锤帮搬了家，搬进了由英国纳税人付钱的新家：伦敦奥林匹克体育场。

自 2010 年 1 月以来，该俱乐部一直属于戴维·戈尔德和戴维·沙利文。他们花费 1.1 亿英镑买下球队，并很快就确定，球场搬迁是他们改变西汉姆联的命运、征服英超联盟顶级球队的最佳机遇。经过 3 年的竞标，西汉姆联终于在 2013 年拿到了新球场的钥匙，整个过程充满繁文缛节和法律挑战，令人筋疲力尽。铁锤帮将从位于厄普顿公园的破旧主场搬到 5 千米之外价值 7.5 亿英镑的现代化体育场。西汉姆联只需要为这份 99 年的租约每年支付 250 万英镑，这就好比你从一个素未谋面的叔叔那里继承了一套位于骑士桥的公寓。阿尔塞纳·温格在阿森纳搬迁到酋长球场的过程中渐渐老去，他总结了西汉姆联的好运气："我得对西汉姆联说，干得漂亮。你们中大奖了，你们不必像我那样常年焦虑，为每一英镑而战。"

不过，不是每个人都这么想，尤其是西汉姆联的球迷，他们当中的很多人把搬离厄普顿公园球场视为一场强制性驱逐。他们不关心新主场拥有英超联盟排名第四的 60 000 个座位和一流的交通线路，也不关心巨大的显示屏和奢华的接待包厢所带来的 21 世纪体育场的舒适感。他们关心的是，他们赛前习惯于聚集的伦敦东区小酒馆和廉价小吃店与新的体育场之间有数千米之遥，其中包括一段很长的绕行，他们要绕过一个高档购物中心。另外，伦敦奥林匹克体育场的田径跑道使球迷座位和球员之间有了一个 9 米多宽的阻隔，这让球迷难以分辨场上的球员。"我们从来没有说过它是一个完美的体育场，"沙利文说，"但它是一笔很好的买卖。"

西汉姆联球迷表达厌恶情绪的方式只有打架斗殴，搬到新主场的最初几个月，暴力事件频发。主队球迷分别与切尔西球迷、伯恩茅斯球迷、米德尔斯堡球迷发生打斗，甚至在一场输给沃特福德的比赛中，主队球迷之间也打了一架。俱乐部搬到新主场的第二个赛季，伦敦奥林匹克体育场的内部氛围更加狂躁，因为球队的赛场成绩大幅下滑，来到了联赛下游，球迷把愤怒发泄到了管理层的包厢里。2018 年 3 月，在一场对伯恩利足球俱乐部的比赛中，西汉姆联输得很难看，球迷终于完全失控了。抗议者 4 次冲入比赛场地，而坐在管理层包厢周围的球迷则对老板破口大骂，并朝包厢内投掷面值 2 英镑的硬币，警察不得不要求戈尔德和沙利文离开。

很明显，现在联盟最紧迫的问题是：**如何修复俱乐部球迷和运营俱乐部的商人之间日渐疏远的关系。**过去 20 年里，英超俱乐部花费了大量精力来吸引投资，却忘了让支持者感到双方是并肩作战的。

斯丘达莫尔明白这一切，他指出，英超联盟已经在民众和社区项目上投资超过 10 亿英镑，为的正是加强俱乐部和当地社区之间的联系。但是从看台上的情况来看，脱节现象正在加剧。2016—2017 赛季的平均上座人数比前一个赛季下降了 1.8 个百分点，只下降这么一点还多亏了利物浦和西汉姆联主场可容纳人数的巨大增长。第二年，在温格时代的尾声，大片的空座出现在酋长球场，这番景象让斯坦·克伦克非常惊慌，这也是他决定寻找温格的替代者的一个因素。

纵观整个联盟，情况还没有那么严重。2016—2017 赛季，球场上座率超过 95%，只是比前两年的 96% 下降一点儿。但没人比斯丘达莫尔更明白观众坐满球场的重要性了，因为比赛日的刺激体验是英超联赛对顶级球员和全球观众的吸引力来源，而拥挤、起伏的看台正是装饰其电视转播镜头的基本背景。

“整个经济模式只有在场地全部坐满的情况下才会奏效，”斯丘达莫尔在 2014 年接受《每日电讯报》(*The Daily Telegraph*) 的采访时说，“没有任何演员喜欢在空无一人的礼堂里表演。”

英超联盟内部分歧危机

1992 年，鲁伯特·默多克发现，要想从英超联赛分得一杯羹，最可靠的方法就是开出金额最大的支票。2018 年，英超联盟发生了一件事，这件事再次证明默多克是正确的。金钱是英格兰足球真正的内在优势。20 年来，斯丘达莫尔的位置几乎坚不可摧，这归功于他的一种非凡能力，他能够代表给他支付工资的 20 个老板谈成令人瞠目结舌的交易。

然而，在达到饱和之前，电视市场还有多少增长空间？2018 年 2 月，英国的电视转播权以高达 44 亿英镑的价格成交，但单场比赛价值却出现 15 年以来的首次下降，因为英超联盟已经把每个赛季总计 380 场比赛中可以转播的场次提高到 200 场。看起来，电视转播费暴涨的日子已经到头了。况且，这还没有算上其他变化，比如人们注意力的持续时间缩短了，越来越多的人退订了有线电视，这些已经深度影响了其他娱乐产业。

就像大西洋彼岸的那些体育联赛已经做的那样，英超联赛也希望通过流媒体服务来填补缺口，斯丘达莫尔已经与亚马逊、Facebook 和奈飞讨论过版权套餐招标的事情。作为一名自称“住在未来”的技术爱好者，他还曾计划在飞机上提供网络视频服务。2018 年，他向亚马逊出售了一个小的版权套餐，成功实现了这一目标。甚至有人说，英超联盟本身就是作为一个平台在运营，它向世界各地的订户收取每月的直播费。

然而，在关于国际转播费的纷争中，这样的举动可能只会增加联盟内部的分歧，而不是解决问题。6 大豪门比其他竞争对手更受全球观众的欢迎，“按需播放”的模式会突显这一点，这将加强他们彻底废除联盟收入分成模式的诉求。当亚马逊想与一家英超俱乐部合作制作一部幕后纪录片时，他们顺理成章地与曼城签订了一份 1 000 万英镑的协议。

斯丘达莫尔身上越来越大的压力要求他找到一条新的前行之路，但他没能迅速提出一个令联盟多数俱乐部都满意的国际转播权方案，这让 6 大豪门很不高兴。尤其是，斯丘达莫尔已经对联盟里的小俱乐部游说了好几个月，却毫无成果。6 大豪门讨论过其他的替代方案，其中有一项据说获得了多达 12 家俱乐部的支持。在此方案中，根据俱乐部的最终联赛排名，前 10 名的俱乐部在国际转播费中的分成会按比例增加。另一个方案是，从国际转播费超过 30 亿英镑的部分抽出 35% 奖励给 6 大豪门，但这个方案更受小俱乐部的欢迎，而不是本应受到安抚的豪门俱乐部。

联盟内部的分歧始终无法消除，它所带来的风险非常明显。从阿森纳、利物浦、切尔西和两家曼彻斯特的俱乐部的高管们在多尔切斯特酒店相聚密谋的那刻起，信号就已经非常强烈了。“他们一直都在威胁：‘我们要逃离了。’”一名英超老板说，“有时候他们会含糊其词地暗示，有时候他们会在明面上威胁。每当他们想要更多钱的时候，就会说：‘好吧，我们还是去和欧洲强队打比赛吧。’”过去 10 年间，6 大豪门频繁引发分裂的恐慌，使英超联盟处于一种高度戒备状态，即使是最冷静的观察者都会感到不安。在这种情况下，《泰晤士报》在 2013 年 3 月刊发了重磅的独家头版文章，描绘了一个立足于卡塔尔的秘密计划——足球梦联赛（Dream Football League）。这是一个两年一届的新联赛，在 24 家欧洲顶级俱乐部之间展开，其中包括曼联和其他英超联盟顶级球队。《泰晤士报》特别提到，足球梦联赛有潜力“改变世界足球的面貌”。毫无疑问，这是可以实现的，除了一个微小的细节：整件事是由一个法国讽刺网站的博主编造的恶作剧。

这件事令英国报业感到难堪，但这则假新闻中有一件事是对的：足坛内部有一股势力希望摧毁现有结构，并围绕最强大的俱乐部进行重组。2018 年，国际足联主席詹尼·因凡蒂诺（Gianni Infantino）受到一个国际财团的鼓动，提出了一项扩大世俱杯规模的提案，该财团愿意提供超过 200 亿美元资金。与此同时，尤文图斯主席安德里亚·阿涅利正试图说服其他超级俱乐部支持一个规模更大的欧冠联赛，他们将在周末比赛，并把国内联赛挪到周中进行。

未来分裂时的大致轮廓

对于那些重组足坛的提议，6 大豪门并不羞于表达他们的兴趣，所以斯丘达莫尔别无他途，只能用一种方式来应对。2018 年，赛季结束两周后，他再次召集各俱乐部在约克郡例行召开联盟的年度会议。斯丘达莫尔觉得，这个持续了一年之久的国际转播费之争已经成为一个必须解决的问题。这一次，所有事情都要在谈判桌上解决掉。

他们达成的解决方案是，根据俱乐部的联赛排名，拿出未来国际转播费的大约 1/3 进行分配，这意味着 6 大豪门的收入几乎肯定会增长。为了安抚其他 14 支球队，他们同意，俱乐部获得的收入分配的最高值和最低值之比不超过 1.8 ∶ 1，这比之前 1.6 ∶ 1 的比率稍有增加。稍小一点儿的俱乐部可以自我安慰地认为，英超联赛仍要比西甲联赛或意甲联赛公平得多。但就 6 大豪门而言，他们终于纠正了巨大的不公平。

为了和平，20 家俱乐部中 18 票赞成、2 票反对，这一结果令人如释重负，但几乎没人注意到他们刚刚开创了一个先例。26 年前，《创始成员协议》诞生，并一直作为联盟卓越发展所依托的框架。自那以来，这是英超联盟第一次批准一项对它的修改。对英格兰足球来说，这就好比向《十诫》抡了一锤子。

斯丘达莫尔认为，联盟近期不需要再考虑这个问题了，不过他也不打算留下来证实这一点了。就在英超联盟公布新的收入分成模式几小时之后，一条通告随之而来，通告称，斯丘达莫尔将在当年年底辞职。

斯丘达莫尔压制 6 大豪门的战争已经结束了。他已经卖掉英国电视转播权，甚至还引入了亚马逊，他的国际电视转播权也将迎来另一个大丰收。在整个大厦开始晃动之前，是时候打卡下班了。

“英超联赛越强大，它就越成功，国际电视转播权就卖得越多，电视转播协议就越赚钱，我们的俱乐部就越没有动机去说‘好吧，我要离开英超联赛’这样的话。”斯丘达莫尔说，“应对混乱的最佳方式就是，为我们的英格兰俱乐部打造一个强大的英超联赛。这是底线。”

不过，斯丘达莫尔非常清楚，外部力量会不断削弱英超联赛存在的理由。这 20 家俱乐部之间的共同点会越来越少，他们可能很快就会怀疑，他们到底为什么要在一起做生意？无论这些外部力量是来自卡塔尔、沙特阿拉伯还是日本的投资者，甚至是国际足联，都无关紧要，因为每个人都已经看到了未来分裂时的大致轮廓。

我们可以想象出这样一个类似于欧冠联赛的赛事，它由欧洲最大的俱乐部组成，在大笔电视转播费的强力推动下一年到头都在比赛，而且他们不用费心去理会那些过去常常耽误他们日程的小俱乐部。这跟每年夏天在美国举办的国际冠军杯没什么两样。

最重要的是，这看起来就像英格兰最富有的俱乐部一致认定，他们没有得到自己应得的东西，所以不想再对那些更穷、更小、受欢迎度更低的球队承担责任了。

换句话说，这看起来像极了 1992 年的情形。

后 记

世界上最受关注的体育财产之未来

英超联赛的表演如今围绕谁来展开

从温布利公园地铁站走出来的人群一如既往停了下来，管理人员和警察试图引导人流前进，但堵塞的地方一动不动。球迷们通过台阶走出地铁站后，他们不得不停下来。

当走到温布利公园地铁站出口的那一刻，你就会看到温布利球场。它价值数十亿美元，是当代英格兰足球王冠上的明珠。这就是为什么在 2018 年 4 月初的这个温暖的夜晚，上千人在看到眼前的景象时集体站在那里，并不由自主地掏出手机拍摄。他们看到，大约 460 米长的温布利大道延伸向一座银色体育场，体育场外面有一个高耸的拱门跨越其上。自封为“足球之家”的温布利球场是英格兰 1966 年赢得世界杯的圣地，是英格兰足球日历上最辉煌时刻的永恒舞台。而在今晚，它是英超联赛排名第四的球队热刺的临时主场。

今晚的比赛是一场赛季末热刺与曼城的对阵，热刺从它在伦敦北部的“老家”白鹿巷球场挪到了暂租一年的温布利球场。英超联赛创立 26 年来，很少有事情能比这 19 千米的“旅行”更能说明，英格兰足球自 1992 年以来已经发展到了什么程度。这段距离只是伦敦两个区的跨度，但也有可能像两颗行星之间的距离那么遥远。

过去 26 年里，唯一没有改变的就是气味。一个摇摇晃晃的摊子上打着双层培根汉堡和粗薯条的广告，从这里，洋葱和烤肉的香味沿着温布利大道飘来。任何曾经从托特纳姆大街去往白鹿巷球场的人都熟悉这种味道。尽管英超联赛在观赛体验方面有很多革新，但洋葱和解冻的小馅饼在小吃车车厢里发出的吱吱声仍然是一个强大的嗅觉提醒，提醒你即将要看的是一场热刺的比赛。

开赛前的几小时，除了油炸食品的香味，在通往球场的路上所见到的其他东西都与英超联赛的第一个赛季相去甚远，这里根本没有为一场英格兰足球赛酝酿气氛的感觉。

在温布利大道的起点，票贩子的身后有 5 个人在兜售备受嘲讽的“对半围巾”。[①] 围巾上有当天的对阵球队、时间和地点，它们是特意设计的纪念品，用来纪念你亲临现场的这次英超联赛之旅。换句话说，它们是为游客准备的，任何一个自重的季票持有者都不会戴它。

然而今天，围巾不断从小贩的大行李包中飞出去，被各种不同口音的球迷抢购一空。这些球迷来自美国、法国和意大利，他们在 1992 年绝对没有考虑过长途跋涉到白鹿巷球场看球，因为他们会害怕在路上被人捅伤。一名来自韩国的球迷身穿热刺球衣，上面印着韩国中场孙兴慜（Son Heung-min）的名字。这个韩

① “对半围巾”由两支球队的各自半条围巾拼接而成，除了“对半围巾”，还有“对半球衣”等。这些东西往往遭到死忠球迷的嘲讽和不屑。——译者注

国球迷因身边的场景而激动不已，正通过手机向首尔家中的女朋友直播着自己在温布利大道迈出的每一步。

那个韩国球迷的女朋友不会听到英国球迷在赶赴比赛途中的传统配乐，那是花样繁多的咒骂声、歌声，以及更多的咒骂声，因为当下这并没有发生。地铁上曾经发生了几起玩闹性质的相互辱骂，但在温布利大道，气氛出人意料地温馨。球场外面听不到歌，也听不到滔滔不绝的酒后胡言，因为在地铁站出口和温布利球场入口之间，几乎没有一个可以喝上一杯啤酒的地方。大多数球场周围都遍布酒吧，每场比赛之前酒吧里都人满为患，球迷们可以在赛前几小时喝上一点儿。而在这里，他们只能挤进一家诺富特酒店的大厅里。

不过，关于这场类似于榜首之争的对决，两队除了在 20 世纪 90 年代初都远离积分榜前列之外，最令人想不到的相同之处也许是，双方的球迷都有点闷闷不乐。

曼城有机会以破纪录的方式锁定联赛冠军，但是之前他们已经错过了一次提前夺冠的机会。另外，他们在欧冠联赛的夺冠希望几天前破灭了，止步于四分之一决赛。这两件事都是拜曼城的英超宿敌所赐。[①] 这一切都让曼城计划中的夺冠庆典少了一些光彩。而对热刺球迷来说，本赛季已经所剩无几，但今晚在这个不怎么像主场的球场里又要进行一场弥漫着离奇氛围的主场比赛，这让他们显得很颓丧。对当地的热刺死忠球迷来说，2017—2018 赛季在温布利球场的逗留是一段怪异的经历。

热刺 118 岁的老主场白鹿巷球场与俱乐部的雄心壮志已不再匹配，像欧文・斯科勒 30 年前所做的那样，拆掉一些座位、换成更精致的包厢也不会奏效

① 对阵热刺之前的一轮比赛中，曼城遭曼联逆转，失去了一次提前锁定联赛冠军的机会。随后，他们在欧冠联赛中被利物浦淘汰。——译者注

了。他们将在老球场旁边建造拥有 61 000 个座位的新球场，它可以使热刺在比赛日的收入增长 3 倍。同样重要的是，这还可以迎合俱乐部的新商业伙伴，一个叫作 NFL 的国外“小组织”。新的白鹿巷球场将在接下来的 10 年里，每年举办至少两场 NFL 比赛。

与此同时，作为临时方案，热刺的英超主场比赛要放到距离自己地盘 19 千米之外的地方，这是自 19 世纪以来的第一次。对温布利球场产生归属感，对球迷来说始终都是一个挑战。

热刺最多只能在球场里融入一些微妙的俱乐部元素，比如把一个 9 米长的热刺队旗悬挂在椽子上。俱乐部制作的其他横幅皱皱巴巴地垂在温布利球场的各层平台之间，包括“加油，你的热刺”与球队座右铭“敢作敢为”，这些在比赛结束后还要收起来。球迷群体带来了一些他们自己的横幅，比如“普利茅斯热刺”“哈罗盖特热刺球迷俱乐部”，但球场内为数不多允许悬挂标语的地方都位于球门之后 9 米开外，所以标语基本上不可能被看清。

当然，热刺对场地所能采取的改造也非常有限。主队不能对这里做任何永久性的改变，因为这儿实际上不是他们的主场。在温布利球场举办一系列决赛和夏天的流行音乐演唱会之前，任何与热刺有关的东西都要移除。顺便说一下，那一系列决赛跟热刺也没有关系。6 月底，泰勒・斯威夫特（Taylor Swift）会在这里表演，舞台差不多就在如今点球点的位置。

负责温布利球场音响系统的人似乎已经为演唱会的到来做好了充分的准备，球场上大声播放着对热刺的鼓舞之词：“我们要打出风格！我们要赢得漂亮！”声音大到足以让你的臼齿格格作响。它与“最能燃爆全场的 40 首歌曲”轮番播放，共同营造出比赛的气氛，但似乎又一次适得其反。因为在这些巨大的噪声中，谁都听不见看台上球迷发出的声音。

在喧闹声中，那些在泛光灯下跑进球场热身的球员很容易被忽略。之所以要启用泛光灯，是因为英超联赛今天占用了一个新时段，一场例行的周六赛事在历史上第一次被放到了晚上 7 点 45 分开球。

之所以要采用新的开赛时间，是因为它对大西洋彼岸的所有新球迷来说很完美。英格兰的周六晚上是美国东海岸的下午 3 点左右，是西海岸接近中午的时候，原本需要在每个周末凌晨 4 点半睡眼惺忪爬起来收看英超比赛的球迷们可以睡个懒觉了。新的时间安排只对一个群体不方便，他们就是 3 000 名被分配到这场比赛门票的曼城球迷。英国铁路系统变幻莫测，这意味着，从伦敦尤思顿火车站返回曼彻斯特的最后一趟列车也许会在晚上 9 点出发，也许会在比赛上半场刚刚结束时出发。这些球迷可以选择在晚上 10 点之后开车 322 千米回家，或者选择在世界上消费水平最高的城市之一花钱睡一晚。

对于那些西装革履地坐在温布利球场包厢里的人，这不是问题。晚上 7 点半，也就是开球前一刻钟，铃声在球场第 2 层和第 3 层看台之间的管理层包厢嗡嗡响起。突然之间，由玻璃围挡起来的包厢消失在灰色百叶窗的后面，那些贵客和他们的晚餐从球场里消失了。这不是什么私密措施，而是对 1985 年《体育赛事法案》[*Sporting Events (Control of Alcohol etc.) Act*] 的巧妙变通。这项法案是政府在饱受足球流氓袭扰时引入的，当时，你的门票当中几乎都包含着一场酒后斗殴。这项法案规定，从赛前 15 分钟开始，“球场可视范围之内”不得饮酒。这就是为什么你可以在英格兰球场的特许销售点买到一杯啤酒，但不能把它带回你的座位。温布利球场当然不会向花了大价钱的贵客发出即将打烊的最后通牒，而是通过拉下百叶窗来解决这个问题。球场看不见了？那就干杯吧！

不过，吃着对虾三明治、喝着葡萄酒的贵客们不会错过太多球场上的事情。赛前 15 分钟，球员已经返回更衣室，球场上换上了一对热刺的毛绒吉祥物：一只叫作莉莉的母鸡和她的朋友奇尔比。你不会觉得它们活力四射，因为它们没有做什么事情来激发大家的热情，它们也没有像婚礼上喝醉酒的叔叔那样跳舞。事实上，莉莉和奇尔比大部分时间都在一个半径 4.6 米的塑料标牌周围漫步，这个标牌是它们自己带到球场上的，上面写着：“热刺比赛日吉祥物，由锦湖轮胎赞助。”一年前，这家韩国制造商签约成为热刺的官方轮胎合作伙伴，目的就是让自己的商标可以由一对 1.8 米高的蓝色羽毛卡通形象在球场上展示一番。即使是欧文・斯科勒、戴维・戴恩和马丁・爱德华兹，也搞不出这一招，这 3 个人在 20 世纪 80 年代曾追求他们所能想到的每一分广告费。

吉祥物完成了他们的任务，然后像球员一样离开了人们的视线。两支球队再次出现之前，有一小群人还在草皮上活动。**这是一个终极暗示，表明了英超联赛发展到了什么阶段，以及整个英超联盟的表演如今围绕谁来展开。那群人是一个场边电视摄制组，他们被允许在温布利球场的黄金位置直播比赛，因为他们的老板为此支付了超过 10 亿美元。**这些人不属于英国的电视台，他们来自 NBC。

在这场重磅比赛开踢之前，我们不能不关注一下英超联盟最想取悦的市场：美国。

随着“荣耀，荣耀，热刺”的声音在广播中响起，NBC 收起设备，为总价值 20 亿美元的天才球员们让出位置。如今，这笔钱仅仅是组建一支顶级英超球队的费用，而在 1992 年，这简直是天价。温布利球场上 22 名球员的价值之和，远远超过英超联盟当初创建时所有 22 支球队的价值之和。在英超联赛的第一个赛季，热刺在签下诺丁汉森林的射手特迪・谢林汉姆时打破了自己的转会费纪录，花了 210 万英镑。现在，这笔钱勉强可以支付哈里・凯恩 20 个星期的工资，凯恩现在的年薪在 1991 年可以让你买下一家俱乐部了。

然而，在现代足球比赛中，如果将热刺天文数字级别的开销与它今天的对手相比较，那只能说是一把黄油刀和一门榴弹炮的对抗。在这个周六的晚上，热刺将与英格兰有史以来最昂贵的球队同场竞技，这支球队正是背靠阿布扎比财团、由佩普・瓜迪奥拉执教的豪门球队曼城。这家俱乐部在 6 个月的时间里持续位居联赛榜首，他们整个赛季都在碾压对手，不停地攻破球门、打破纪录。现在，曼城正在接近6年来的第3个联赛冠军。

因此，曼城在比赛第21分钟攻入首球有种本该如此的感觉。21岁的巴西前锋加布里埃尔·热苏斯（Gabriel Jesus）在接到队友传来的远距离高球后，迅速摆脱了热刺的防守，为曼城取得领先。曼城把这个来自圣保罗贫民窟的孩子最终带到了英格兰西北部，这证明了英超俱乐部已经变得成熟老练。回望1992年，英格兰足球很大程度上只是英国人的事情。当时，英超联赛的首轮比赛中只有13名外国球员，其中大约一半来自荷兰和斯堪的纳维亚地区。如今，英超联盟是身处全球娱乐业的跨国公司。不论在这个星球的什么地方，如果有一名球员很擅长把一个皮球踢入网中，就可以肯定已经有英超俱乐部盯上了他。热苏斯19岁的时候首次作为职业球员参赛，效力于巴西排名第九的球队，然后他就被欧洲俱乐部相中了。过了不到两年，瓜迪奥拉出手，花费2 700万英镑把热苏斯带到曼城。这不只是因为热苏斯令人印象深刻的进球纪录，而且是因为瓜迪奥拉喜欢热苏斯的无球跑动。而来到欧洲之前，热苏斯几乎没有离开过南美洲，他连一件冬天穿的外套都没有。

一家足球俱乐部成为一个“帝国”的基石

许多人担心，曼城作为英超联盟最富有的俱乐部会成为外国天才球员的清算所。但事实并非如此，它与任何一家伦敦对冲基金一样，每年制造很多英国百万富翁。以曼城的拉希姆·斯特林（Raheem Sterling）为例，他此刻是温布利球场上另一位才华横溢的天才球员。由于具备“天才足球运动员”和“英国人”这两个特质，他在过去近10年时间里一直都是英超联盟最吃香的商品之一。曼城是这名23岁的球员效力的第3家俱乐部，其转会费超过5 000万英镑。① 由于很年

① 此处原文中，斯特林的年龄写的是22岁，但按他的出生日期计算，2018年4月，他应该是23周岁。——编者注

轻的时候他就经历过职业比赛的竞争，斯特林实际上已经有能力自己决定转会的条件。他青睐曼城的唯一原因是，他觉得自己应该赚到更多钱，而不是只赚利物浦给出的 3.5 万英镑周薪。当利物浦拒绝他的要求时，斯特林以拒签新合同作为回应，这使利物浦陷入一个困境：要么卖掉这名球员，要么白白失去他。利物浦选择前者，给他贴上了一个离谱的价签。而曼城根本无视价格的离谱，直接问利物浦应该把钱汇到哪里。

这场比赛结束时，曼城以 3 ： 1 取胜。那个赛季中，热苏斯和斯特林各自承包了曼城在联赛中 1/3 的进球。凭借在俱乐部夺冠之路上的重要贡献，这两人已经成为当今英超联赛在各个方面的象征：过人的天赋、过人的身体素质，以及过人的薪水。他们俩在 1992 年时都还没有出生，他们纯粹是英超时代的产物。这两个人在不到 22 岁的时候就成为百万富翁，这也生动地证明了在英超联赛的崛起过程中，球员从中获得的利益可能比任何人都多。考虑到 1992—1993 赛季球场上的那些家伙对他们身边所发生的变化几乎一无所知，这也许并不糟糕。

然而，当球员与老板、经纪人、转播商、赞助商一起，从英超联赛压榨一切价值的时候，当地球迷成为唯一被甩在身后的人。他们开始怀疑，旧时光是否真的那么糟糕。他们仍然在主场比赛中聚集起来，哪怕球场不是他们真正的主场。他们依旧高声呼喊，但挫败感一直在增强。这个晚上，他们的热刺输给了曼城，其中一名球迷受够了这种被认为是理所当然的事情，比赛进行半个小时，曼城打进第二个球后不久，他在看台角落展开了一条蓝白相间的横幅，上面写着：别让我高攀不起。

足球迷从来不以敏锐闻名，但温布利球场内的 90 000 名球迷都清楚地知道他在表达什么。热刺最近宣布，他们在新球场的季票价格最低档为 795 英镑，最好的座位的价格达到了 2 200 英镑，这使热刺成为英超联盟票价最贵的球队。在英超联赛的第一个赛季，白鹿巷球场的季票价格约为 250 英镑，这意味着有些一定要观看自己球队比赛的球迷要支付的费用几乎上涨了 800%。

那名角落里的球迷刚刚开始他的抗议，就被一群穿着橙色夹克的工作人员围住了。这里是“足球之家”，不应该有这些东西，那张大概有床单大小的横幅一共就举了两分钟。

不过，即使横幅覆盖了整个球场的上层看台，我们也不能确定上面的信息能引起它所针对的人的注意。那个针对之人当然就是俱乐部老板。说来奇怪，没人能确定球队老板是否真的在现场观赛。实际上，温布利球场里的任何一名球队的工作人员都无法确定，这个周六的晚上，两支球队的老板究竟在地球的什么地方。据推测，热刺老板乔・刘易斯驾驶着自己的游艇在巴哈马群岛的某个海域游荡，身边是价值数十亿美元的艺术品，包括毕加索、塞尚和丘吉尔的画作。他把这些艺术品留在海上，大概是为了避税。而曼城老板谢赫・曼苏尔在他作为球队老板的 10 年里总共只到现场看过一场曼城的比赛，当他的俱乐部接近夺冠时，他很有可能在阿布扎比的家里，他的糕点师则在厨房加班加点，设计第 3 个英超冠军蛋糕。

这是一个荒唐的局面。由当地劳工和工厂工人在一个多世纪前建立起来的两家英格兰足球俱乐部，现在变成了对奖杯的投资，变成了有钱人的玩具。但从很多角度来说，这很明显也是英超联赛的精神所在，因为同样的愿景使一小部分俱乐部老板设想了一个英格兰足球“统治”全球的未来。在这个想法之下，未来的职业体育不是美国的那种共享合作模式，而是一种有侵略性的无限制的资本模式。正是这些设想将谢赫・曼苏尔、刘易斯，以及其他十几个百万富翁和亿万富翁吸引到英格兰足球事业中。事实证明，他们的钱包更鼓了，他们的视野更广了，这又使他们把愿景推到新的极限。**英超联盟的先驱大胆地将英超联赛设想为一种家庭娱乐形式，下一代人则开始把它视为全球传媒资产。但随着风险和老板们财富的增长，这些老板很快意识到，英超联赛最伟大的特质是它的框架。**这与英格兰足球传统或它的比赛风格无关，与它的原汁原味或斑驳球场周围的鹅卵石窄道更是毫无关联。

那是一种愿景：一家足球俱乐部可以成为一个“帝国”的基石。

英超霸权正面临崩溃的威胁

大约 25 年前，一群沮丧的老板望向大西洋彼岸，试图以 NFL 的模式打造他们的产品。现在，事实证明，他们的野蛮方案比它的“美国表哥”更有全球吸引力，而且没有一点儿共享的性质。工资帽？对优秀的年轻球员进行选秀？一份难以理解的行为准则手册？这些英超联盟都没有。这个由老板和高管组成的团体欢迎任何愿意掏钱的人加入竞争。

建立“帝国”的本能促使人们将英格兰足球变成了世界上最受关注的体育资产，但现在这种本能正使联盟面临分崩离析的危险。就像大英帝国在国际贸易的支撑下繁荣昌盛，直到它的管理模式变得不可持续那样，英超联盟在英式的全球化雄心之下征服了全球，现在它的霸权正面临崩溃的威胁。因为当它实现了全球化的野心时，却发现原来英超“帝国”的最佳缔造者是来自阿布扎比这样的地方。这些人对竞争平衡这样的细节不感兴趣，对联盟的健康不感兴趣，对联盟一直以来做事情的方式也不感兴趣。他们真正感兴趣的是埋葬历史。

在对热刺的比赛结束大约 24 小时之后，曼城没踢一脚球就锁定了联赛冠军。曼联输给了西布罗姆维奇，这使他们无法再消除与曼城的积分差距。英格兰足球的荒谬被提炼出了新的精华。

消息传出时，曼城球员正在享受休息日。瓜迪奥拉在高尔夫球场上得知自己获得了第一个英超冠军。这个在奖杯投资中投入数十亿、让这一切成为可能的那个男人是 47 岁的谢赫·曼苏尔，此时他正在距英国几千千米之外的一架白色内墙的私人飞机里庆祝自家球队的最新成就。

26 年前，英超联盟是怎样想尽办法收拾英格兰足球的，如今它就是怎样被收拾的。自从买下俱乐部，谢赫·曼苏尔第 3 次在孩子们的生日派对上切开一个样式新颖的足球蛋糕。阿布扎比统治者的弟弟看着天蓝色蛋糕装饰的巨大曼城标识，露出了满意的笑容。

飞机降落之后，谢赫·曼苏尔的几名雇员聚集在一起，举行了一个不太招摇的庆祝活动。曼城队长文森特·孔帕尼在身为曼联球迷的岳父的家中观看了那场让曼城锁定冠军的比赛，然后他与一些队友相约，一起用球迷的传统方式庆祝胜利，那就是一起喝上几杯。现任曼城教练的前门将理查德·赖特（Richard Wright）把地点定在一个昏暗的郊区酒吧，它在一个火车站的对面。孔帕尼加入贝尔纳多·席尔瓦（Bernardo Silva）、凯尔·沃克（Kyle Walker）、约翰·斯通斯（John Stones）和法比安·德尔夫（Fabian Delph）的行列，他们当中有一个比利时人、一个葡萄牙人，还有三个英国人。他们用手机自拍，还一起唱歌，在被好运气惊呆的球迷中激动地举杯欢庆。“如果这里有孩子，捂住他们的耳朵，或者把他们赶出去。”孔帕尼在微醺的仰慕者中开始了他的演讲，那时他只不过是另一个胡言乱语的球迷。

在没有任何计划和准备的情况下，柴郡的铁路酒吧成了曼城的非正式派对总部。曼城这家属于阿布扎比财团、背靠石油业、有百年历史的曼彻斯特市的俱乐部雇用着几十位千万富翁，他们是地球上最受欢迎的现场娱乐节目中最闪耀的明星。

在那个晚上，如果你一直待在那个酒吧里，就能和那些家伙一起喝上一杯了，你甚至不需要一张门票。

致　谢

这是一本关于世界上最受欢迎的体育联赛的书，如果没有英超联盟最大的几家俱乐部的协助，它是不可能完成的。我们从他们敞开的大门中，或是从他们的图书中，看到了他们是如何掌控这个世界的。所以我们必须感谢曼城、曼联、利物浦、阿森纳、切尔西、热刺，以及他们的新闻办公室，感谢他们为我们抽出这么多时间来分享自己的见解。

当然，如果没有整个实验最初的设计师，就不会有英超联赛，我们也就不会有故事可讲了。戴维·戴恩、马丁·爱德华兹、欧文·斯科勒和里克·帕里都很慷慨地为我们搜寻了自己的记忆库，他们敞开大门，把电话号码交给我们，在英超联盟这个由老板和英格兰足球顶尖机构的幕后决策者组成的组织里为我们做担保。没有一个创始人能够预见英超联赛现在的样子，但没人比他们更理解为什么它会以这种形式爆发。

在写就此书的过程中，我们进行了数百次采访。但是，如果我们不挑选一些最有帮助的人来特别鸣谢，那就是我们的失职了。他们是阿尔塞纳·温格、约翰·亨利、大卫·吉尔、丹尼尔·利维、兰迪·勒纳、彼得·凯尼恩、皮尼·扎哈维、山姆·阿勒代斯、戴维·沙利文、戴维·戈尔德、史蒂夫·帕里什、戴维·布利策、贾森·莱维恩、斯坦·克伦克、查理·斯蒂利塔诺、卡洛斯·奎罗斯、克劳迪奥·拉涅利、加里·库克、格雷格·戴克、特雷弗·伯奇、加雷斯·索思盖特（Gareth Southgate）、克里斯·皮尔曼（Chris Pearlman）、理查德·怀斯曼（Richard Wiseman）、曼城的管理部门、才华横溢的“NBC 英超联赛”团队，以及德勤会计师事务所的足球金融团队。我们需要特别感谢的还有几十位不愿透露姓名的球队高管、老板、主教练、经纪人、前球员和足球从业人员，虽然他们要求匿名，但他们对这个项目同样重要。

我们也得到了英超联盟办公室的帮助。我们要感谢格洛斯特广场 30 号的理查德·斯丘达莫尔、尼克·诺布尔（Nick Noble）、保罗·斯特林格（Paul Stringer）和埃玛·威尔金森（Emma Wilkinson）。

写书是一回事，让它问世是另一回事。为此，我们必须感谢不可思议的美国霍顿·米夫林·哈考特集团（Houghton Mifflin Harcourt Group）的团队，它由苏珊·卡纳万（Susan Canavan）领导，从我们第一次与她对话开始，她就非常支持我们。我们也要感谢珍妮·许（Jenny Xu），整个过程中她都在指导我们。另外，我们折服于戴维·霍夫（David Hough）和他对细节令人震惊的洞察力，他仔细研究了手稿中的每一个字。

从最初的核心想法到最终的成品，每一步都有我们出色的经纪人、弗莱彻公司（Fletcher & Company）的埃里克·路卢普弗（Eric Lupfer）伴随。尽管他是一名曼城球迷，但他展现出了超常的判断力来帮助我们确定全书结构，因为我们需要把一段庞大的跨越近 30 年的历史变成一个引人入胜的清晰故事。在整个写作过程中，路卢普弗一直都让我们保持在正确的轨道上，防止我们的思路跑偏。另外，弗莱彻公司的克里斯蒂·弗莱彻（Christy Fletcher）和格雷恩·福克斯（Grainne Fox）在为本书营销方面发挥了作用。

在英国，我们要感谢约翰·默里公司［John Murray（Publishers）Ltd.］的乔·齐格蒙德（Joe Zigmond），他从一开始就发现，英超联赛的故事可以用一种新的方式讲述，即使在创造了英超联赛的国家也是如此。

如果不是《华尔街日报》体育版的前领导萨姆·沃克（Sam Walker），我们永远都不可能真正地理解这个复杂的故事。他经过深思熟虑，对早期的草稿给出了反馈。也正是沃克雇用我们，派我们前往整个足球世界，给我们第一时间采访英超联盟的机会，并教会我们如何怀着对体育界应有的尊敬来写体育文章。他的出发点总是这样的问题："写什么会让我们被解雇？"所以当我们准备写自己的书时，我们的第一个问题也总是"沃克会怎么做"。

在《华尔街日报》，亲英派老板、曾经的伦敦人布鲁斯·奥瓦尔（Bruce Orwall）与莉迪亚·塞洛塔（Lydia Serota）给了我们极大的支持。我们还要感谢在《华尔街日报》纽约和伦敦的办公室里工作的格里·贝克（Gerry Baker）、格雷尼·麦卡锡（Gráinne McCarthy）、索罗尔德·巴克（Thorold Barker）、让·希克斯（Jenn Hicks）、菲尔·伊佐（Phil Izzo）、布里塔尼·海特（Brittany Hite）、克里斯托弗·钟（Christopher Chung）、埃琳娜·奇里沃加（Elena Chiriboga），以及《华尔街日报》体育版的贾森·盖伊（Jason Gay）、本·科恩（Ben Cohen）和我们其他所有的全明星伙伴们。

最后，也是最重要的，我们想感谢我们的"主队"。

如果没有父亲杰弗里（Jeffrey）、母亲艾琳（Aline）、妹妹塞利娜（Céline）和妻子丹妮拉的支持，罗宾森是不可能在这个过程中坚持下来的。他的妹妹在接听他从伦敦打来的所有午夜电话时都鼓励他，并提供了编辑方面的帮助，妻子的超级驱动力是他永恒的灵感来源。

对于克莱格，如果不是妻子凯蒂的鼓励，他也从来不会想到开始做这件事。凯蒂勇敢地忍耐了数个月里克莱格的周末缺席和截稿日期的推后，同时还要照顾他们刚出生的女儿埃薇，这是一项更重要的工作。特别感谢他的弟弟丹（Dan），丹提出了很有见地的建议。

对所有这些人来说，我们终于有了证据证明：观看英格兰足球 25 年并不是完全的浪费。

未来，属于终身学习者

我这辈子遇到的聪明人（来自各行各业的聪明人）没有不每天阅读的——没有，一个都没有。巴菲特读书之多，我读书之多，可能会让你感到吃惊。孩子们都笑话我。他们觉得我是一本长了两条腿的书。

——查理·芒格

互联网改变了信息连接的方式；指数型技术在迅速颠覆着现有的商业世界；人工智能已经开始抢占人类的工作岗位……

未来，到底需要什么样的人才？

改变命运唯一的策略是你要变成终身学习者。未来世界将不再需要单一的技能型人才，而是需要具备完善的知识结构、极强逻辑思考力和高感知力的复合型人才。优秀的人往往通过阅读建立足够强大的抽象思维能力，获得异于众人的思考和整合能力。未来，将属于终身学习者！而阅读必定和终身学习形影不离。

很多人读书，追求的是干货，寻求的是立刻行之有效的解决方案。其实这是一种留在舒适区的阅读方法。在这个充满不确定性的年代，答案不会简单地出现在书里，因为生活根本就没有标准确切的答案，你也不能期望过去的经验能解决未来的问题。

而真正的阅读，应该在书中与智者同行思考，借他们的视角看到世界的多元性，提出比答案更重要的好问题，在不确定的时代中领先起跑。

湛庐阅读App：与最聪明的人共同进化

有人常常把成本支出的焦点放在书价上，把读完一本书当作阅读的终结。其实不然。

时间是读者付出的最大阅读成本

怎么读是读者面临的最大阅读障碍

“读书破万卷”不仅仅在“万”，更重要的是在“破”！

现在，我们构建了全新的“湛庐阅读”App。它将成为你“破万卷”的新居所。在这里：

- 不用考虑读什么，你可以便捷找到纸书、电子书、有声书和各种声音产品；
- 你可以学会怎么读，你将发现集泛读、通读、精读于一体的阅读解决方案；
- 你会与作者、译者、专家、推荐人和阅读教练相遇，他们是优质思想的发源地；
- 你会与优秀的读者和终身学习者为伍，他们对阅读和学习有着持久的热情和源源不绝的内驱力。

从单一到复合，从知道到精通，从理解到创造，湛庐希望建立一个“与最聪明的人共同进化”的社区，成为人类先进思想交汇的聚集地，与你共同迎接未来。

与此同时，我们希望能够重新定义你的学习场景，让你随时随地收获有内容、有价值的思想，通过阅读实现终身学习。这是我们的使命和价值。

本书阅读资料包

给你便捷、高效、全面的阅读体验

本书参考资料

湛庐独家策划

- ✔ 参考文献
  为了环保、节约纸张，部分图书的参考文献以电子版方式提供
- ✔ 主题书单
  编辑精心推荐的延伸阅读书单，助你开启主题式阅读
- ✔ 图片资料
  提供部分图片的高清彩色原版大图，方便保存和分享

相关阅读服务

终身学习者必备

- ✔ 电子书
  便捷、高效，方便检索，易于携带，随时更新
- ✔ 有声书
  保护视力，随时随地，有温度、有情感地听本书
- ✔ 精读班
  2~4周，最懂这本书的人带你读完、读懂、读透这本好书
- ✔ 课　程
  课程权威专家给你开书单，带你快速浏览一个领域的知识概貌
- ✔ 讲　书
  30分钟，大咖给你讲本书，让你挑书不费劲

湛庐编辑为你独家呈现
助你更好获得书里和书外的思想和智慧，请扫码查收！

（阅读资料包的内容因书而异，最终以湛庐阅读App页面为准）

著作权合同登记号：图字：01–2021–3701 号

图书在版编目（CIP）数据

英超联盟 / (英) 乔纳森·克莱格 (Jonathan Clegg)，(英) 乔舒亚·罗宾逊 (Joshua Robinson) 著；粟志敏，范兆明译. --北京：中国纺织出版社有限公司，2021.8
书名原文：The club
ISBN 978-7-5180-8677-1

Ⅰ. ①英… Ⅱ. ①乔… ②乔… ③粟… ④范… Ⅲ. ①足球运动—联赛—概况—英国 Ⅳ. ①G843.956.1

中国版本图书馆CIP数据核字（2021）第131681号

责任编辑：闫　星　　责任校对：高　涵　　责任印制：储志伟

中国纺织出版社有限公司出版发行
地址：北京市朝阳区百子湾东里 A407 号楼　邮政编码：100124
销售电话：010—67004422　传真：010—87155801
http://www.c-textilep. com
中国纺织出版社天猫旗舰店
官方微博 http://weibo.com/2119887771
天津中印联印务有限公司印刷　各地新华书店经销
2021年8月第1版第1次印刷
开本：710 × 965　1/16　印张：27
字数：423千字　定价：149.90元

凡购本书，如有缺页、倒页、脱页，由本社图书营销中心调换

1863 年

英足总成立，它是英格兰足球的管理机构，但不参与职业赛事的日常运营工作，其主要工作是维护赛事规则。

1937 年

足球比赛首次出现在英国的电视屏幕上。

1960 年

英国独立电视台与英格兰足球联盟达成协议，以 15 万英镑的价格购买了 26 场球赛的转播权。

1964 年

英国广播公司推出了《今日赛事》，播出赛事集锦。英国广播公司为此支付了总计 5 000 英镑。英格兰足球联盟中的 92 家俱乐部老板平分了这笔收益，每支球队分得大概 50 英镑。

自 20 世纪 60 年代

足球运动微薄的收入完全来源于门票销售分球场设置了少量的包厢。

1991—1992 赛季

22 支第一级俱乐部的总收入是 1.7 亿英镑，而 24 支第二级俱乐部的总收入是 5 800 万英镑，两者相差 1.12 亿英镑。15 年后，这个差距将会是之前的 10 倍：20 家英超俱乐部的总收入为 15.3 亿英镑，而 24 家英冠俱乐部的总收入为 3.18 亿英镑。到 2015—2016 赛季，这个差距更是超过了 30 亿英镑。

1994 年

曼联通过冠名商品创收 4 400 万英镑，同比增长 180%。

1994 年

杰弗里 · 里士满买下了布拉德福德城。

1996 年 9 月

阿尔塞纳 · 温格现身阿森纳。

1995—1996 赛季

曼联赢得英超冠军。1997 年杀入欧冠半决1998 年进入欧冠四分决赛，在 1999 年获得冠军。

2001 年

曼联与纽约扬基队签订了一份双边市场协议，打开了现代美国的体育国门。

2002 年

安永会计师事务所的重组专家特雷弗 · 伯奇担任切尔西首席执行官，他唯一的任务就是拯救俱乐部，避免破产。

2002 年

曼联与里斯本竞技建立“战略关系”。这一合作使两家俱乐部能够分享教练建议和各种最佳训练方式。

2002 年

欧足联把两个规范化的转会窗口期在整个欧洲推行开来。

2003 年

英超联盟在马来西亚推出了它的第一个官方海外赛事：由 4 支球队参赛的“亚洲杯”。

2003 年

曼联签下 C 罗。曼联雅图、洛杉矶、纽约城展开了激动人心的巡回表演赛，卖出了 30 万张门票。

2007 年

得克萨斯州私募股权投资人汤姆 · 希克斯和科罗拉多州商人小乔治 · 吉勒特联手出资 2.19 亿英镑收购了利物浦。

2007 年年底

美国房地产巨头斯坦 · 克伦克收购了阿森纳 9.9% 的股份。

2008 年

私募股权亿万富豪埃利斯 · 肖特控股了桑德兰。

2008 年 5 月 31 日

英超联盟支付给各俱乐部的奖金刷新了此前的纪录，但是曼城宣布亏损 2 970 万英镑。

2008 年

英超老板们批准了一项提案，在英超联赛的赛季里增加一轮附加轮比赛，称作“第 39 场比赛"，在世界各地的体育场举办。

2009 年

皇马支付 8 000 万英镑C 罗，这使 C 罗成为足球史上最昂贵的球员

1985—1986 赛季

这个赛季一开始就从英国电视上消失了。

1989 年 4 月 15 日下午

谢菲尔德市希尔斯堡球场发生踩踏事件。

1990 年

曼联在足总杯决赛中战胜水晶宫，赢得冠军。亚历山大·查普曼·弗格森得以化解下课危机，继续留任。

1991 年

杰克·沃克购入布莱克本。

1990 年秋季

5 大豪门和格雷格·戴克达成一致，将共同退出英格兰足球联盟，组建新的联盟，并组织自己的足球联赛。

1991 年

曼联上市，成为曼彻斯特联公开股份有限公司的一部分。

1998 年

在获得欧洲冠军的球队中，曼城成为首个降至第三级别的球队。

1998 年

曼联的总收入超过阿森纳和利物浦的收入之和。

1999 年

曼联公司的市值首次突破 10 亿英镑大关。

1999 年

英超联盟雇用黄页公司前员工理查德·斯丘达莫尔作为第三任首席执行官。

2000 年 12 月

热刺老板艾伦·休格同意将热刺 29.9% 的股份以 2 200 万英镑的价格出售给英国国家投资公司。

2001 年

英超联盟签署 12 亿英镑的英国电视转播协议。

2005 年夏季

格雷泽家族以 13 亿美元收购曼联 98% 的股份。

2006 年

冰岛的比约格佛·古德蒙德松拿出 8 500 万英镑控股西汉姆联。

2006 年 5 月

英超联盟将最近 3 年的英国电视转播权打包出售，价格首次突破 30 亿美元。

2006 年 8 月 25 日

兰迪·勒纳支付 6 300 万英镑控股阿斯顿维拉。

2006—2007 赛季

曼联结束了他们在英超历史上最长的“冠军荒”，举起 4 年来的首座联赛冠军奖杯。

2007 年

英超联赛国际版权费总额跃升至 6.25 亿英镑。

2013 年 7 月

汽车零部件商人、NFL 中杰克逊维尔美洲虎队的老板沙希德汗从法耶兹手中接管富勒姆，成为当时第六个拥有英超球队的美国老板。

截至 2014 年

仅在欧洲工作的注册足球经纪人就有大约 15 万个。国际足联在那一年决定完全废除持证经纪人的概念。

2016 年夏天

6 大豪门引发新一轮疯狂的消费浪潮，曼联成为 20 年来第一家打破世界转会费纪录的英格兰俱乐部。保罗·博格巴以 9 300 万英镑的空前价格回归曼联。

2017 年夏天

曼联和曼城在休斯敦展开一场季前赛对决，这是曼彻斯特德比第一次在英国以外上演，吸引了超过 67 000 名观众。

2018 年

英格兰足球最贵的季票价格超过 1 700 英镑。

2018 年

斯丘达莫尔向亚马逊出售了一个小的英超联赛版权套餐。

THE 英超人物索引 CLUB

戴维·戴恩

具有冒险精神和敏锐嗅觉的投资者，助推英超联盟诞生的关键人物之一。1983 年 2 月，他出资 29.2 万英镑收购了阿森纳 16.6% 的股份，并开始担任俱乐部董事。在接下来的 10 年里，他持之以恒地大量购入阿森纳股份，1989 年已经持有 41%。阿森纳的不败冠军赛季就是在其任内实现的，他也被视为英格兰足坛最杰出的高管之一。他于 2007 年卸任阿森纳董事。

谢赫·曼苏尔·本·扎耶德·阿勒纳哈扬

超级富豪，阿布扎比统治者的弟弟。在 2008 年观看曼联和切尔西欧冠决赛的过程中喜欢上了足球这项运动，之后从英超联盟所剩无几的球队资源中购买了曼城。他雇用超一流管理团队和教练团队，不计成本地购买球员，打造出了一支超级豪门球队。

欧文·斯科勒

房地产大亨、热刺资深球迷，助推英超联盟诞生的关键人物之一。他四处搜寻热刺的原始股东，偷偷地低价购买他们的股份，希望能以此拥有足够话语权并进入董事会。到 1982 年，他一共花费 60 万英镑收购了热刺 25% 的股份，终于控制了自己从童年时代就开始追随的球队。他为热刺带来了很多先进的经营理念，包括设置商务包厢这样的超前举措。在英超联盟诞生的过程中，他发挥了巨大的作用。但是在英超联赛首赛季开始前不到一年，由于俱乐部经营出现大额赤字，他出售了自己的热刺股份，置身圈外。

豪尔赫·门德斯

葡萄牙人，前夜总会投资人和录像带商店老板，C 罗未成名前选定的经纪人。门德斯起步阶段曾经四处推荐 C 罗，推荐对象包括国际米兰、阿森纳、瓦伦西亚、利物浦、尤文图斯和皇马。C 罗在曼联成为巨星之后，门德斯将世界上最富有的两家俱乐部曼联和皇马系于一线。最终，C 罗从英格兰成功转会至西班牙，这意味着，权力正从俱乐部转移到球星和他们的经纪人身上。在很长一段时间内，几乎欧洲大陆上的每笔大交易在某种程度上都涉及门德斯和他的以色列同行扎哈维。

英超大事记

以来

几乎……部……商务

20 世纪 70 年代末期

企业赞助和场边广告出现。

20 世纪 70 年代

最出色的球员每年拿到手的钱在 1.2 万英镑到 1.5 万英镑之间，基本是普通工人工资的两倍。

1978 年

欧共体迫使英足总取消对外援的限制。

20 世纪 80 年代

欧文·斯科勒率先在白鹿巷球场启动商务接待业务。

1980 年

马丁·爱德华兹就任曼联主席。

1982 年

NFL 签署了一份为期 5 年、总价值 20 亿美元的电视转播协议，这一般被视为体育赛事转播史上的标志性事件。

曼联……赛，……之一……欧冠

1997 年

里克·帕里与英国天空广播公司成功进行了第二份电视转播协议的谈判，未来 4 年的电视转播费为 6.7 亿英镑。

1997 年

英超联赛的海外转播权只卖出了 9 800 万英镑的价格。

1997 年

哈洛德百货公司老板穆罕默德·法耶兹收购了富勒姆。

1997 年

鲁伯特·默多克花了约 50 亿美元购买体育赛事转播权，高调地同 NFL、NHL、MLB 和 NCAA 的大学生橄榄球联赛签订了巨额转播合同。

在西……和费……季前……超过

2003 年

罗曼·阿布拉莫维奇用 1.4 亿英镑收购切尔西。

2003—2004 赛季

温格带领阿森纳成为英格兰足坛首支在整个赛季中以不败战绩夺取联赛冠军的球队。

2004 年

英超联赛的国际版权以 3.25 亿英镑的价格售出，比前一个周期增长了 83%。

2005 年春季

切尔西赢得它 60 年来的首个联赛冠军。

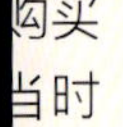

购买……当时……。

2010 年

英超联赛国际版权费总额达到 14 亿英镑。

2010 年

莱斯特城还身处英冠联赛时就被泰国免税零售业巨头维猜收购。

2010年10月15日

约翰·亨利成为利物浦的新老板。

2011 年

阿布扎比财团的曼城捧起了足总杯，这是球队 35 年来捧起的第一座重要奖杯。

2012 年秋天

乔恩·米勒代表 NBC 为英超联赛在美国的转播权提交了一份为期 3 年、价值 2.5 亿美元的报价。

2013 年 5 月

曼城宣布成立纽约城足球俱乐部。

鲁伯特・默多克

澳大利亚传媒巨头，旗下拥有新闻集团、美国福克斯广播公司、英国天空广播公司、《太阳报》等媒体。默多克于 1992 年亲自拍板，以天文数字赌博性地报价、购买了即将诞生的英超联赛的电视转播权，客观上助推了英超联赛的成功。

萨姆・奇泽姆

出生于新西兰，脾气乖戾。在英超联盟诞生之前，他被默多克委以重任，掌管刚刚起步、正面临巨大财务危机的付费电视网络——英国天空广播公司。奇泽姆与英超联盟进行了艰难的电视转播权谈判，并最终在默多克的支持下以绝对压制竞争对手的价格赢得转播权。

里克・帕里

英超联盟第一任首席执行官，投身英超联盟之前任职于安永会计师事务所。作为资深会计师，他曾经参与曼彻斯特申办 1996 年夏季奥运会的工作，从此涉足体育圈。在曼彻斯特申奥失利之后，他受英足总时任首席执行官格雷厄姆・凯利推荐，与英格兰足球俱乐部巨头一起筹办英超联盟。他执笔记录并促成签署了英超联盟《创始成员协议》，这份文件指导了英超联赛 25 年，被视为职业体育世界里最神圣的文字。新生的英超联盟之所以能以惊人的价格售出电视转播权，他在其中起了关键作用。

皮尼・扎哈维

以色列前足球记者，国际足坛最有能量的两名经纪人之一。他因为报道 1974 年的德国世界杯而进入足坛，1979 年成为足球经纪人，进入 21 世纪之后已经成为英格兰足坛最具影响力的经纪人，他在曼联转会交易中的影响力不亚于主教练弗格森。他最大的一笔交易是将俄罗斯寡头阿布拉莫维奇介绍给伦敦球队切尔西，并促成了阿布拉莫维奇的收购计划。

罗曼・阿布拉莫维奇

切尔西老板，英格兰足坛的首位俄罗斯寡头。他出身贫寒，高中辍学，后来经营西伯利亚石油公司，个人财富超过 70 亿英镑。阿布拉莫维奇不计成本地对球队进行投资，签约最好的主教练，购买最好的球员，切尔西也因此大获成功。

马尔科姆・格雷泽

美国人，其父辈是立陶宛犹太移民，以商业房地产起家。他通过收购著名公司和品牌，然后快速卖出来获利。格莱泽家族 1995 年进军职业体育界，收购了 NFL 的坦帕湾海盗队，2005 年共收购了曼联 98% 的股份，从那时起，格莱泽家族的收购行为便一直受到曼联球迷的抗议。尽管曼联的财政状况在他的远程控制下越来越好，而且他本人已经于 2014 年去世，但球迷仍然不能接受一个美国人对球队的控制这一事实。

马丁·爱德华兹

助推英超联盟诞生的关键人物之一。他的父亲是一个老谋深算的商人，热衷于四处寻找曼联股东，然后买下他们手中的股份，他最终悄无声息地拿到了曼联 50% 的股份。1980 年，爱德华兹的父亲因为心脏病离世，34 岁的爱德华兹接替父亲出任曼联主席。他与阿森纳的戴恩和热刺的斯科勒是英超联盟诞生之前英格兰足球俱乐部中最不甘于现状的 3 名老板。爱德华兹在英超联盟诞生之前便签下初出茅庐的苏格兰教练弗格森。他将曼联变成上市公司，参与缔造了曼联的第一个王朝，并在海外资本进入英超联盟之前功成身退。

格雷格·戴克

文字记者出身，被传统纸媒折磨得精疲力竭之后进入电视领域，并立刻表现出惊人的才华。他最早嗅到实况转播足球的价值，于是说服英国独立电视台的足球节目负责人让自己介入与英格兰足球俱乐部之间的谈判。他成功地赢得了顶级俱乐部的信任。1988 年，英国独立电视台与英格兰足球联盟签订了一份单赛季 1100 万英镑的电视转播合同，也为 4 年之后英超联盟的诞生奠定了基础。由戴克担任总经理的英国独立电视台虽然在英超联赛电视转播权之争中输给了默多克的英国天空广播公司，但是戴克本人后来先后担任过曼联董事会成员、布伦特福德足球俱乐部主席和英足总负责人。

杰克·沃克

英国钢铁大亨。在出售自己的家族企业并兑现 3 亿多英镑之后，于 1991 年 61 岁时收购自己从小便支持的布莱克本，以此作为自己退休后的业余爱好。沃克是英超时代第一个投入巨资购买球员以搭建球队的老板，随着他投入的不断增加，球队第一赛季升入英超联赛，第二赛季获得英超联赛第四名，第三赛季便获得英超冠军，第四赛季后被迫降级。布莱克本是英超联盟第一支利用金钱获得成功的球队，也是第一个破灭的泡沫球队，是英超金钱军备竞赛的始作俑者。

约翰·亨利

美国人，对冲基金亿万富豪，波士顿红袜队老板，他熟知如何从拥有庞大球迷基础、著名球场和长期冠军荒的传奇球队身上赚钱。他让波士顿红袜队获得了 86 年来的第一个世界职业棒球大赛冠军。2010 年 10 月，他用自己与好莱坞资深制片人汤姆·沃纳共同创立的芬威体育集团收购了债务缠身的利物浦。亨利曾经试图用波士顿红袜队的成功公式振兴利物浦，但是未能如愿，他们最终回到足球的正确道路上，利物浦再次崛起。

理查德·斯丘达莫尔

英超联盟第三任首席执行官。斯丘达莫尔在黄页公司开启职业生涯，从事广告销售，8 年间 8 次升职，做到销售主管，之后在汤姆森报业集团担任英国的销售和市场主管，后又被调到纽约，升至高级副总裁。1997 年，他成功应聘英格兰足球联盟首席执行官，两年后受英超联盟邀请出任首席执行官。在之后的 20 年时间里，他把英超联赛包装成了全球最具吸引力、最赚钱的体育产品之一。2017—2018 赛季结束之后，在他的斡旋下，英超联盟签署了新的国际版权收入分配方案，随后他宣布在 2018 年年底辞职。

费兰·索里亚诺

巴塞罗那一名理发师的儿子、英式橄榄球退役运动员、巴萨前财务主管，替曼城老板谢赫·曼苏尔掌管俱乐部。索里亚诺在巴萨担任财务主管的 5 年时间里，将俱乐部的年收入从 1.23 亿欧元提高到 3.09 亿欧元。他的目标是打造第一家足球跨国公司，让曼城的形象出现在各大洲。